AF315696

TABLEAU
ENCYCLOPÉDIQUE
ET MÉTHODIQUE

DES TROIS RÈGNES DE LA NATURE.

TABLEAU
ENCYCLOPÉDIQUE
ET MÉTHODIQUE

DES TROIS RÈGNES DE LA NATURE,

CONTENANT

L'HELMINTHOLOGIE, *ou* LES VERS INFUSOIRES, LES VERS INTESTINS, LES VERS MOLLUSQUES, &c.

PAR M. BRUGUIERE, *Docteur en Médecine.*

SEPTIÈME LIVRAISON.

Mihi contuenti sese persuasit rerum natura nihil incredibile existimare de ea. PLIN. XI. 3.

A PARIS,

Chez **PANCKOUCKE**, Libraire, Hôtel de Thou, rue des Poitevins.

M. DCC. XCI.

AVERTISSEMENT.

Si l'étude des Vers n'a pas présenté encore le même intérêt que celle des autres parties de l'Histoire Naturelle, ce n'est pas qu'elle réunisse moins d'attraits, qu'elle soit moins fertile en découvertes, ou qu'elle offre des rapports moins utiles que les parties de la nature qui ont été le plus observées; mais c'est la difficulté de l'observation, la pauvreté des bibliothèques, & sur-tout la privation des collections, occasionnée d'une part par les obstacles sans nombre de leur recherche, de l'autre par ceux qui s'opposent à la conservation des individus que le hasard présente si rarement, ou enfin par l'indifférence des voyageurs naturalistes, qui en sont les véritables causes.

L'Entomologie doit en grande partie la rapidité des progrès qu'elle fait de nos jours, à la grande facilité qu'il y a de conserver les insectes & de les recevoir entiers de toutes les parties de la terre; les naturalistes qui se sont le plus distingués dans cette carrière, n'ont eu aucun désavantage, en décrivant dans leur cabinet les insectes des Indes & ceux des régions les plus éloignées, sur ceux qui les avoient observés dans leur pays natal; & loin qu'aucun de leurs caractères, même les plus minutieux, leur ait échappé, ils ont encore surpassé les naturalistes voyageurs par tous les avantages de la méthode, de la critique, résultans de la réunion de tous les secours littéraires qui se trouvoient à leur portée.

Ces avantages ont été communs à ceux qui ont écrit sur toutes les parties de l'Histoire Naturelle, autres que celle des Vers; les collections nombreuses de l'Europe, & celles de la capitale, leur ont offert des ressources qui équivalent à l'observation même sur des êtres vivans, la facilité de l'étude a été le premier véhicule de la science, & enfin il est résulté de de leurs efforts réunis un degré de perfectionnement auquel on ne doit pas s'attendre de long-tems pour la partie de l'Helminthologie.

Jusqu'ici toutes les tentatives ont été vaines pour conserver les vers après leur mort d'une manière satisfaisante, & toutes les notions qui leur sont relatives n'existent que dans les ouvrages des savans, & se trouvent dispersées dans une infinité de volumes, dont les auteurs, faute d'avoir pu conserver les objets sous leurs yeux, n'ont pu exercer les uns sur les autres cette critique judicieuse qui discute & analyse les faits, & conduit tôt ou tard à la vérité. Combien n'existe-t-il pas d'espèces parmi les Vers qui n'ont été vues qu'une seule fois, d'autres qui ne l'ont été que d'une manière incomplette, dont les vrais caractères ne sont pas même soupçonnés, & qui cependant grossissent le nombre des espèces réputées connues.

Ici ce font des obfervations microfcopiques dont les illufions, douteufes feulement pour ceux qui n'ont jamais obfervé, peuvent avoir mis le naturalifte le plus exercé en défaut ; là, outre ce premier obftacle, l'on a eu encore à vaincre celui de la différence de l'élément dans lequel on obferve. Les productions polypeufes de la mer, celles des rivières ne durent qu'un inftant fous l'œil de l'obfervateur, & combien de difficultés n'a-t-il pas fallu furmonter pour fe procurer ce moment d'obfervation, d'où dépendent cependant l'erreur ou la vérité.

Enfin, fi la privation de la vie, dans les objets foumis à fes recherches, conferve au naturalifte toute la pureté des caractères extérieurs qu'il employe pour les autres parties de l'Hiftoire Naturelle, s'il eft difficile de reconnoître que fes defcriptions n'ont été prifes que fur des individus qui en étoient privés, ou fi les différences qui peuvent s'y trouver, font effectivement peu effentielles, qui ne conviendra pas que cette reffource eft nulle pour l'Helminthologie, que la vie des individus eft indifpenfable dans l'obfervation de ces animaux, la feule vraiment effentielle, puifque les parties des Vers fur lefquelles les divifions méthodiques & les caractères des genres font fondés, telles que leurs extrémités, rentrent ou s'affaiffent, ou fe déforment complettement un inftant après qu'ils ont péri.

Dans un ouvrage général qui devoit rapprocher & claffer toutes les notions acquifes fur les Vers, & où l'obfervation de la nature étoit impoffible, il a donc fallu s'en rapporter à celles qui étoient déjà confignées dans les auteurs ; la vie de plufieurs hommes célèbres a été employée à les recueillir féparément, & c'eft aux générations fuivantes qu'il appartient de les rectifier. C'eft quelque chofe que de réunir tant de faits épars & de les raffembler fous un ordre méthodique, fur-tout quand cette réunion n'avoit encore été tentée que partiellement & comme d'une manière provifoire. Ce premier pas peut ouvrir une carrière nouvelle, qui fera défrichée à fon tour ; & s'applanira fucceffivement. L'ouvrage immortel de Linnéus, qui a réuni fous le titre de *Syft. naturæ* tous les êtres naturels qui lui étoient connus, n'eft pas encore porté, malgré les quatorze éditions fucceffives qu'il a éprouvé, & les améliorations graduelles qui leur ont donné lieu, au degré de perfectionnement où il doit atteindre, parce que loin que toutes les corrections ayent été faites, la vérification feule des efpèces n'a pas préfenté toujours la même facilité ou la même poffibilité, & c'eft fur-tout arrivé pour ce qui concerne la partie des Vers.

Ne pouvant donc confulter la nature dans l'ordre des Vers infufoires, dans ceux des Vers inteftins & mollufques, j'ai adopté le travail des auteurs les plus diftingués, qui s'étoient dévoués à l'illuftration particulière de chacun de ces ordres de l'Helminthologie ; j'ai employé le travail entier de ces Naturaliftes, quand mes obfervations ou celles des perfonnes qui méritent ma confiance m'ont affuré, autant qu'il a dépendu des circonftances, de la fidélité & de la véracité des faits qui y font rapportés. J'ai fondu les découvertes détachées & fouvent ifolées de plufieurs auteurs pour completter des parties entières qui n'avoient pas été rédigées fyftématiquement, & j'ai préfenté une méthode plus complette que celle de Linnéus dans l'ordre des échinodermes, que j'ai féparé de celui des mollufques, & dans ceux des Vers teftacés & des zoophytes, parce que dans ces trois ordres de vers, j'ai eu, en exceptant ce qui concerne le corps mou de ces animaux, les mêmes avantages que j'ai dit réfulter des collections, & qui dépendoient de la fituation où je me trouve, dans une ville qui furpaffe maintenant toutes celles de l'Europe par le nombre, la richeffe de fes cabinets d'hiftoire naturelle, comme elle les égale d'ailleurs par les facilités que les perfonnes qui travaillent éprouvent de la part de leurs propriétaires.

Après avoir prévenu le lecteur fur la nature de cet ouvrage, il me refte à le prémunir fur les erreurs qui peuvent s'y rencontrer. Ces erreurs peuvent être de deux fortes : les unes celles des auteurs auxquels il a fallu m'en rapporter, les autres celles dans lefquelles j'aurai pu tomber, dans l'emploi de tant de matériaux difperfés, lefquels ont fouvent été confidérés fous des rapports tout-à-fait difparates. Pour les premières, elles font d'une nature à ne pouvoir être évitées, & c'eft au tems feul & aux obfervations fubféquentes à les faire difparoître. Elles peuvent confifter en des doubles emplois, en de fimples variétés confidérées comme des efpèces, en des différences efpécifiques mal ou pas fuffifamment caractérifées, & enfin en des caractères faux ou très-dénaturés par le concours des circonftances dont j'ai déjà parlé. Il eft vraifemblable que dans un ouvrage fi confidérable & fi neuf dans fes détails que celui que je préfente, quelques-unes de ces erreurs puiffent s'y rencontrer & peut-être s'y trouver toutes réunies, fans cependant que fon utilité foit compromife, & qu'il ne rempliffe pas en grande partie l'objet auquel il eft deftiné. En facilitant la connoiffance des efpèces par les figures qui y font jointes, il conduira infenfiblement à leur comparaifon, & enfin l'organifation de chaque efpèce étant mieux connue dans tous fes détails, les genres feront purgés peu-à-peu des efpèces qui s'y trouvent maintenant déplacées, comme cela eft arrivé dans les autres parties de l'Hiftoire Naturelle.

Les erreurs que l'on devra m'attribuer feront celles qui dépendront de l'emploi que j'aurai fu faire des matériaux que j'ai réunis. Comme la plus fcrupuleufe attention ne fuffit pas toujours pour donner au but, là où il faut opter entre les fentimens contradictoires de deux auteurs également eftimables, ou bien quand il faut fuppléer par l'analogie de quelques parties au défaut fenfible ou à l'infuffifance des defcriptions, il peut fe faire que cette alternative foit devenue dans quelques occafions la fource de l'erreur.

En adoptant la voie de l'analogie comme la moins équivoque de toutes celles qui fe préfentoient, je ne m'en fuis pas cependant diffimulé l'infuffifance ni les exceptions qu'elle éprouve dans bien d'autres cas, & c'eft à cette confidération que je n'ai jamais perdu de vue que l'on devra attribuer le filence que je garde fur quelques efpèces des auteurs dont les différences m'ont paru infuffifantes, ou que j'ai cru devoir placer plutôt dans le rang des variétés que dans celui des efpèces.

Si j'euffe été à même de confulter la nature, j'aurois vraifemblablement augmenté le nombre des genres dans l'ordre des Vers inteflins & dans celui des Vers mollufques où cette augmentation me paroiffoit néceffaire; mais les genres n'étant au fond que des divifions ou des coupures arbitraires, j'ai cru parvenir au même but en les divifant par des fections, que l'on pourra dans la fuite confidérer comme des genres, lorfque la férie des efpèces dont elles ont été compofées, aura été plus particulièrement obfervée.

En effectuant ces changemens dont j'ai néanmoins apperçu quelquefois la néceffité, j'aurois encouru le blâme de ceux qui penfent que les méthodifles ne doivent jamais s'écarter des autorités reçues, fans appuyer les changemens qu'ils peuvent opérer fur des obfervations nouvelles, & qui ne comptent pas affez fur les reffources que procure l'enfemble d'un travail général, j'aurois encore déplu à tous ceux qui dans des vues eftimables, mais fans doute exagérées, refpectent tout dans les auteurs eftimés, & qui ne veulent qu'on y touche qu'avec un appareil de démonftrations qui ne pouvoit convenir à la nature de cet ouvrage.

Le dictionnaire des Vers de l'Encyclopédie réunira tous les détails relatifs aux objets dont on ne préfente ici que la partie fyftématique, on y trouvera des vues générales fur la claffe des Vers, fur les ordres dont elle eft compofée, des obfervations critiques fur les genres, & enfin les fynonymies & les defcriptions des efpèces. J'ai fuivi pour les planches de l'Helminthologie le plan du *Syftema natura* de Linnéus, comme le meilleur de tous les modèles, comme le plus favorable à l'inftruction, en ce qu'il préfente un tableau fuccinct & méthodique des rapports les plus effentiels des êtres naturels, & que d'ailleurs c'eut été chercher à groffir inutilement un volume que de répéter ici une partie de ce qui doit fe trouver dans le dictionnaire des Vers, dont les planches forment le complément.

TABLEAU SYSTÉMATIQUE

DE LA CLASSE DES VERS.

Définition. Les Vers font des animaux à corps mou, vivans dans l'humidité, tardigrades, fusceptibles d'extenfion, très-vivaces & régénérant leurs parties tronquées; plufieurs font fans tête, d'autres fans pieds; les uns réuniffent les deux fexes, les autres n'en offrent aucun indice; ils font le plus fouvent reconnoiffables à leurs tentacules.

Ils diffèrent des infectes en ce qu'ils n'éprouvent pas de métamorphofes, & notamment de ceux de l'ordre des Aptères, en ce qu'ils font privés de ftigmates, & que leurs pieds, quand ils en ont, ne font point articulés.

Ils diffèrent de tous les autres animaux, en ce que fouvent ils font privés de la tête, des oreilles, du nez, des yeux ou des pieds, & que plus fouvent encore ils font fans os, qui nuiroient à leur contraction, d'où ils furent vraifemblablement nommés par les anciens des animaux imparfaits.

La partie de l'Hiftoire Naturelle qui a pour objet la connoiffance des Vers, a été nommée *Helminthologie*, de deux mots grecs ελμινθος, qui fignifie Vers, & λογος, qui fignifie difcours.

Nous diviferons les Vers en fix ordres, diftingués entr'eux de la manière fuivante.

ORDRE I.

Vers infufoires.

Déf. Ils font mous, très-petits, le plus fouvent imperceptibles à la vue fimple, nuds ou ciliés, privés de tentacules & aquatiques; ils fe multiplient par des œufs, & fouvent par une divifion fimple ou double, qui s'opère naturellement fur leur longueur ou fur leur largeur.

TABULA SYSTEMATICA

CLASSIS VERMIUM.

Definitio. Vermes, tardigrada, mollia, pandentia, vivaciffima, partes amiffas regenerantia, humidi animantia; multa acephala, apoda non pauca, demum androgyna vel neutra, tentaculis plurimum cognofcenda.

Vermes ab infectis differunt quod non fubeant metamorphofim & præprimis ab infectis apteris, quod ftigmatibus deftituantur, & quando pedati pedibus donentur inarticulatis.

Ab aliis animalibus fæpius difcrepant, defectu capitis, aurium, nafi, oculorum aur pedum, & fæpiffime exoffes fint ut faciliùs corripiantur, unde verofimiliter imperfecta veteribus dicta fuere animantia.

Pars Hiftoriæ Naturalis quæ tractat de Vermibus, *Helminthologia* nuncupata fuit, à nominibus græcis ελμινθος, λογος quæ tractatum de Vermibus fignificant.

Vermes in fex ordines fequenti modo diftinctos dividimus.

ORDO I.

Infuforia.

Def. Animalcula mollia, minima, fæpiùs oculis inconfpicua, nuda aut ciliata, tentaculis deftituta, aquatica; ovis multiplicantur & fæpè partitione naturali fimplici aut duplici, in variis verticali aut tranfverfa.

ORDRE II.

Vers inteſtins.

Déf. Ils ont le corps ſimple, long, articulé, rétractile, & vivent dans le corps des autres animaux ou dans les eaux, ou dans la terre; ils ſont ovipares, & ont éminemment la faculté de régénérer leurs parties tronquées.

ORDRE III.

Vers molluſques.

Déf. Ils ſont mous, non articulés, polymorphes, nuds ou tentaculés, quelquefois pourvus de bras; les uns vivent dans la mer ou dans les eaux douces, les autres rampent ſur la terre, & quelques-uns s'établiſſent en paraſites dans le corps ou ſur le corps de divers animaux.

Pluſieurs ſont ovipares & hermaphrodites; tous les marins ſont plus ou moins phoſphoriques, & brillent dans la nuit comme autant de lampes ſuſpendues ſur les profondeurs ténébreuſes de l'Océan.

ORDRE IV.

Vers échinodermes.

Déf. Ils ſont recouverts d'un cuir dur, ou d'un teſt ſolide compoſé de pluſieurs pièces réunies, armés d'épines articulées, tentaculés, & pourvus ſur leur face inférieure d'une bouche orbiculaire, le plus ſouvent garnie de cinq dents. Ils ſont tous marins, & mangent des coquillages ou des varecs. Ils ſe multiplient par des œufs, & ſont peut-être hermaphrodites.

ORDRE V.

Vers teſtacés.

Déf. Ils ſont ſouvent tentaculés, & toujours renfermés dans une coquille calcaire, libre ou fixée, & compoſée d'une ou deux ou pluſieurs

ORDO II.

Inteſtina.

Def. Animalia ſimplicia, elongata, articulata; retractilia; intra alia animantia vivunt, aut in aquis, parciùs in terra hoſpitantur, ovis multiplicantur & partes truncatas regenerant.

ORDO III.

Molluſca.

Def. Animalia mollia, non articulata; polymorpha, nuda aut tentaculata, aliquoties brachiata; alia in mari vagantur aut in aquis dulcibus, alia ſupra terram gliſcunt, pauca paraſitica intra aut ſupra animalia varia paſcuntur.

Pleraque ovipara, hermaphrodita, marina fere cuncta plus minuſve phoſphorea, tanquam totidem lucernis tenebricoſum illuminant abyſſum.

ORDO IV.

Echinodermata.

Def. Animalia cataphracta corio tenaci, aut teſta ſolida teſſellata, armata ſpinis articulatis; tentaculata, ore infero orbiculato ſæpiùs quinquedentato. Omnia in mari vivunt, teſtaceis aut fucis paſcuntur; ovis multiplicantur; forſan hermaphrodita.

ORDO V.

Teſtacea.

Def. Animalia ſæpiùs tentaculata; ſemper occluſa intra teſtam calcaream, liberam aut affixam, valvula unica, valvulis binis aut plu-

valves diverfement articulées. Ils vivent fur la terre ou dans les eaux douces, & en très-grand nombre dans la mer; ils font monoïques ou hermaphrodites, & toujours ovipares.

ORDRE VI.

Vers zoophytes.

Déf. Ils font compofés ou réunis en des maffes irrégulières-ou rameufes, prefque toujours fixées par leur bafe ou enracinées comme les végétaux. Leurs animalcules connus font tentaculés, exfertiles & renfermés dans des cellules calcaires, cornées, coriaces ou fibreufes. Ils habitent tous dans la mer, dont ils élèvent fans ceffe le fond, & fe multiplient en grand nombre par des œufs.

Divifion méthodique de l'ordre des Vers infufoires.

Obferv. Cet ordre eft purement artificiel, & fondé effentiellement fur la petiteffe des animalcules qu'il renferme. En fuivant les principes de la méthode naturelle, fes genres pourroient être compris dans l'ordre des Vers inteftins, ou dans celui des mollufques, ou dans celui des zoophytes; mais dans leur claffification fyftématique on ne doit avoir égard qu'à leur exceffive petiteffe, qui eft telle qu'elle les rend le plus fouvent imperceptibles à la vue fimple, & dont ils avoient pris le nom de Vers microfcopiques.

J'ai fuivi la méthode du célèbre Othon Frédéric Muller, pour ce qui concerne cet ordre de Vers, comme celle de l'homme de notre fiècle le plus inftruit dans cette partie, & qui réuniffant les obfervations les plus certaines de fes prédéceffeurs, celles de fes contemporains, avec les découvertes nombreufes qu'un travail affidu de dix années lui avoit procurées, eft regardée maintenant avec juftice comme fondamentale.

ORDO VI.

Zoophyta.

Def. compofita animalia irregulariter coacervata aut ramofa, fere femper bafi radicata & fic plantis analoga. Animalcula adhucdum obfervata, tentaculata, exfertilia, vaginata cellulis calcareis, corneis, coriaceis aut fibrofis. Omnia maris incolæ abyffi fundum elevant & non pauca ovis multiplicantur.

Divifio methodica ordinis vermium infuforiorum.

Obferv. Ordo vermium infuforiorum mere artificialis eft & ab horum animalculorum parvitate in effentia conftitutus. Secundum methodum naturalem ejufce ordinis genera ad inteftina feu ad mollufca aut ad zoophyta amandari poffent, fed in horum claffificatione fyftematica præprimis eft attendendum ad animalculorum nimiam exilitatem, quæ fæpius illa nudo oculo inconfpicua reddit; unde animalia microfcopica jam dudum fuerunt nuncupata.

Secutus fum methodum celeberrimi Othonis Frederici Mulleri, ficuti quoad partem Vermium infuforiorum in ævo noftro viri peritiffimi, dum antecefforum obfervatiunculis locuples, coævorum detectis onufta, propriis fuis per decem annorum intervallum indeffeffis laboribus reformata, aucta, fundamentalis nunc merito prædicatur.

Parmi les auteurs, qui outre le célèbre Muller ont illustré l'histoire des Vers infusoires, on doit distinguer *Henry* Baker, *Auguft. Jean* Roëfel, *Martin Frob.* Ledermuller, *Henry Auguft.* Wrisberg, *Simon-Pierre* Pallas, *Jean Auguft. Ephr.* Goeze, *M.* Terechowsky, *François de Paule* Schrank, *Jean Conrard* Eichhorn, *Jean* Hermann, & quelques autres qui ont éclairci plufieurs points intéreffans de leur hiftoire phyfiologique.

Inter auctores qui, demto celeberrimo Mullero, hiftoriam Vermium infuforiorum illuftraverunt, gloriofe eminent *Henr.* Baker, *Aug. Joh.* Roefel, *Mart. Frob.* Ledermuller, *Henr. Aug.* Wrisberg, *Sim. Petr.* Pallas, *Joh. Aug. Ephr.* Goeze, *M.* Terechowsky, *Franc. Paula* Schrank, *Joh. Conr.* Eichhorn, *Joh.* Hermann, & alii, qui puncta obfcuriora illorum hiftoriæ phyfiologicæ dilucidavere.

ORDRE I.

SECTION PREMIÈRE.

Vers infufoires fans organes extérieurs.

Corps épais.

Genre 1. *Monade* ..Corps femblable à un point.
Genre 2. *Protée* ....variable.
Genre 3. *Volvoce* ....fphérique.
Genre 4. *Enchelide* ......cylindracé.
Genre 5. *Vibrion* ....prolongé.

Corps membraneux.

Genre 6. *Cyclide* ....ovale.
Genre 7. *Paramécie* ....oblong.
Genre 8. *Kolpode* ....finueux.
Genre 9. *Gone* ....anguleux.
Genre 10. *Burfaire* ....concave.

SECTION DEUXIÈME.

Vers infufoires avec des organes extérieurs.

Corps nud.

Genre 11. *Cercaire* ......caudé.
Genre 12. *Tricode* ....velu.
Genre 13. *Kerone* ....corniculé.
Genre 14. *Himantope* .....cirreux.
Genre 15. *Lucophre* ....cilié par-tout.
Genre 16. *Vorticelle* ......cilié en avant.

Corps recouvert d'un teft.

Genre 17. *Brachion* ......cilié en avant.

ORDO I.

SECTIO PRIMA.

Infuforia, organis externis nullis.

Craffiufcula.

Genus 1. *Monas* ..Corpus punctiforme.
Genus 2. *Proteus* ....mutabile.
Genus 3. *Volvox* ....fphæricum.
Genus 4. *Enchelis* ....cylindraceum.
Genus 5. *Vibrio* ....elongatum.

Membranacea.

Genus 6. *Cyclidium* ......ovale.
Genus 7. *Paramæcium* .....oblongum.
Genus 8. *Kolpoda* ....finuatum.
Genus 9. *Gonium* ....angulatum.
Genus 10. *Burfaria* ....cavum.

SECTIO SECUNDA.

Infuforia, organis externis confpicuis.

Nuda.

Genus 11. *Cercaria* ....caudatum.
Genus 12. *Trichoda* ....crinitum.
Genus 13. *Kerona* ....corniculatum.
Genus 14. *Himantopus* ......cirratum.
Genus 15. *Leucophra* ....ciliatum undique.
Genus 16. *Vorticella* ....ciliatum apice.

Tefta tecta.

Genus 17. *Brachionus* ....ciliatum apice.

VERS

VERS INFUSOIRES.

<table>
<tr><td>

1. MONADE.

Caractère du genre.

Ver microfcopique très-fimple, tranfparent, en forme de point.

ESPECES.

1. MONADE *terme.* Dict.

M. corps gélatineux, pl. 1. fig. 1.
Se trouve dans les infufions végétales & animales.

Explication des figures.

Cette figure repréfente une goutte d'eau confidérablement groffie, & remplie de *Monades termes.*

2. MONADE *atôme.* Dict.

M. corps blanc, marqué d'un point variable; pl. 1, fig. 2.
Trouvée dans de l'eau de mer, confervée fans corruption pendant tout un hiver.

(*a*) MONADES *atôme*, groffies & fans points ; (*b*) encore plus groffies avec un ou deux points.

3. MONADE *point.* Dict.

M. corps cylindrique & noir ; pl. 1, fig. 3.
Trouvée dans l'infufion fétide de la pulpe de poire.

Cette figure repréfente la *Monade point* groffie.

4. MONADE *œil.* Dict.

M. corps diaphane, marqué d'un point au centre; pl. 1, fig. 4.
Se trouve fréquemment dans l'eau des foffés où croît la *conferve.*

(*a*) MONADE *œil* groffie; (*b*) beaucoup plus groffie.

5. MONADE *lente.* Dict.

M. le corps ovoïde, diaphane ; pl. 1. fig. 5.
Se trouve dans toute forte d'eau.

(*a*) *Monades lentes* groffies ; (*b*) confidérablement groffies; (*c*) réunies en féries ou en pelotons.

Encyclop. 7°. *Liv. des Pl. d'Hift. Nat. ou Vers inf.*

</td><td>

1. MONAS.

Character generis.

Vermis inconfpicuus fimpliciffimus, pellucidus punctiformis.

SPECIES.

1. MONAS *termo.*

M. gelatinofa, tab. 1. fig. 1.
Reperitur in infufione vegetabilium & animalium.

Explicatio iconum.

Figura reprœfentat guttulam aquæ fluvialis *Monadâ termone* fcatentem, valde auctam.

2. MONAS *atomus.*

M. albida, puncto variabili inftructa ; tab. 1, fig. 2.
In aqua marina totam hyemem fervata; non fœtente, copiofe reperta.

(*a*)MONADES *atomi*, aucta magnitudine abfque puncto ; (*b*) magis auctæ puncto unico aut duplici variantes.

3. MONAS *punctum.*

M. Teres nigra; tab. 1, fig. 3.
In infufione fœtida pulpæ piri, reperta.

Monadem punctum aucta magnitudine offert.

4. MONAS *ocellus.*

M. hyalina, puncto centrali notata; tab. 1. fig. 4.
In foffis *conferva* obtectis frequenter reperitur.

(*a*) MONAS *ocellus* aucta magnitudine ; (*b*) valdè aucta.

5. MONAS *lens.*

M. Ovoidea, hyalina; tab. 1. fig. 5.
In omni aqua reperitur.

(*a*) *Monades lentes* aucta magnitudine ; (*b*) magnitudine magis aucta ; (*c*) in feries & acervos congregatas exhibet.

A

</td></tr>
</table>

Parmi les auteurs, qui outre le célèbre Muller ont illustré l'histoire des Vers infusoires, on doit distinguer *Henry* Baker, *Auguſt. Jean* Roëſel, *Martin Frob.* Ledermuller, *Henry Auguſt.* Wriſberg, *Simon-Pierre* Pallas, *Jean Auguſt. Ephr.* Goeze, *M.* Terechowsky, *François de Paule* Schrank, *Jean Conrard* Eichhorn, *Jean Hermann,* & quelques autres qui ont éclairci pluſieurs points intéreſſans de leur hiſtoire phyſiologique.

Inter auctores qui, demto celeberrimo Mullero, hiſtoriam Vermium infuſoriorum illuſtraverunt, glorioſe eminent *Henr.* Baker, *Aug. Joh.* Roeſel, *Mart. Frob.* Ledermuller, *Henr. Aug.* Wrisberg, *Sim. Petr.* Pallas, *Joh. Aug. Ephr.* Goeze, *M.* Terechowsky, *Franc. Paula* Schrank, *Joh. Conr.* Eichhorn, *Joh.* Hermann, & alii, qui puncta obſcuriora illorum hiſtoriæ phyſiologicæ dilucidavere.

ORDRE I. — ORDO I.

SECTION PREMIÈRE. — SECTIO PRIMA.

Vers infuſoires ſans organes extérieurs. — *Infuſoria, organis externis nullis.*

Corps épais. — *Craſſiuſcula.*

Genre 1. *Monade* ..Corps ſemblable à un point.	Genus 1. *Monas* ..Corpus punctiforme.
Genre 2. *Protée* ....variable.	Genus 2. *Proteus* ....mutabile.
Genre 3. *Volvoce* ....ſphérique.	Genus 3. *Volvox* ....ſphæricum.
Genre 4. *Enchelide* ......cylindracé.	Genus 4. *Enchelis* ....cylindraceum.
Genre 5. *Vibrion* ....prolongé.	Genus 5. *Vibrio* ....elongatum.

Corps membraneux. — *Membranacea.*

Genre 6. *Cyclide* ....ovale.	Genus 6. *Cyclidium* ......ovale.
Genre 7. *Paramécie* ......oblong.	Genus 7. *Paramæcium* .....oblongum.
Genre 8. *Kolpode* ....ſinueux.	Genus 8. *Kolpoda* ....ſinuatum.
Genre 9. *Gone* ....anguleux.	Genus 9. *Gonium* ....angulatum.
Genre 10. *Burſaire* ....concave.	Genus 10. *Burſaria* ....cavum.

SECTION DEUXIÈME. — SECTIO SECUNDA.

Vers infuſoires avec des organes extérieurs. — *Infuſoria, organis externis conſpicuis.*

Corps nud. — *Nuda.*

Genre 11. *Cercaire* ....caudé.	Genus 11. *Cercaria* ....caudatum.
Genre 12. *Tricode* ....velu.	Genus 12. *Trichoda* ....crinitum.
Genre 13. *Kerone* ....corniculé.	Genus 13. *Kerona* ....corniculatum.
Genre 14. *Himantope* .....cirreux.	Genus 14. *Himantopus* ......cirratum.
Genre 15. *Lucophre* ....cilié par-tout.	Genus 15. *Leucophra* ....ciliatum undique.
Genre 16. *Vorticelle* ......cilié en avant.	Genus 16. *Vorticella* ....ciliatum apice.

Corps recouvert d'un teſt. — *Teſta tecta.*

Genre 17. *Brachion* ......cilié en avant.	Genus 17. *Brachionus* ....ciliatum apice.

VERS

VERS INFUSOIRES.

ORDRE PREMIER.

1. MONADE.

Caractère du genre.

Ver microscopique très-simple, transparent, en forme de point.

ESPECES.

1. MONADE *terme.* Dict.

M. corps gélatineux, pl. 1. fig. 1.
Se trouve dans les infusions végétales & animales.

Explication des figures.

Cette figure représente une goutte d'eau considérablement grossie, & remplie de *Monades termes.*

2. MONADE *atôme.* Dict.

M. corps blanc, marqué d'un point variable; pl. 1, fig. 2.
Trouvée dans de l'eau de mer, conservée sans corruption pendant tout un hiver.

(*a*) MONADES *atôme,* grossies & sans points ; (*b*) encore plus grossies avec un ou deux points.

3. MONADE *point.* Dict.

M. corps cylindrique & noir ; pl. 1, fig. 3.
Trouvée dans l'infusion fétide de la pulpe de poire.

Cette figure représente la *Monade point* grossie.

4. MONADE *œil.* Dict.

M. corps diaphane, marqué d'un point au centre; pl. 1, fig. 4.
Se trouve fréquemment dans l'eau des fossés où croît la *conferve.*

(*a*) MONADE *œil* grossie; (*b*) beaucoup plus grossie.

5. MONADE *lente.* Dict.

M. le corps ovoïde, diaphane ; pl. 1, fig. 5.
Se trouve dans toute sorte d'eau.

(*a*) *Monades lentes* grossies ; (*b*) considérablement grossies; (*c*) réunies en séries ou en pelotons.

ORDO PRIMUS.

1. MONAS.

Character generis.

Vermis inconspicuus simplicissimus, pellucidus punctiformis.

SPECIES.

1. MONAS *termo.*

M. gelatinosa, tab. 1. fig. 1.
Reperitur in infusione vegetabilium & animalium.

Explicatio iconum.

Figura reprœsentat guttulam aquæ fluvialis *Monada termone* scatentem, valde auctam.

2. MONAS *atomus.*

M. albida, puncto variabili instructa ; tab. 1, fig. 2.
In aqua marina totam hyemem servata, non fœtente, copiose reperta.

(*a*)MONADES *atomi,* aucta magnitudine absque puncto ; (*b*) magis auctæ puncto unico aut duplici variantes.

3. MONAS *punctum.*

M. Teres nigra ; tab. 1, fig. 3.
In infusione fœtida pulpæ piri, reperta.

Monadem punctum aucta magnitudine offert.

4. MONAS *ocellus.*

M. hyalina, puncto centrali notata ; tab. 1, fig. 4.
In fossis *conferva* obtectis frequenter reperitur.

(*a*) MONAS *ocellus* aucta magnitudine ; (*b*) valde aucta.

5. MONAS *lens.*

M. Ovoïdea, hyalina; tab. 1, fig. 5.
In omni aqua reperitur.

(*a*) *Monades lentes* aucta magnitudine ; (*b*) magnitudine magis aucta ; (*c*) in series & acervos congregatas exhibet.

A

6. MONADE *lifante*. Dict.

M. corps marqué d'un cercle; pl. 1, fig. 6.
Se trouve dans les eaux les plus pures.

(*a*) Ces animalcules groffis; (*b*) plus groffis.

7. MONADE *tranquille*. Dict.

M. corps ovoïde, diaphane, bordé de noir; pl. 1., fig. 7.
Trouvée dans de l'urine gardée une femaine.

La figure repréfente ces animalcules groffis.

8. MONADE *lamellule*. Dict.

M. corps comprimé, diaphane; pl. 1, fig. 8.
Se trouve dans l'eau de mer.

(*a*) Animalcules groffis; (*b*) confidérablement groffis.

9. MONADE *pouffiere*. Dict.

M. corps diaphane bordé de verdâtre; pl. 1, fig. 9.
Se trouve au commencement du printems dans l'eau des marais.

(*a*) Animalcules groffis; (*b*) confidérablement groffis, quelques-uns marqués d'une ligne tranfverfe; (*c*) plufieurs réunis en peloton.

10. MONADE *grappe*. Dict.

M. animal diaphane, plufieurs réunis en un globule; pl. 1, fig. 10.
Se trouve dans des infufions diverfes, même fétides.

(*a*) Anima'cules réunis; (*b*) animalcules féparés, confidérablement groffis.

2. PROTÉE.

Caract. du genre.

Ver microfcopique très fimple, tranfparent, de forme changeante.

1. PROTÉE *rameux*. Dict.

P. corps fe divifant en rameaux; pl. 1, fig. 1.
Se trouve dans l'eau des marais.

(*a*, *b*, *c*, *d*, *e*, *f*, *g*, *h*, *i*, *k*, *l*, *m*) Ces figures le repréfentent confidérablement groffi, & fous les formes différentes qu'il eft fujet à prendre.

2. PROTÉE *tenace*. Dict.
P. Une extrémité du corps terminée en pointe; pl. 1, fig. 2.

---

6. MONAS *mica*.

M. circulo notata; tab. 1. fig. 6.
In aquis purioribus paffim reperitur.

(*a*) Monad. *micas* auctas; (*b*) valde auctas fiftunt.

7. MONAS *tranquilla*.

M. ovata, hyalina, margine nigra; tab. 1, fig. 7.
In urina feptimanam fervata, reperta.

Figura *Monades tranquillas* auctas fiftit.

8. MONAS *lamellula*.

M. Hyalina, compreffa; tab. 1, fig. 8.
In aquâ marinâ reperitur.

(*a*) Animalculá auctá; (*b*) valdè aucta.

9. MONAS *pulvifculus*.

M. Hyalina, margine virente; tab. 1, fig. 9.
In aquâ paluftri paffim primo vere reperitur.

(*a*) Animalcula aucta magnitudine; (*b*) magis aucta reprœfentat inter quæ funt linea tranfverfa notata; (*c*) plurima coacervata exhibet.

10. MONAS *uva*.

M. Hyalina, gregaria; tab. 1, fig. 10.
In infufionibus variis, fœtentibus quoque reperitur.

(*a*) Animalcula coacervata reprœfentat; (*b*) folitaria aucta magnitudine refert.

2. PROTEUS.

Charact. generis.

Vermis inconfpicuus, fimpliciffimus, pellucidus, variabilis.

1. PROTEUS *diffluens*.

P. In ramulos diffluens; tab. 1, fig. 1.

Reperitur in aquâ paluftri.

(*a*, *b*, *c*, *d*, *e*, *f*, *g*, *h*, *i*, *k*, *l*, *m*) Figuræ citatæ aucta valde magnitudine hunc proteum diverfi mode diffluentem oftendunt.

2. PROTEUS *tenax*.
P. Extremitate altera in fpeculum diffluente; tab. 1, fig. 2.

On le trouve dans l'eau de riviere, & dans l'eau de mer.

(a , b , c , d , e , f) Ces figures représentent cet animalcule considérablement grossi , & sous les différentes formes qu'il prend successivement pour passer de celle marquée (a) à celle marquée (f).

(g) représente son extrémité pointue ; (h) cette exmité un peu arrondie au bout ; (i) sa base; (k) un bourrelet ventru qui s'abbaisse successivement depuis une de ses extrémités jusqu'à l'autre.

Reperitur in aquâ fluviali, & quoque marina.

(a , b , c , d , e , f) Figuræ hæ Proteum tenacem valdè auctâ magnitudine ostendunt , has varias formas assumentem uno progressu ordinario , incipiendo à figura (a) et definendo ad figuram (f).

(g) Spiculum repræsentat ; (h) extremitatem spiculi in formam globosam retractam ; (i) basim ; (k) orbiculum gibbum sensim descendentem indicat.

3. VOLVOCE.

Caract. du genre.

Ver microscopique très-simple, sphérique, transparent.

1. VOLVOCE *point.* Dict.

V. Sphérique noirâtre, le centre marqué d'un point clair; pl. 1, fig. 1.
Trouvé dans de l'eau de mer fétide.

(*a*) Animalcules grossis ; (*b*) très-fortement grossis.

2. VOLVOCE *grain.* Dict.

V. Sphérique, verd, diaphane à sa circonférence; pl. 1, fig. 2.
Se trouve dans l'eau des marais. Il est représenté considérablement grossi.

3. VOLVOCE *globule.* Dict.

V. Globuleux & rembruni en arrière ; pl. 1, fig. 3.
Se trouve dans l'infusion des végétaux.

(*a*) Le bord antérieur de l'animalcule considérablement grossi ; (*b*) son bord postérieur rembruni.

4. VOLVOCE *pilule.* Dict.

V. Sphérique, entrailles immobiles verdâtres; pl. 1, fig. 4.
Habite dans les eaux douces les plus pures.

Il est représenté extrêmement grossi dans deux positions différentes.

5. VOLVOCE *grésil.* Dict.

V. Sphérique opaque, entrailles immobiles; pl. 1, fig. 7.
Habite dans les eaux douces.

(*a*) Animalcules grossis; (*b*) considérablement grossis.

3. VOLVOX.

Charact. generis.

Vermis inconspicuus , simplicissimus , pellucidus , sphæricus.

1. VOLVOX *punctum.*

V. Sphæricus nigricans, centro puncto lucido; tab. 1, fig. 1.
Repertus in aquâ marinâ fœtente.

(*a*) Animalcula aucta ; (*b*) Valdè aucta.

2. VOLVOX *granulum.*

V. Sphæricus viridis , pœripheria hyalina ; tab. 1, fig. 2.
Reperitur in aquâ palustri. Valdè auctus in figura repræsentatur.

3. VOLVOX *globulus.*

V. Globosus postice subobscurus ; tab. 1, fig. 3.
Reperitur in infusione vegetabilium.

(*a*) Animalculi valdè aucti pars antica ; (*b*) pars postica obscurata.

4. VOLVOX *pilula.*

V. Sphæricus, interaneis immobilibus virescentibus; tab. 1, fig. 4.
Habitat in aquis purioribus.

Duplici situ *Volvoces pilulas* auctâ magnitudine repræsentat.

5. VOLVOX *grandinella.*

V. Sphæricus opacus, interaneis immobilibus, tab. 1, fig. 7.
Hab. in aquis dulcibus.

(*a*) Animalcula aucta ; (*b*) valdè aucta.

6. VOLVOCE *focial*. Dict.

V. Sphérique, composé de molécules cristallines, égales, écartées; pl. 1, fig. 8.
Habite dans l'eau des rivieres.

(*a*) VOLVOCE *focial* grossi; (*b*) considérablement grossi, avec un point noirâtre sur chaque molécule.

7. VOLVOCE *sphérule*. Dict.

V. Sphérique composé de molécules similaires rondes; pl. 1, fig. 5.
Se trouve dans l'eau des étangs, pendant l'automne.

Figure très-grossie.

8. VOLVOCE *lunule*. Dict.

V. Hémisphérique, composé de molécules similaires en forme de croissant; pl. 1, fig. 6.
Habite dans les marais, vers le commencement du printemps.

Figure considérablement grossie.

9. VOLVOCE *globuleux*. Dict.

V. Sphérique membraneux, parsemé de globules; pl. 1, fig. 9.
Habite dans les eaux tranquilles stagnantes.

(*a*) Animalcules de grandeur naturelle; (*b*) vus grossis.

10. VOLVOCE *mûre*. Dict.

V. Orbiculaire membraneux, le disque parsemé de molécules sphériques vertes; pl. 1, fig. 10.
Habite dans les marais depuis octobre jusqu'à décembre.

(*a*) VOLVOCE *mûre* grossi; (*b*) plus grossi; (*c*) considérablement grossi, montrant chaque molécule développée en embryon.

11. VOLVOCE *raisin*. Dict.

V. Globuleux, composé de molécules sphériques verdâtres nues; pl. 2, fig. 11--15.
Se trouve dans l'eau des fossés & dans les ruisseaux.

(11) VOLV. *raisin*, de forme sphérique grossi (12) de forme ovale; (13) deux de ces animalcules réunis. (14) Animalcule plus petit; (15) molécules sphériques grossies.

12. VOLVOCE *végétant*. Dict.

V. Divisé en rameaux simples ou dicoto-

---

6. VOLVOX *focialis*.

V. Sphæricus, moleculis cryftallinis æqualibus diftantibus; tab. 1, fig. 8.
Hab. in aquâ fluviatili.

(*a*) VOLVOX *focialis* auctus; (*b*) magis auctus cum punctis fuis nigricantibus.

7. VOLVOX *sphærula*.

V. Sphæricus, moleculis fimilaribus rotundis; tab. 1, fig. 5.
Hab. in ftagnis autumno.

Figura valdè aucta.

8. VOLVOX *lunula*.

V. Hemifphæricus, moleculis fimilaribus lunatis; tab. 1, fig. 6.

Hab. primo vere in aquâ paluftri.

Figura magnoperè aucta.

9. VOLVOX *globator*.

V. Sphæricus membranaceus, globulis fparfis; tab. 1, fig. 9.
Hab. in aquis quietis ftagnantibus.

(*a*) Animalcula magnitudine naturali, (*b*) aucta.

10. VOLVOX *morum*.

V. Orbicularis membranaceus, difco moleculis fphæricis viridibus; tab. 1, fig. 10.

Hab. in ftagnis à menfe octobri ad decembrim.

(*a*) VOLVOX *morum* auctus, (*b*) magis auctus, (*c*) maximè auctus, ut appareant moleculæ in pullos fefe evolventes.

11. VOLVOX *uva*.

V. Globofus, moleculis fphæricis virefcentibus nudis; tab. 2, fig. 11--15.
Hab. in foffis inundatis et rivulis.

(11) VOLV. *uva*, fphæricus auctus, (12) ovatus; (13) duo cohærentes æqualiter aucti; (14) minor; (15) globulos folitarios aucta magnitudine exhibet.

12. VOLVOX *vegetans*.

V. ramulis fimplicibus & dichotomis, rofula

mes; terminés par une tête globuleuse; pl. 2, fig. 16--19.
Habite dans les rivieres.

(16) VOLVOCE *végétant* grossi,(17)considérablement grossi; (18) un rameau terminé par une tête, & d'autres abandonnés; (19) têtes détachées des rameaux & grossies.

4. ENCHELIDE.

Caraét. du genre.

Ver microscopique , cylindracée ; très-simple.

1. ENCHELIDE *verte*. Diét.

E. presque cylindrique, extrémité antérieure tronquée obliquement; pl. 2 , fig. 1.
Se trouve dans l'eau gardée plusieurs semaines.

Figure considérablement grossie ; (*a*) extrémité antérieure , (*b*) extrémité postérieure.

2. ENCHELIDE *ponétuée*. Diét.

E. presque cylindrique , verte , obtuse en avant , pointue en arrière; pl. 2, fig. 2.
Habite dans les marais.

(*a*) Légère échancrure de l'extrémité antérieure ; (*b*) les deux points noirs ; (*c*) les fascies transverses ; (*d*) l'extrémité postérieure; figures très-grossies.

3. ENCHELIDE *ovule*. Diét.

E cylindrique - ovoïde , diaphane , plissée longitudinalement ; pl. 2 , fig. 3.
Trouvée dans de l'eau gardée pendant quelques jours.

(*a* (ENCHELIDE *ovule* grossie , sans plis sensibles ; (*b*, *c*) deux plus grossies , marquées de plis , & renfermant des œufs.

4. ENCHELIDE *paresseuse*. Diét.

E. cylindrique, gelatineuse, verte, légérement rétrécie en arrière; pl. 2 , fig. 4.
Trouvée dans l'infusion de la *lenticule*.

Figures grossies ; (*a*) extrémité antérieure, (*b*) postérieure.

5. ENCHELIDE *anneau*. Diét.

E. obverse-ovale, opaque, transparente sur le bord, visceres mobiles; pl. 2, fig. 5.

---

globulari terminatis; tab. 2 , fig. 16--19.

Hab. in fluviis.

(16) VOLVOX *vegetans* aucta magnitudine; (17) valdè aucta ; (18) alius cum ramulo rosula terminato cæteris derelictis ; (19) rosulæ ramulis separatæ auctæ.

4. ENCHELIS.

Charaét. generis.

Vermis inconspicuus, simplicissimus, cylindraceus.

1. ENCHELIS *viridis*.

E. sub-cylindrica , antice obliquè truncata ; tab. 2, fig. 1.
Reperitur in aquâ per plurimas septimanas servata.

Figura magnoperè aucta ; (*a*) Pars antica , (*b*) pars postica.

2. ENCHELIS *punétifera*.

E. sub-cylindrica viridis antice obtusa, postice acuminata; tab. 2, fig. 2.
Hab. in paludosis.

(*a*) Incisura apicis ; (*b*) puncta bina nigra ; (*c*) fasciæ transversæ ; (*d*) extremitas postica acuminata ; figuræ valdè auctæ.

3. ENCHELIS *ovulum*.

E. cylindrico-ovata, longitudinaliter plicata , diaphana ; tab. 2 , fig. 3.
Reperta in aquâ aliquot dies servata.

(*a*) ENCHELIS *ovulum* aucta absque plicis; (*b*, *c*) plicas cutis & ovula valdè aucta magnitudine exhibent.

4. ENCHELIS *deses*.

E. cylindrica, gelatinosa, viridis , postice sub-acuminata ; tab. 2, fig. 4.
In infuso *lemnæ* reperta.

Figuræ auctæ ; (*a*) extremitas antica ; (*b*) postica.

5. ENCHELIS *similis*.

E. obovata, opaca, margine pellucida, interaneis mobilibus ; tab. 2, fig. 5.

Trouvée dans de l'eau conservée plusieurs mois.

Figure très-grossie ; (*a*) extrémité antérieure ; (*b*) postérieure.

6. ENCHELIDE *tardive*. Dict.

E. ovale-cylindracée, viscères immobiles ; pl. 2, fig. 6.
Trouvée dans de l'eau de marais gardée plusieurs mois.

Figure très-grossie ; (*a*) extrémité antérieure ; (*b*) postérieure.

7. ENCHELIDE *nébuleuse*. Dict.

E. ovale-cylindracée, viscères distincts & mobiles ; pl. 2, fig. 7.
Trouvée dans de l'eau gardée pendant six mois d'hyver, dans un vaisseau ouvert.

Figure très-grossie ; (*a*) extrémité antérieure, (*b*) postérieure.

8. ENCHELIDE *semence*. Dict.

E. cylindracée, extrémités égales ; pl. 2, fig. 8.
Trouvée dans de l'eau conservée quelques jours.

(*a*) Figure très-grossie ; (*b*) deux de ces animalcules réunis par une extrémité.

9. ENCHELIDE *cornet*. Dict.

E. en forme de tasse, l'extrémité antérieure tronquée ; pl. 2, fig. 9.
Se trouve dans l'infusion ancienne du foin.

(*a*) Partie antérieure tronquée ; (*b*) postérieure, convexe.

10. ENCHELIDE *intermédiaire*. Dict.

E. cylindracée diaphane, le bord noirâtre ; pl. 2, fig. 10.
Se trouve dans l'infusion du *Leucajon fluviatile ?*

(*a*) Figures grossies, simples ; (*b*) animalcules qui commencent à se diviser.

11. ENCHELIDE *poire*. Dict.

E. en forme de cône renversé, l'extrémité postérieure diaphane ; pl. 2, fig. 11.
Se trouve quelquefois dans l'eau gardée long-temps.

(*a*) Extrémité antérieure.

Reperta in aquâ per menses aliquot servata.

Figura valdè aucta ; (*a*) extremitas antica ; (*b*) postica.

6. ENCHELIS *serotina*.

E. ovato-cylindracea, interaneis immobilibus ; tab. 2, fig. 6.
Reperta in aquâ palustri plures menses servata.

Figura maximè aucta ; (*a*) extremitas anterior ; (*b*) posterior.

7. ENCHELIS *nebulosa*.

E. ovato-cylindricea, interaneis manifestis mobilibus ; tab. 2, fig. 7.
Reperta in aquâ per sex menses hyemales in vasculo aperto servata.

Figura valdè aucta ; (*a*) extremitas antica ; (*b*) postica.

8. ENCHELIS *feminulum*.

E. cylindracea, utrinque æqualis ; tab. 2, fig. 8.
In aquâ dies aliquot servata, reperta.

(*a*) Figura magnoperè aucta ; (*b*) animalcula bina apice cohærentia.

9. ENCHELIS *frittillus*.

E. cyathiformis, antice truncata ; tab. 2, fig. 9.
Reperitur in servato infuso fœni.

(*a*) Pars antica truncata ; (*b*) postica, convexa.

10. ENCHELIS *intermedia*.

E. cylindracea, hyalina, margine nigricante ; tab. 2, fig. 10.
In infusione *leucajon fluviatilis* reperitur.

(*a*) Animalcula aucta simplicia ; (*b*) partitionem incipientia.

11. ENCHELIS *pirum*.

E. inverse conica, postice hyalina ; tab. 2, fig. 11.
In aquâ diù servata non frequens reperitur.

(*a*) Extremitas antica.

12. ENCHELIDE *trembleuse.* Dict.

E. ovale - cylindracée , gelatineufe; pl. 2, fig. 12.
Se trouve dans l'infufion de végétaux , faite avec l'eau de rivière.

Figures très-groffies; (*a*) animalcules commençant à fe divifer.

12 ENCHELIS *tremula.*

E. ovato - cylindracea , gelatina; tab. 2 , fig. 12.
In infufo vegetabili aquæ fluvialis reperitur.

Figuræ maxime auctæ; (*a*) animalcula in partitione occupata.

13. ENCHELIDE *étranglée.* Dict.

E. obverfe-ovale , cryftalline , étranglée au milieu; pl. 2 , fig. 13.
Se trouve dans l'eau de mer.

(*a*) Fig. groffies ; (*b*) encore plus groffies ; (*c*) étranglées au milieu; (*d*) marquées d'une ligne longitudinale.

13. ENCHELIS *conftricta.*

E. obovata , cryftallina , medio coarctata; tab. 2 , fig. 13.
Hab. in aquâ marina.

(*a*) Figuræ auctæ ; (*b*) valdè auctæ ; (*c*) medio coarctatæ ; (*d*) lineâ longitudinali notatæ.

14. ENCHELIDE *pouffier.* Dict.

E. elliptique, marquée au milieu d'une tache verte; pl. 2 , fig. 14.
Habite dans les eaux douces.

(*a*) ENCHELIDES *pouffier* vivantes groffies; (*b*) mortes groffies.

14. ENCHELIS *pulvifculus.*

E. elliptica , interaneorum congerie viridi ; tab. 2 , fig. 14.
Hab. in aquis dulcibus.

(*a*) ENCHELIDES *pulvifculi* vivæ auctæ ; (*b*) mortuæ auctæ.

15. ENCHELIDE *fufeau.* Dict.

E. cylindracée , les extrémités rétrécies, tronquées; pl. 2 , fig. 15.
Habite dans les eaux les plus pures.

Figures très-groffies.

15. ENCHELIS *fufus.*

E. cylindracea , utraque extremitate auguftiore truncata ; tab. 2 , fig. 15.
Hab. in aquis purioribus.

Figuræ valdè auctæ.

16. ENCHELIDE *caudée.* Dict.

E. alongée , obtufe en avant , terminée en arriere par une queue diaphane; pl. 2, fig. 16.
Habite dans l'eau des marais.

Figures extrêmement groffies ; (*a*) l'extrémité antérieure ; (*b*) la queue diaphane.

16. ENCHELIS *caudata.*

E. elongata , antice obtufa, poftice in caudam hyalinam attenuata ; tab. 2 , fig. 16.

Hab. in aquâ paluftri.

Figuræ maximè auctæ ; (*a*) extremitas antica; (*b*) cauda hyalina.

17. ENCHELIDE *cheville.* Dict.

E. cylindrique oblongue , extrémité antérieure grefle , terminée par un globule; pl. 2, fig. 17.
Se trouve quelquefois dans l'eau fétide.

Figures très-groffies. (*a*) Globule de l'extrémité antérieure ;(*b*) point luifant de l'extrémité poftérieure ; (*c*) l'inteftin.

17. ENCHELIS *epiftomium.*

E. cylindrico - elongata , apice gracili fubglobofo ; tab. 2 , fig. 17.

In aquâ fœtente paffim reperitur.

Figuræ valdè auctæ ; (*a*) partis anticæ globulus ; (*b*) punctum pellucens partis pofticæ ; (*c*) inteftinum.

18. ENCHELIDE *ornée.* Dict.

E. cylindracée, garnie de deux féries de globules, & terminée par un col grefle diaphane; pl. 2, fig. 18.

18. ENCHELIS *gemmata.*

E. cylindracea , ferie globulorum duplici, in collum hyalinum producta; tab. 2 , fig. 18.

Habite dans les foſſés où croît la *lenticule.*

Figures très-groſſies. (*a*) Le col diaphane; (*b*) le tronc.

19. ENCHELIDE *rétrograde.* Diſt.

E. diaphane, extrémité antérieure rétrécie, terminée par un globule; pl. 2, fig. 19.
Se trouve dans les infuſions vegétales de l'eau de mer.

Figures très-groſſies, l'une repréſente ce ver étendu, l'autre dans l'état de contraſtion. (*a*) Partie antérieure; (*b*) poſtérieure; (*c*) point luiſant.

20. ENCHELIDE *hative.* Diſt.

E. cylindrique oblongue, extrémités obtuſes, antérieure diaphane; pl. 2, fig. 10.
Se trouve dans l'infuſion marine de l'*ulve linge.*

Figure très-groſſie. (*a*) Véſicule de la partie antérieure; (*b*) globules de l'extrémité oppoſée.

21. ENCHELIDE *index.* Diſt.

E. en forme de cône renverſé, un des angles de l'extrémité antérieure prolongé; pl. 2, fig. 21--26.
Habite dans les ruiſſeaux où croît la *lenticule commune.*

(21, 22, 23) L'Enchelide *index* très-groſſie; (24, 25, 26) groſſie, mais dans divers états de contraction. (*a*) Prolongement de l'extrémité antérieure; (*b*) papille de l'angle oppoſé; (*c*) extrémité poſtérieure échancrée.

22. ENCHELIDE *ſpatule.* Diſt.

E. cylindrique, extrémité antérieure applatie en forme de ſpatule, diaphane; pl. 2, fig. 27, 28.
Se trouve quelquefois dans les mares où croît la *lenticule.*

(27) Figure très-groſſie, avec l'extrémité antérieure développée. (*a*) Véſicule du milieu; (*b*) véſicule de l'extrémité poſtérieure; (*c*) amas de globules.

(28) Figure très-groſſie, avec ſon extrémité antérieure contraſtée.

23. ENCHELIDE *boudin.* Diſt.

E. cylindracée courbe, les extrémités tronquées; pl. 2, fig. 29.
Se trouve rarement dans l'eau long-temps gardée.

Figures très-groſſies.

24. ENCHELIDE *papille.* Diſt.

E. en forme de cône renverſée; la face antérieure terminée par une papille; pl. 2, fig. 30.

Hab. in aquâ foſſarum ubi *lemna* adeſt.

Figuræ valdè auſtæ. (*a*) Collum hyalinum; (*b*) truncus.

19. ENCHELIS *retrograda.*

E. hyalina, antice anguſtata, apice globulari; tab. 2, fig. 19.
Reperitur in infuſo vegetabili aquæ marinæ.

Figuræ valdè auſtæ, alia animalculum extenſum repræſentat, alia retraſtum. (*a*) Pars antica; (*b*) poſtica; (*c*) punſtum pellucens.

20. ENCHELIS *feſtinans.*

E. cylindrica, oblonga, utrinque obtuſa, antice hyalina; tab. 2, fig. 20.
In infuſo marino *ulva linga* reperitur.

Figura valdè auſta. (*a*) Veſicula partis anticæ; (*b*) globuli poſtici.

21. ENCHELIS *index.*

E. inverſè conica, apicis altero angulo produſto; tab. 2, fig. 21--26.

Hab. in rivulis ubi creſcit *lemna minor.*

(21, 22, 23) Enchelis *index* valdè auſta; (24, 25, 26) auſta ſed variè contraſta. (*a*) Produſtio digitiformis; (*b*) angulus papillaris; (*c*) extremitas poſtica emarginata.

22. ENCHELIS *ſpathula.*

E. cylindrica, apice hyalina ſpathulata; tab. 2, fig. 27, 28.

In aquis ubi *lemna* vegetat, raro reperitur.

(27) Figura valdè auſta, cum ſpathula exſerta. (*a*) Veſicula media, (*b*) veſicula poſtica, (*c*) congeries globulorum.

(28) Figura æqualiter auſta, extremitate antica contraſta.

23. ENCHELIS *farcimen.*

E. cylindracea curvata, utrinque truncata; tab. 2, fig. 29.
In aquâ diù ſervata raro occurrit.

Figuræ valdè auſtæ.

24. ENCHELIS *pupula.*

E. inverſè conica, apice papillari; tab. 2, fig. 30.

Trouvée dans l'eau qui découle du fumier.

Figure très-grossie ; (*a*) papille antérieure ; (*b*) vésicule postérieure.

25. ENCHELIDE *poupée*. Dict.

E. cylindrique ventrue, face antérieure rétrécie en forme de mamelon ; pl. 2, fig. 31. Se trouve rarement dans l'eau des marais.

Figure grossie; (*a*) extrémité antérieure;(*b*) postérieure.

26. ENCHELIDE *larve*. Dict.

E. oblongue, milieu du corps garni de chaque côté d'un mamelon ; pl. 2, fig. 32. Trouvée très rarement dans l'eau des marais.

Figure très-grossie ; (*a*) partie antérieure ; (*b*) papilles latérales ; (*c*) partie postérieure.

27. ENCHELIDE *tronc*. Dict.

E. cylindrique, terminée en avant par un renflement en forme de tête; pl. 2, fig. 33-35. Habite dans les ruisseaux.

Figures très-grossies ; (33) animalcule lisse ; (34) animalcule dentelé ; (35) animalcule contracté.

(*a*) Trois dents latérales; (*b*) extrémité antérieure globuleuse.

5. VIBRION.

Caract. du genre.

Ver microscopique, très-simple, cylindrique-prolongé.

1. VIBRION *linéole*. Dict.

V. linéaire, extrêmement petit ; pl. 3. fig. 2. Se trouve dans les infusions végétales.

Figure grossie représentant un nombre infini de ces animalcules réunies en une masse globuleuse.

2. VIBRION *ridé*. Dict.

V. linéaire, tortueux; pl. 3. fig. 3. Trouvé dans l'infusion des mouches.

Figures très-grossies ; (*a*) animalcules tortueux ou tordus en spirale; (*b*) animalcules étendus.

3. VIBRION *baguette*. Dict.

V. linéaire égal, les extrémités tronquées; pl. 3, fig. 4. Trouvé dans de l'eau gardée un mois.

In fimetis inundatis reperta.

Figura valdè aucta; (*a*) papilla anterior ; (*b*) vesicula posterior.

25. ENCHELIS *pupa*.

E. ventricoso-cylindrica, apice in papillam producta; tab. 2, fig. 31. In aqua palustri raro reperitur.

Figura ampliata ; (*a*) extremitas antica, (*b*) postica.

26. ENCHELIS *larva*.

E. elongata, medio papillula utrinque notato; tab. 2, fig. 32. In aqua palustri rarissime reperta.

Figura valdè aucta ; (*a*) pars antica ; (*b*) papillulæ laterales, (*c*) pars postica.

27. ENCHELIS *truncus*.

E. cylindrica, subcapitata ; tab. 2, fig. 33—35. Hab. in rivulis.

Figuræ valdè auctæ ; (33) animalculum muticum ; (34) dentatum ; (35) contractum.

(*a*) Dentes tres laterales ; (*b*) extremitas antica globosa.

5. VIBRIO.

Charact. generis.

Vermis inconspicuus, simplicissimus, teres, elongatus.

1. VIBRIO *lineola*.

V. linearis minutissimus ; tab. 3, fig. 2. Reperitur in infusione vegetabili.

Figura valdè aucta *Vibr. lineolas* in massam coacervatos repræsentat.

2. VIBRIO *rugula*.

V. linearis flexuosus; tab. 3. fig. 3. Repertus in infusione muscarum.

Figuræ valdè auctæ ; (*a*) animalcula in spiram torta ; (*b*) animalcula recte extensa.

3. VIBRIO *bacillus*.

V. linearis æqualis, utrinque truncatus; tab. 3, fig. 4. Repertus in aqua mensem servata.

Figures considérablement grossies ; (*a*) animalcules dans le repos ; (*b*) animalcules nageans.

Figuræ magnoperè auctæ ; (*a*) animalcula quiescentia; (*b*) natantia.

4. VIBRION *ondoyant*. Dict.

V. filiforme, ondoyant; pl. 3, fig. 5-7. Trouvé dans une infusion de *lenticule* gardée une semaine.

(5) Animalcules très-grossis ; (*a*) nageans ; (*b*) pendant le repos ; (6) réunis en peloton sur un rameau de *conserve* ; (7) un de ces pelotons se divisant en un second plus petit.

4. VIBRIO *undula*.

V. filiformis flexuosus ; tab. 3, fig. 5--7. Repertus in infusione *lemnæ* per septimanam servata.

(5) Animalcula valdè aucta ; (*a*) natantia; (*b*) quiescentia; (6) congregata in acervum circa filamentum *conservæ* ; (5) acervus alium minorem emittens.

5. VIBRION *spiral*. Dict.

V. filiforme, tourné en spirales aiguës ; pl. 3, fig. 8. Trouvé dans l'infusion du *laitron des champs*.

Figure considérablement grossie.

5. VIBRIO *spirillum*.

V. filiformis ambagibus in angulum acutum tornatis: tab. 3, fig. 8. Repertus in infusione *sonchi arvensis*.

Figura magnoperè aucta.

6. VIBRION *serpent*. Dict.

V. filiforme, tourné en spirales obtuses; pl. 3, fig. 9. Se trouve dans l'eau des rivieres

(*a*) Animalcule grossi ; (*b*) fragment de l'animalcule considérablement grossi ; (*c*) canal intestinal.

6. VIBRIO *serpens*.

V. filiformis, ambagibus in angulum obtusum tornatis ; tab. 3, fig. 9. An gordius ? Reperitur in aqua fluviali.

(*a*) Animalculum auctum; (*b*) animalculi pars valdè ampliata ; (*c*) intestinum.

7. VIBRION *vermet*. Dict.

V. cylindracée, gelatineux, tortueux, extrémité postérieure rétrécie ; pl. 3, fig. 1. Trouvé dans l'eau des marais.

Figures très-grossies ; (*a*) partie antérieure ; (*b*) postérieure ; (*c*) ligne noire interrompue ; est-ce l'intestin ?

7. VIBRIO *vermiculus*.

V. cylindraceus gelatinus tortuosus , postice angustatus : tab. 3, fig. 1. Repertus in aqua palustris.

Figuræ valdè auctæ; (*a*) pars antica ; (*b*) postica ; (*c*) linea nigra interrupta; an intestinum ?

8. VIBRION *intestin*. Dict.

V. cylindrique gelatineux, extrémité antérieure rétrécie ; pl. 3, fig. 10--13. Trouvé dans l'eau des marais.

(10) VIBRION *intestin* très-grossi ; (*a*) extrémité antérieure étendue ; (*b*) extrémité postérieure. (11) Animalcule grossi, raccourci. (12) Ver semblable avec l'extrémité antérieure (*a*) élargie. (13) L'extrémité antérieure (*a*) prolongée en forme de spatule.

8. VIBRIO *intestinum*.

V. teres gelatinosus , antice angustatus. pl. 3, fig. 10-13.. Repertus in aquis paludosis.

(10) VIBRIO *intestinum* valdè auctus ; (*a*) pars antica extensa; (*b*) postica. (11) Animalculum contractum auctum ; (*a*) antice dilatatum. (13) Extremitas antica (*a*) in formam spathulæ dilatata.

9. VIBRION *biponctuée*. Dict.

V. linéaire égal, marqué vers le milieu de deux globules, extrémités tronquées ; pl. 3, fig. 14. Trouvé dans de l'eau de mer après quatre semaines de garde.

Figures très-grossies.

9. VIBRIO *bipunctatus*.

V. linearis æqualis , globulis binis mediis, utrinque truncatus ; tab. 3, fig. 14.

Repertus in aqua marina post quatuor septimanas.

Figuræ valdè auctæ.

10. **VIBRION** *triponctué.* Dict.

V. linéaire rétréci aux deux bouts, marqué de trois globules inégaux; pl. 3, fig. 15.
Se trouve en novembre et en décembre dans les fossés inondés où croît la *lenticule.*

Figures très-grossies; (*a*) animalcules diaphanes; (*b*) remplis d'une matière verdâtre; (*c*) autre strié transversalement; (*d*) autres n'ayant que deux globules situés à leur partie moyenne.

11. **VIBRION** *portepieu.* Dict.

V. jaunâtre linéaire, formant diverses figures par leur réunion; pl. 3, fig. 16--20.
Se trouve en grand nombre dans *l'ulve dilatée.*

Figures très-grossies; (16) animalcules réunis parallèlement, présentant une figure arquée. (17) Formant une ligne droite comme la *conferve.* (18) Disposés en zig-zag. (19) En forme de carré avec deux branches inégales étendues. (20) En deux séries parallèles réunies par une chaîne simple.

12. **VIBRION** *lunule.* Dict.

V. arqué, les deux extrémités égales; pl. 3, fig. 21--27.
Se trouve dans les eaux où croît la *lenticule.*

Figures très-grossies. (21) Petits animalcules diaphanes. (22) Plus grands de couleur verte. (23) Une des extrémités séparée; (*a*) partie diaphane sans grains; (*b*) Partie remplie de grains; (*c*) membrane extérieure. (24) Commencement de la division; (*a*) partie granuleuse; (*b*) partie sans grains. (25) Animalcule mort. (26) Division en deux parties également granuleuses. (27) Animalcule présentant un rang de globules & une bande transverse pâle.

13. **VIBRION** *vermine.* Dict.

V. linéaire comprimé, plus rétréci devant que derrière; pl. 4, fig. 1--6.
Trouvé dans de l'eau de mer fétide.

Figures très-grossies. (1, 2, 3) *V. vermines* simples; (*a*) Partie antérieure; (*b*) postérieure. (4, 5, 6) *V. vermines* doubles.

14. **VIBRION** *marteau.* Dict.

V. linéaire, terminé à la base par un globule, au sommet par une ligne transverse; pl. 4, fig. 7.
Trouvé abondamment dans de l'eau de puits.

Ces figures sont grossies & représentent cet animalcule dans deux différentes positions.

10. **VIBRIO** *tripunctatus.*

V. linearis utrinque attenuatus, globulis tribus, extremis minoribus; tab. 3, fig. 15.
Reperitur novembri & decembri in fossis inundatis ubi *lemna* crescit.

Figuræ valdè auctæ; (*a*) animalcula diaphana; (*b*) viridi materia farcta; (*c*) alium transversim striatum; (*d*) alii globulis tantum intermediis binis.

11. **VIBRIO** *paxillifer.*

V. flavescens linearis, paleis gregariis multifariam ordinatis; tab. 3, fig. 16-20.
Reperitur copiose in *ulva latissima.*

Figuræ valdè auctæ. (16) Animalcula coalita figuram arcuatam ferentia. (17) In lineam rectam *conferva* instar extensa. (18) In faciem fulminis producta. (19) In quadrangulum cruribus binis inæqualiter protensis. (20) In duas series parallelas catena simplici connexas.

12. **VIBRIO** *lunula.*

V. arcuatus, utraque extremitate æquali; tab. 3, fig. 21-27.
In aquis ubi crescit *lemna* reperitur.

Figuræ valdè auctæ. (21) Animalcula minora crystallina. (22) Majora viridia. (23) Extremitas altera divulsa; (*a*) pars granulorum vacua; (*b*) pars granulis repleta; (*c*) membrana exterior. (24) Partitionis initium; (*a*) pars granulis farcta; (*b*) pars vacua. (25) Animalculum mortuum. (26) Partitio in bina æqualiter granosa. (27) Animalculum serie globulorum & area transversa pallida donatum.

13. **VIBRIO** *verminus.*

V. linearis compressus, antice quam postice angustior; tab. 4, fig. 1-6.
Repertus in aqua marina fœtente.

Figuræ valdè auctæ; (1, 2, 3) *V. vermini* simplices; (*a*) pars anterior; (*b*) pars posterior. (4, 5, 6) *V. vermini* duplices.

14. **VIBRIO** *malleus.*

V. linearis, basi globulo, apice linea transversa donatus; tab. 4, fig. 7.
In aqua putei copiose repertus.

Figuræ *V. malleum* duplici situ aucta magnitudine sistunt.

15. VIBRION *aiguille*. Dict.

V. linéaire; extrémité antérieure obtuse, queue terminée en soye, pl. 4, fig. 8.
Trouvé dans l'eau des fossés.

Figures très-grossies; (*a*) extrémité antérieure; (*b*) point orangeâtre du col; (*c*) queue terminée en soye.

15. VITRIO *acus*.

V. linearis, colli apice obtuso, cauda setacea; tab. 4, fig. 8.
Repertus in aquis fossarum.

Figuræ valdè auctæ; (*a*) pars antica obtusa; (*b*) punctum colli rubens; (*c*) cauda setacea.

16. VIBRION *flèche*. Dict.

V. presque linéaire, extrémité antérieure tronquée noire, queue terminée en soye; pl. 4, fig. 9.
Se trouve dans l'eau de mer.

Figures très-grossies; (*a*) extrémité antérieure noire; (*t*) la queue terminée en soye.

16. VIBRIO *sagitta*.

V. sublinearis, colli apice truncato atro; cauda setacea; tab. 4, fig. 9.
Reperitur in aqua marina.

Figuræ valdè auctæ; (*a*) extremitas antica atra; (*b*) postica setacea.

17. VIBRION *serpent*. Dict.

V. cylindrique égal; les deux extrémités obtuses; pl. 4, fig. 10.
Se trouve dans les infusions végétales anciennes & dans les marais.

Figure considérablement grossie; (*a*) la tête; (*b*) l'œsophage; (*c*) un rang de globules formant ses viscères; (*d*) l'estomach; (*e*) l'intestin; (*f*) la pointe de la queue.

17. VIBRIO *serpentulus*.

V. teres æqualis, utraque extremitate obtusa; tab. 4, fig. 10.
Reperitur in infusione vegetabili non recenti & in paludibus.

Figura magnopere aucta; (*a*) caput; (*b*) œsophagus; (*c*) series globulorum visceralis; (*d*) ventriculus; (*e*) intestinum; (*f*) caudæ apex.

18. VIBRION *dragoncule*. Dict.

V. cylindrique égal, le bout de la queue formé en tubercule; pl. 4, fig. 11, 12.
Se trouve quelquefois dans les infusions marines.

Figures très-grossies. (11) Animalcule roulé en spirale. (12) Animalcule alongé; (*a*) la tête; (*b*) la queue.

18. VIBRIO *gordius*.

V. teres æqualis, caudæ apice tuberculato; tab. 4, fig. 11, 12.
In infuso marino passim reperitur.

Figuræ valdè auctæ. (11) Animalculum spiraliter involutum; (12) recta extensum; (*a*) caput; (*b*) cauda.

19. VIBRION *couleuvre*. Dict.

V. filiforme, la soye de la queue coudée; pl. 4, fig. 13—15.
Trouvé très-rarement dans l'eau de rivière.

Figures très-grossies. (13) Animalcule dans le repos; (*a*) la bouche; (*b*) l'œsophage; (*c*) la soye qui termine la queue coudée en (*d*). (14) Le coude de la queue plus grossi, formant un angle obtus. (15) Animalcule pendant qu'il nage.

19. VIBRIO *coluber*.

V. filiformis, seta caudali geniculata; tab. 4, fig. 13-15.
In aqua fluviali rarissime repertus.

Figuræ valdè auctæ. (13) Animalculum quiescens; (*a*) os; (*b*) œsophagus; (*c*) seta caudalis; (*d*) Setæ caudalis geniculum. (14) Caudæ geniculum maximè auctum in angulum obtusum inflexum. (15) Animalculum natans.

20. VIBRION *anguille*. Dict.

V. filiforme égal, peu flexible; l'extrémité postérieure atténuée; pl. 4, fig. 16--26.

(16) Variet. A. *Anguille du vinaigre*, grossie.

Se trouve quelquefois dans le vinaigre.

20. VIBRIO *anguillula*.

V. filiformis æqualis subrigidus, postice attenuatus; tab. 4, fig. 16-26.

(16) Variet. A. *Anguillula aceti*, aucta.

In aceto aliquoties reperitur.

(17, 18, 19) Variet. B. *Anguille de la colle.*

Se trouve dans les colles farineuses anciennes.

Figures très-groffies; (*a*) extrémité antérieure, (*b*) poftérieure; (*c*) œufs rangés fur deux lignes.

(20, 21, 22, 23) Variet. C. *Anguille fluviatile.*

Se trouve dans les eaux ftagnantes des rivières.

(20) Figure groffie; (21, 22, 23) figures confidérablement groffies; (*a*) extrémité antérieure; (*b*) poftérieure; (*c*) deux petits corps ovales.

(24, 25, 26) Variet. D. *Anguille marine.*

Se trouve ordinairement fur les bois qui ont été long-temps plongés dans la mer.

Figures très-groffies; (*a*) extrémité antérieure; (*b*) poftérieure; (*c*) inteftin jaune; (*d*) vifcères intérieurs fous l'apparence de molécules criftallines.

21. VIBRION *nacelle.* Dict.

V. ovale-bombé, terminé en avant par un col court & diaphane; pl. 4, fig. 27.
Se trouve fréquemment dans les eaux où croît la *lenticule.*

(*a*, *b*, *c*) Figures très-groffies; (*d*) col diaphane; (*e*) le ventre.

22. VIBRION *utricule.* Dict.

V. cylindrique, extrémité antérieure rétrécie tronquée, poftérieure ventrue; pl. 4, fig. 28.
Se trouve dans l'eau de rivière & même dans l'eau de mer, fétides.

Figure très-groffie; (*a*) le col; (*b*) le fommet tronqué; (*c*) le ventre; (*d*) un point tranfparent.

23. VIBRION *fafciolaire.* Dict.

V. rétréci en avant, élargi au milieu, aigu fur le derrière; pl. 4, fig. 29–31.
Se trouve quelquefois dans l'eau dégelée.

Figures très-groffies. (29) Animalcule feul; (*a*) extrémité antérieure; (*b*) poftérieure. (30) Deux animalcules réunis par leur extrémité antérieure. (31) Tenant par leur extrémité poftérieure.

24. VIBRION *plongeon.* Dict.

V. épais, rétréci en arrière, terminé en avant par un col légérement arqué; pl. 4; fig. 32.
Se trouve dans l'eau.

Figures très-groffies; (*a*) col légèrement arqué; (*b*) extrémité poftérieure; (*c*) les côtés faillans.

(17, 18, 19) Variet. B. *Anguillula glutinis.*

In glutine farinofo vetufto reperitur.

Figuræ valdè auctæ; (*a*) extremitas antica; (*b*) poftica; (*c*) binæ feries ovulorum in parte caudali fitæ.

(20, 21, 22, 23) Variet. C. *Anguillula fluviatilis.*

In aqua fluviatili ftagnante reperitur.

(20) Figura aucta; (21, 22, 23) figuræ magnopere auctæ; (*a*) extremitas antica; (*b*) poftica; (*c*) corpufcula bina ovata.

(24, 25, 26) Variet. D. *Anguillula marina.*

Frequentiffime reperitur fupra palos diutius in aqua marina immerfos.

Figuræ valdè auctæ; (*a*) extremitas antica; (*b*) poftica; (*c*) inteftinum flavum; (*d*) interanea molecularia cryftallina.

21. VIBRIO *linter.*

V. ventricofo-ovatus, collo breviffimo hyalino; tab. 4, fig. 27.
Frequentiffime reperitur in aquis ubi *lemna* crefcit.

(*a*, *b*, *c*) Figuræ valdè auctæ; (*d*) collum diaphanum; (*e*) abdomen.

22. VIBRIO *utriculus.*

V. teres, antice anguftatus truncatus, poftice ventricofus; tab. 4, fig. 28.
Reperitur in aquâ fluviali, etiam in aquâ marina, putridis.

Figura valdè aucta; (*a*) collum; (*b*) apex truncatus; (*c*) venter; (*d*) punctum pellucidum.

23. VIBRIO *fafciolaris.*

V. antice attenuatus, medio latiufculus; poftice acutus; tab. 4, fig. 29—31.
Aliquoties reperitur in aquâ gelu foluta.

Figuræ valdè auctæ. (29) Animalculum folitarium; (*a*) extremitas antica; (*b*) poftica. (30) Animalcula bina antice coalita. (31) Totidem extremitate poftica adhærentia.

24. VIBRIO *colymbus.*

V. craffus, poftice acuminatus, collo fub falcato; tab. 4, fig. 32.
In aquis reperitur.

Figuræ valdè auctæ; (*a*) collum fubfalcatum; (*b*) extremitas poftica; (*c*) latera prominula.

25. VIBRION *rétréci*. Dict.

V. linéaire très-allongé, extrémité antérieure filiforme terminée par un renflement; pl. 5, fig. 1, 2.
Trouvé dans l'eau des rivages.

(1) Animalcule très-grossi prolongé en forme de fil; (*a*) partie antérieure filiforme; (*b*) partie postérieure épaissie; (*c*) renflement antérieur. (2) Animalcule contracté grossi; (*a*) partie antérieure contractée.

25. VIBRIO *strictus*.

V. linearis elongatus; anticam versùs attenuatus, apice obtuso; tab. 5 fig, 1, 2.
Repertus in aquâ littorali.

Animalculum valdè auctum in filum productum; (*a*) pars antica filiformis; (*b*) pars postica incrassata; (*d*) apex globularis. (2) Animalculum correptum auctum; (*d*) pars antica in correptione.

26. VIBRION *canard*. Dict.

V. oblong, les deux extrémités rétrécies, le col plus long que la queue; pl. 5, fig. 3-5.
Se trouve dans l'eau de mer.

Figures très-grossies; (*a*) le col; (*b*) le tronc; (*c*) la queue; (*d*) les œufs.

26. VIBRIO *anas*.

V. oblongus, utraque extremitate attenuatus, collo cauda longiore; tab. 5, fig. 3--5.
Reperitur in aquâ marina.

Figuræ valdè auctæ; (*a*) collum; (*b*) truncus; (*c*) cauda; (*d*) ovula.

27. VIBRION *cygne*. Dict.

V. tronc ventru, col crochu, queue aigue; pl. 5, fig. 6.
Se trouve dans les eaux stagnantes.

Figure très-grossie; (*a*) le col; (*b*) le tronc ventru; (*c*) la queue aiguë.

27. VIBRIO *cygnus*.

V. ventricosus, collo adunco, cauda acuta; tab. 5, fig. 6.
Reperitur in aquâ stagnante.

Figura valdè aucta; (*a*) collum; (*b*) truncus ventricosus; (*c*) cauda acuta.

28. VIBRION *jars*. Dict.

V. elliptique, col long, un tubercule sur le dos; pl. 5, fig. 7.-11.
Vit dans les eaux où croît la *lenticule*.

(7, 8, 9, 10, 11) Animalcules diversement courbés, très-grossis; (*a*) le col; (*b*) tubercule simple; (*c*) tubercule double; (*d*) le tronc; (*e*) la queue; (*g*) Animalcule prêt à se diviser.

28. VIBRIO *anser*.

V. ellipticus, collo longo, tuberculo dorsali; tab. 5, fig. 7--11.
In aquis ubi *lemna* crescit hospitatur.

(7, 8, 9, 10, 11.) Animalcula diversimode inflexa valdè aucta; (*a*) collum; (*b*) tuberculum simplex; (*c*) tuberculum duplex; (*d*) truncus; (*e*) cauda; (*g*) animalculi instans divisio.

29. VIBRION *long col*. Dict.

V. elliptique, col très-long, terminé par un tubercule; pl. 5, fig. 12.-15.
Vit dans les marais où croit la *lenticule*.

(12, 13, 14, 15) Animalcules très-grossis, avec le col diversement alongé, contracté ou dirigé; (*a*) col alongé; (*b*) légèrement raccourci; (*c*) extrêmement alongé; (*d*) onduleux; (*e*) tubercule du sommet; (*f*) tache noirâtre du tubercule.

29. VIBRIO *olor*.

V. ellipticus, collo longissimo, apice nodoso; tab. 5, fig. 12--15.
Reperitur in aquâ palustri, ubi *lemna*.

(12, 13, 14, 15) Animalcula valdè aucta, collo varie exserto, contracto aut protento; (*a*) collum elongatum; (*b*) aliquantulum correptum; (*c*) longissime productum; (*d*) undatum; (*e*) nodus apicis; (*f*) macula nigricans tuberculi.

30. VIBRION *faux*. Dict.

V. ventru, extrémité postérieure obtuse, le col courbé en faux; pl. 5, fig. 16.-18
Se trouve avec le précédent.

(16, 17, 18.) Animalcules très-grossis; (*a*) le col courbé en faulx; (*b*) le dos applati; (*c*) le ventre bombé.

30. VIBRIO *falx*.

V. gibbosus postice obtusus, collo falcato; tab. 5, fig. 16.-18.
Cum præcedenti reperitur.

(16, 17, 18) Animalcula magnopere aucta; (*a*) collum falcatum; (*b*) dorsum planum; (*c*) venter gibbus.

31. **VIBRION** *intermédiaire*. Dict.

V. membraneux , extrémité antérieure rétrécie, postérieure un peu aiguë; pl. 5 , fig. 19, 20.
Se trouve dans l'infusion de *l'ulve linze*.

Figures très-grossies; (*a*) le col alongé & élargi; (*b*) légèrement tordu; (*c*) extrémité antérieure ; (*d*) queue un peu aiguë.

31. **VIBRIO** *intermedius*.

V. membranaceus , antice attenuatus, postice subacutus ; tab. 5 , fig. 19, 20.

Reperitur in infuso *ulva linza*.

Figuræ valdè auctæ; (*a*) collum elongatum & dilatatum ; (*b*) aliquantum distortum ; (*c*) apex colli, (*d*) cauda subacuta.

6. CYCLIDE.

Caract. du genre.

Ver microscopique, très-simple, transparent, comprimé , orbiculaire ou ovale.

1. **CYCLIDE** *bulle*. Dict.

C. orbiculaire diaphane; pl. 5 , fig. 1.
Se trouve dans l'infusion du foin.

Six de ces animalcules très-grossis.

2. **CYCLIDE** *millet*. Dict.

C. elliptique, cristallin; pl. 5 , fig. 2, 3.
Se trouve dans l'infusion de diverses plantes.

(2) Amas de ces animalcules grossi. (3) Quatre animalcules séparés très-grossis; (*a*) point antérieur. (*b*) point postérieur; (*c*) ligne longitudinale.

3. **CYCLIDE** *flottant*. Dict.

C. ovale cristallin; pl. 5, fig. 4, 5.
Se trouve dans l'eau de mer corrompue.

(4) Animalcule vivant très-grossi ; (*a*) deux canaux placés sur les bords. (5) Animalcule mort ; (*b*) ligne noirâtre.

4. **CYCLIDE** *glaucome*. Dict.

C. ovoïde, parties internes difficiles à appercevoir ; pl. 5, fig. 6-8.
Trouvé dans de l'eau gardée plus de six mois d'hiver , sans aucun mélange de végétaux.

(6) Figures très-grossies ; (*a*) animalcules vuides ; (*b*) remplis de molécules. (7) Animalcule seul plus grossi ; (*c*) parties internes bleuâtres ; (*d*) point très-luisant ; (*e*) l'intestin situé en arrière. (8) Deux animalcules adhérents très-grossis.

6. CYCLIDIUM.

Charact. generis.

Vermis inconspicuus, simplicissimus, pellucidus , complanatus , orbicularis vel ovatus.

1. **CYCLIDIUM** *bulla*.

C. orbiculare , hyalinum ; tab 5 , fig. 1.
Reperitur iu infusione foeni.

Sex animalcula valdè aucta.

2. **CYCLIDIUM** *milium*.

C. ellipticum crystallinum ; tab. 5 , fig. 2, 3.
Reperitur in infusione variarum stirpium.

(2) Acervus animalculorum aucta magnitudine. (3) Quatuor animalcula solitaria maximè aucta ; (*a*) punctum anticum ; (*b*) posticum ; (*c*) linea longitudinalis.

3. **CYCLIDIUM** *fluitans*.

C. ovale crystallinum ; tab. 5 , fig. 4, 5.
Reperitur in aquâ marina fœtidissima.

(4) Animalculum vivum valdè auctum ; (*a*) canales duo marginales. (5) Animalculum mortuum; (*b*) linea nigricans.

4. **CYCLIDIUM** *glaucoma*.

C. ovatum, interaneis ægre conspicuis; tab. 5, fig. 6-8.
Repertum in aquâ ultra sex menses hyemales absque omni vegetabili servata.

(6) Figuræ valdè auctæ ; (*a*) animalcula vacua; (*b*) moleculis repleta. (7) Animalculum solitarium magis auctum ; (*c* interanea cærulescentia; (*d*) punctum pellucidissimum; (*e*) intestinum posticum. (8) Animalcula duo cohœrentia valdè aucta.

5. CYCLIDE *noirâtre*. Dict.

C. ovale-oblong , noirâtre sur les bords ; pl. 5, fig. 9, 10.
Trouvé dans l'infusion de la *lenticule*.

(9) Figures grossies. (10) Beaucoup plus grossies.

6. CYCLIDE *roſtré*. Dict.

C. ovale très-luisant , terminé en avant par une pointe obtuse ; pl. 5, fig. 11 , 12.
Trouvé dans une infusion de végétaux.

11) CYCLIDE *roſtré*, rempli de véſicules , très-grossi ; (*a*) pointe antérieure ; (*b*) extrémité poſtérieure. (12) Animalcule également grossi, avec des viſcères ſenſibles ; (*c*) canal diviſé en deux branches ; (*d*) petites lignes tranſverſales.

7. CYCLIDE *pepin*. Dict.

C. ovale véſiculeux, pointu en arrière ; pl. 5, fig. 13.
Se trouve, mais rarement, dans les infuſions végétales.

Figure très-groſſie ; (*a*) partie antérieure ; (*b*) poſtérieure.

8. CYCLIDE *diaphane*. Dict.

C. ovoïde diaphane , aigu en arrière, pl. 5, fig. 14.
Se trouve dans l'infuſion de la *clavaire coralloïde*.

(*a*, *b*) Amas de *Cyclid. diaphanes* groſſis.

9. CYCLIDE *pou*. Dict.

C. ovale , convexe en deſſus, plat au deſſous ; pl. 5, fig. 15.
Se trouve ordinairement ſur le corps de l'*hydre pale*.

Animalcules groſſis dans différentes poſitions ; (*a*) extrémité fendue. Eſt-ce l'ouverture de ſa bouche ?

10. CYCLIDE *douteux*. Dict.

C. ovale, convexe en deſſus, concave au-deſſous ; pl. 5, fig. 16–19.
Se trouve dans l'eau où croît la *lenticule*.

(16, 17, 18, 19. Quatre animalcules très-groſſis ſous différens aſpects ; (*a*) dos convexe ; (*b*) ventre concave ; (*c*) parties internes paroiſſant figurées en réſeau quand l'eau commence à ſe deſſécher.

---

5. CYCLIDIUM *nigricans*.

C. oblongo-ovatum , margine nigricante ; tab. 5, fig. 9, 10.
Repertum in infuſo *lemnæ*.

Figuræ auctæ. (10) Multo magis auctæ.

6. CYCLIDIUM *roſtratum*.

C. ovale pellucidiſſimum , roſtro obtuſe mucronato ; tab. 5, fig. 11 , 12.
Repertum in infuſione vegetabili.

(11) CYCLID. *roſtratum* cum interaneis veſicularibus maximè auctum ; (*a*) roſtrum ; (*b*) pars poſtica. (12) Animalculum æqualiter auctum interaneis viſibilibus : (*c*) canalis in crura diviſus ; (*d*) lineolæ tranſverſæ.

7. CYCLIDIUM *nucleus*.

C. ovale veſiculare poſtice acuminatum ; tab. 5, fig. 13.

In infuſo vegetabili ſed raro reperitur.

Figura aucta ; (*a*) pars antica ; (*b*) poſtica.

8. CYCLIDIUM *hyalinum*.

C. ovatum hyalinum , poſtice acutum ; tab. 5, fig. 14.

Reperitur in infuſione *clavariæ coralloidis*.

(*a*, *b*) CYCLID. *hyalina* coacervata , aucta.

9. CYCLIDIUM *pediculus*.

C. ovale , ſuprà convexum, ſubtus planum ; tab. 5, fig. 15.
Sæpius occurrit ſupra *hydram pallidam*.

Animalcula aucta diverſo ſitu ; (*a*) extremitas fiſſa, an apertura oris ?

10. CYCLIDIUM *dubium*.

C. ovale, ſupra convexum , ſubtus cavum ; tab. 5, fig. 16–19.
Reperitur in aquâ ubi *lemna*.

(16, 17, 18, 19.) Animalcula quatuor valdè aucta vario ſitu poſita ; (*a*) dorſum convexum ; (*b*) venter concavus ; (*c*) interanea aqua deficiente reticulum effingentia.

7. PARAMÉCIE.

Caract. du genre.

Ver microscopique, simple, membraneux, transparent, oblong.

1. PARAMÉCIE *aurelie.* Dict.

P. comprimée, un pli longitudinal sur sa moitié antérieure, l'extrémité opposée aigue; pl. 5, fig. 1-12.
Se trouve dans l'eau des fossés où croît la *lenticule.*

(1, 2, 3, 4) PARAMÉCIES *aurélies* très-grossies, transparentes, sous divers aspects. (5) Animalcule adulte d'une teinte plus foncée. (6) Animalcule ovale-oblong, comme il se présente quand l'eau manque. (7) Autre également grossi, bordé de cils. (8, 9, 10.) Animalcules vus dans trois diverses positions de leur adhérence. (11) Un animalcule quand sa division est déjà très-avancée. (12) Un autre lorsque sa division ne fait que commencer; (*a*) extrémité antérieure; (*b*) extrémité postérieure; (*c*) pli longitudinal.

2. PARAMÉCIE *chrysalide.* Dict.

P. cylindracée, un repli longitudinal sur sa moitié antérieure, l'extrémité postérieure obtuse; pl. 6, fig. 1-5.
Trouvée en automne dans l'eau de mer.

Figures très-grossies. (1, 2, 3) *Paramécies chrysalides* en diverses positions, ayant leur pli plus ou moins visible. (4) Animalcule qui ne montre pas de pli. (5) Autre bordé de cils; (*a*) partie antérieure; (*b*) partie postérieure; (*c*) pli.

3. PARAMÉCIE *rufée.* Dict.

P. cylindracée, un peu renflée en arrière, les deux extrémités obtuses; pl. 6., fig. 6-9.
Se trouve dans les fossés marécageux.

Figures très-grossies. (6, 7, 8) Animalcules vus dans différentes situations; (*a*) partie antérieure; (*b*) postérieure. (9) Animalcule occupé à opérer sa division transversale.

4. PARAMÉCIE *œuvé.* Dict.

P. aplatie, remplie de bulles ovales; pl. 6, fig. 10-11.
Habite dans les marais.

7. PARAMÆCIUM.

Charact. generis.

Vermis inconspicuus, simplex, membranaceus, pellucidus, oblongus.

1. PARAMÆCIUM *aurelia.*

P. compressum, à medio ad apicem uniplicatum postice acutum; tab. 5, fig. 1 12.

Reperitur in fossis inundatis *lemna* plenis.

(1, 2, 3, 4) PARAMÆCIA *aurelia* valdè aucta pellucentia vario situ. (5) Animalculum adultum magis obscurum. (6) Animalculum ovato-oblongum utut deficiente aqua conspici solet. (7) Alium æqualiter auctum ciliis cinctum. (8, 9, 10) Bina animalcula in vario situ cohæsionis collateralis. (11) Animalculum adultum in divisione fere peracta. (12) Alium divisione tantum incepta; (*a*) extremitas antica; (*b*) extremitas postica; (*c*) plica longitudinalis.

2. PARAMÆCIUM *chrysalis.*

P. cylindraceum, versus antica uniplicatum postice obtusum; tab. 6, fig. 1-5.
In aquâ marina tempore autumnali repertum.

Figuræ valdè auctæ. (1, 2, 3) *Paramæcia chrysalides* vario situ, plica magis minusve conspicua. (4) Animalculum plica occultata. (5) Alterum ciliis cinctum; (*a*) pars anterior; (*b*) pars posterior; (*c*) plica.

3. PARAMÆCIUM *versutum.*

P. cylindraceum, postice incrassatum, utraque extremitate obtusum; tab. 6, fig. 6-9.
Reperitur in aquis fossarum palustrium.

Figuræ valdè auctæ. (6, 7, 8) Animalcula vario situ conspecta; (*a*) pars antica; (*b*) postica. (9) Animalculum in partitione transversali occupatum.

4. PARAMÆCIUM *oviferum.*

P. depressum, intus bullis ovalibus; tab. 6, fig. 10-12.
Habitat in paludibus.

(10, 11, 12) Ces figures, diversement grossies, présentent ces animalcules dans des positions diférentes; (*a*) bulles ovales; (*b*) petits grains.

5. PARAMÉCIE *bordé.* Diff.

P. applatie grisâtre, circonférence diaphane; pl. 6, fig. 13, 14.
Trouvée, mais rarement, dans l'eau des marais.

Figures très-grossies; (*a*) extrémité antérieure; (*b*) vésicule postérieure; (*c*) apparence spirale de l'intestin.

8. KOLPODE.

Caraff. du genre.

Ver microscopique très-simple, applati, sinueux, transparent.

1. KOLPODE *lame.* Diff.

K. oblongue membraneuse, extrémité antérieure rétrécie courbée; pl. 6. fig. 1—3.
Trouvée dans l'eau.

(1) Deux animalcules grossis dans deux positions diférentes. (2, 3) Deux autres animalcules extrêmement grossis; (*a*) extrémité antérieure; (*b*) postérieure; (*c*) plis qu'ils offrent en nageant.

2. KOLPODE *poulette.* Diff.

K. oblongue, partie antérieure du dos membraneuse diaphane; pl. 6, fig. 4.
Trouvée dans de l'eau de mer corrompue.

Figure très-grossie; (*a*) le bec courbé; (*b*) la partie antérieure du dos diaphane; (*c*) le ventre strié.

3. KOLPODE *bec.* Diff.

K. oblongue-ovale, extrémité antérieure crochue; pl. 6, fig. 5, 6.
Trouvée dans les eaux où croît la *lenticule.*

Figures extrêmement grossies; (*a*) sommet crochu; (*b*) courbure triangulaire de l'extrémité antérieure.

4. KOLPODE *botte.* Diff.

K. prolongée membraneuse, rétrécie en avant, terminé en arrière par un angle droit, pl. 6, fig. 7, 8.
Se trouve dans l'eau stagnante des rivières.

(10, 11, 12) Figuræ animalculum hoc diverso situ augmentationisque gradu offerunt; (*a*) bullæ ovales; (*b*) granula.

5. PARAMÆCIUM *marginatum.*

P. depressum griseum, peripheria hyalina marginatum; tab. 6, fig. 13, 14.
In aqua palustri raro repertum.

Figuræ valdè auctæ; (*a*) extremitas anterior; (*b*) vesicula postica; (*c*) luor intestini spiralis.

8. KOLPODA.

Charaff. generis.

Vermis inconspicuus simplicissimus, complanatus, sinuosus, pellucidus.

1. KOLPODA *lamella.*

K. elongata membranacea, antice curvata, angustior; tab. 6, fig. 1--3.
In aquis reperta.

(1) Animalcula bina vario situ posita, aucta; (2, 3) bina alia magnopere aucta; (*a*) extremitas anterior; (*b*) posterior; (*c*) flexura partis anticæ in motu obvia.

2. KOLPODA *gallinula.*

K. oblonga, dorso antico membranaceo hyalino; tab. 6, fig. 4.
Reperta in aquâ marina fœtidissima.

Figura valdè aucta; (*a*) rostrum curvatum; (*b*) pars antica dorsi hyalina; (*c*) venter striatus.

3. KOLPODA *rostrum.*

K. oblongo-ovata, antice uncinata; tab. 6, fig. 5, 6.
Reperta in aquis ubi crescit *lemna.* Quænam species *lemnæ* non dixit mullerus.

Figuræ magnopere auctæ; (*a*) apex uncinatus; (*b*) retusio triangularis partis anterioris.

4. KOLPODA *ocrea.*

K. elongata membranacea, apice attenuata, basi in angulum rectum producta; tab. 6, fig. 7, 8.
Reperitur in aquis fossarum fluviatilium.

Figures très-groffies. (7) Animalcule pendant le repos. (8) Animalcule nageant; (*a*) partie antérieure diaphane; (*b*) bafe anguleufe.

Figuræ valdè auctæ. (7) Animalculum quiefcens. (8) Animalculum natans; (*a*) pars antica hyalina; (*b*) bafis angulata.

5. KOLPODE *mucronée*. Dict.

K. large, membraneufe, rétrécie en avant, un des côtés échancré; pl. 6, fig. 9, 10.
Trouvée dans l'infufion de l'*ulve linze*.

Figures très-groffies; (*a*) extrémité antérieure; (*b*) bafe; (*c*) échancrure latérale; (*d*) difque charnu fe terminant en un petit canal (*e*).

5. KOLPODA *mucronata*.

K. dilatata membranacea, antice anguftata, altero margine incifa; tab. 6, fig. 9, 10.
Reperta in infufo *ulvæ linzæ*.

Figuræ valdè auctæ; (*a*) extremitas antica; (*b*) bafis; (*c*) incifio lateralis; (*d*) difcus carnofus in canaliculum (*e*) productus.

6. KOLPODE *triquetre*.

K. obverfe-ovale comprimée, un des bords recourbé; pl. 6, fig. 11—13.
Trouvée rarement dans l'eau de mer.

(11, 12) Animalcules très-groffis vus fur leur face applatie. (13) Animalcule également groffi vu fur fa face oppofée, convexe; (*a*) extrémité antérieure obtufe; (*b*) finuofité; (*c*) petite lame du bord recourbée; (*d*) bord aigu; (*e*) tourbillon qu'on diftingue au moyen d'une forte loupe à fon extrémité antérieure.

6. KOLPODA *triquetra*.

K. obovata depreffa, altero margine retufo; tab. 6, fig. 11-13.
In aquâ marina raro reperta.

(11, 12) Animalcula valdè aucta in paginam depreffam confpecta. (13) Animalculum æqualiter auctum obverfum pagina convexa; (*a*) extremitas antica obtufa; (*b*) finus; (*c*) lamellula retufa; (*d*) margo acutus; (*e*) nitor fluctuans maximo augmentationis gradu antice confpicuus.

7. KOLPODE *striée*. Dict.

K. oblongue, légérement arquée, comprimée blanche, extrémité antérieure pointue, poftérieure arrondie; pl. 6, fig. 14, 15.
Trouvée abondamment dans l'eau de mer.

(14) Trois *Kolpodes striées* groffies. (15) Deux autres plus groffies; (*a*) bout antérieur; (*b*) véficule diaphane; (*c*) bout poftérieur contenant des molécules globuleufes.

7. KOLPODA *striata*.

K. oblonga fubarcuata depreffa candida, antice acuminata, poftice rotundata; tab. 6, fig. 14, 15.
Reperta copiofe in aquâ marina.

(14) *Kolpodæ striatæ* tres auctæ. (15) Duo aliæ valdè auctæ; (*a*) pars anterior; (*b*) veficula hyalina; (*c*) extremitas poftica cum moleculis globofis.

8. KOLPODE *noyau*. Dict.

K. ovoïde, extrémité antérieure aigue, dos convexe; pl. 6, fig. 16.
Se trouve dans l'infufion des femences du chanvre.

Figure groffie; (*a*) extrémité antérieure.

8. KOLPODA *nucleus*

K. ovata, vertice acuto, dorfo convexo; tab. 6, fig. 16.
Reperitur in infufione feminis *cannabis fativæ*.

Figura aucta; (*a*) vertex.

9. KOLPODE *pintade*. Dict.

K. membraneufe plicatile, bec crochu, bord antérieur crénelé, extrémité poftérieure obtufe; pl. 6, fig. 17-27.
Trouvée rarement dans les eaux où croît la *lenticule*.

Var. A. Figures très-groffies. (17, 18) Animalcules élargis, diverfement dentés & pliffés. (19, 20, 21, 22) Animalcules très-alongés, crénelés, moins pliffés.

9. KOLPODA *meleagris*.

K. membranacea plicatilis, apice uncinata, margine antico crenulata, poftice obtufa; tab. 6, fig. 17-27.
In aquis ubi *lemna* crefcit, fed raro obvia.

Var. A. Figuræ valdè auctæ. (17, 18) Animalcula dilatata varie denticulata & plicata. (19, 20, 21, 22) Animalcula maxime elongata, crenulata, minufque plicata.

Variété B. Figures également grossies. (23 , 24) Animalcules dont le corps est marqué de stries longitudinales. (25) Bec encore vivace, dont la partie postérieure s'étoit dissoute en molécules.

Variété C. Figures également grossies. (26 , 27) Animalcules dont l'extrémité postérieure est figurée en forme de maillet.

(*a*) bec crochu ; (*b*) bord antérieur denticulé ; (*c*) bord crénelé ; (*d*) plis des bords ; (*c*) un ou deux rangs de globules ; (*f*) deux globules plus gros que les premiers ; (*g*) stries longitudinales ; (*h*) partie postérieure en forme de maillet.

10. KOLPODE *crénelée*. Dict.

K. membraneuse non plicatile, bec crochu, moitié antérieure crénelée sur un côté, extrémité postérieure pointue ; pl. *6*, fig. 28.

Trouvée dans l'eau de mer.

Figure grossie ; (*a*) bec crochu ; (*b*) bord crénelé ; (*c*) masse elliptique.

11. KOLPODE *coucou*. Dict.

K. ovoïde ventrue, échancré au-dessous du sommet ; pl. 7, fig. 1--7.
Se trouve dans les infusions végétales & dans celle du foin fétide.

Figures très-grossies. (1) Quatre de ces animalcules jeunes. (2) Variété ventrue de couleur jaunâtre. (3 , 4) Animalcules adultes remplis de vésicules. (5 , 6 , 7) Trois animalcules dont le ventre présente divers enfoncemens ; (*a*) bec arrondi ; (*b*) sinuosité profonde ; (*c*) le ventre ; (*d*) lame ventrale ; (*e*) divers enfoncemens du ventre.

12. KOLPODE *cornemuse*. Dict.

K. oblongue ovale, échancrée obliquement au-dessous de l'extrémité antérieure ; pl. 7, fig. 8.-12.
Se trouve dans l'infusion du *laitron des champs*.

Figures très-grossies. (8 , 9 , 10) KOLPODES *cornemuses*, nageant sur le dos. (11) Autre glissant sur le côté. (12) Deux réunies ensemble par le dos ; (*a*) le bec ; (*b*) carène antérieure ; (*c*) sinuosité ; (*d*) partie postérieure arrondie ; (*e*) globules transparens.

13. KOLPODE *languette*. Dict.

K. oblongue comprimée, foiblement échancrée au-dessous de l'extrémité antérieure ; pl. 7, fig 13.-19.
Se trouve dans les fossés où croît la *lenticule* avec la *paramécie aurélie* & la *vorticelle rotifère*.

Varietas B. Figuræ æqualiter auctæ. (23 , 24) Animalcula in superficie longitudinaliter striata. (25 , Rostrum anterius adhuc vivax, posteriore corporis parte in moleculas dissoluta.

Varietas C. Figuræ æqualiter auctæ. (26 , 27) Animalcula quorum pars postica in formam mallei terminatur.

(*a*) Rostrum uncinatum ; (*b*) margo anticus denticulatus ; (*c*) margo crenulatus ; (*d*) plicæ marginales ; (*e*) series globulorum ; (*f*) globuli bini majores ; (*g*) striæ longitudinales ; (*h*) pars posterior in formam mallei terminata.

10. KOLPODA *assimilis*.

K. membranacea, non plicatilis, apice uncinata, margine antico laterali ad medium usque crenulato, postice acutiuscula ; tab. *6*, fig. 28.
Reperta in aquâ marina.

Figura aucta ; (*a*) rostrum aduncum ; (*b*) margo crenulatus ; (*c*) massa elliptica.

11. KOLPODA *cuculus*.

K. ovata ventricosa, infra apicem incisa ; tab. 7, fig. 1.-7.
Reperitur in infusione vegetabilium & in fœtida feni.

Figuræ valdè auctæ. (1) Quatuor animalcula juniora. (2) Varietas ventricosa flavicans. (3 , 4) Animalcula adulta vesiculis impleta. (5 , 6 , 7) Animalcula tria variis impressionibus supra ventrem notata ; (*a*) rostrum rotundatum ; (*b*) sinus profundus ; (*c*) venter ; (*d*) lamina ventralis ; (*e*) variæ impressiones ventris.

12. KOLPODA *cucullulus*.

K. oblongo-ovata, infra apicem oblique incisa ; tab. 7, fig. 8.-12.

Reperitur in infuso *sonchi arvensis*.

Figuræ valdè auctæ. (8 , 9 , 10) *Kolpoda cucululi* dorso innatantes. (11) Altera latere gliscens. (12) binæ aliæ à tergo approximatæ ; (*a*) rostrum ; (*b*) carina antica ; (*c*) sinus ; (*d*) pars postica globosa ; (*e*) globuli pellucidi.

13. KOLPODA *cucullio*.

K. oblonga depressa, infra apicem tantillum sinuata ; tab. 7, fig. 13.-19.

In fossis inundatis *lemna obtectis*, cum *paramæcio aurelia* & *vorticilla rotatoria* reperitur.

Figures très-groffies. (13) Animalcule dans le repos. (14) Animalcule nageant. (15) Animalcule rampant fur des grains de pouffière. (16) Jeunes animalcules à l'inftant de leur naiffance.

(17, 18, 19) Variété de cette efpèce dont l'extrémité antérieure eft membraneufe, prolongée & pliée.

(a) Extrémité antérieure; (b) légère finuofité; (c) Extrémité poftérieure; (d) boffe du dos; (e) grains de pouffière fur lefquels l'animalcule eft vu rampant; (f) extrémité antérieure prolongée; (g) la même pliée.

14. KOLPODE rein. Di&.

K. épaiffe, échancrée vers le milieu, extrémités prefqu'égales; pl. 7, fig. 20 -22.
Se préfente en moins de dix heures dans l'infufion du foin.

Figures très-groffies. (20) KOLPODE rein dans fa fituation naturelle. (21) Autre plus alongée, telle qu'on la voit après l'évaporation de l'eau. (22) Deux *Kolpodes* réunies par leur extrémité poftérieure.

15. KOLPODE poire. Di&.

K. convexe - ovale, extrémité antérieure prolongée en forme de bec; pl. 7, fig. 23--27.
Se trouve quelquefois dans les marais.

Figures très-groffies. (23) KOLPODE poire dans fon état naturel. (24) Autre fe divifant. (25) Animalcule poftérieur détaché. (26) Le même alongeant fon bec. (27) Autre ayant fon bec plus allongé.

(a) Le bec; (b) l'extrémité poftérieure; (c) endroit où fe fait la divifion.

16. KOLPODE coin. Di&.

K. cylindrique en forme de maffue, extrémité antérieure dentée; pl. 7; fig. 28--30.
Trouvée dans l'eau des marais.

Figures groffies. (28, 29, 30) KOLPODES coins, vues fous différens afpects; (a) extrémité antérieure dentée; (b) puftule diaphane; (c) extrémité poftérieure; (d) la même extrémité courbée.

9. GONE.

Caract. du genre.

Ver microfcopique très-fimple, aplati, anguleux.

Figuræ valdè au&æ. (13) animaculum quiefcens. (14) animalculum natans. (15) animalculum pulvifculo incedens; (16) animalcula juniora feu pulli *K. cucullionis.*

(17, 18, 19) Varietas ejufce fpeciei, cujus pars antica producitur in membranam plicatam.

(a) extremitas antica; (b) pars parumper finuata; (c) extremitas poftica; (d) dorfum gibbofum; (e) pulvifculus fupra quem incedit animalculum; (f) extremitas antica producta; (g) eadem plicata.

14. KOLPODA ren.

K. craffa, medio finuata, antice & poftice fub æqualis; tab. 7, fig. 20--22.
In infufione feni vix decem horis elapfis occurrit.

Figuræ valdè au&æ. (20) *Kolpoda ren* in fitu naturali. (21) Alia magis elongata qualis deficiente aqua confpicitur. (22) *Kolpoda bina* extremitate poftica cohærentes.

15. KOLPODA pirum.

K. convexa, ovalis, apice in roftrum producta; tab. 7, fig. 23--27.
In aquâ paluftri paffim reperitur.

Figuræ valdè au&æ. (23) *Kolpoda pirum* in ftatu naturali. (24) Alia in partitione. (25) animalculum pofticum feparatum. (26) Idem roftrum protrudens. (27) Alium roftello magis producto.

(a) Roftrum; (b) poftica pars; (c) locus ubi partitio producitur.

16. KOLPODA cuneus.

K. teres clavata, apice dentata, tab. 7; fig. 28- 30.
Reperta in aquâ paluftri.

Figuræ au&æ. (28, 29, 30) *Kolpoda cunei* vario fitu confpectæ; (a) extremitas antica dentata; (b) puftula hyalina; (c) extremitas poftica; (d) extremitas eadem inflexa.

9. GONIUM.

Charact. generis.

Vermis inconfpicuus, fimpliciffimus, complanatus, angulatus.

1. GONE *pectoral*. Dict.

G. quadrangulaire tranfparent, compofée de feize globules; pl. 7, fig. 1--3.
Se trouve dans les eaux pures.

(1) GONE *pectoral* groffi. (2) Autre plus groffi. (3) Fœtus du *gone pectoral* groffis, à l'inftant qu'ils viennent d'éclore, chaque animalcule étant compofé de feize globules.

2. GONE *couffinet*. Dict.

G. quadrangulaire, opaque, charnu; pl. 7, fig. 4--7.
Se trouve dans l'eau des fumiers.

Figures groffies. (4) Animalcule aplati de chaque côté. (5) Autre divifé en trois cordons. (6) Autre divifé en compartimens applatis. (17) Deux *gones couffinets* réunis; (*a*) cordons; (*b*) compartimens aplatis; (*c*) point de réunion.

3. GONE *ridé*. Dict.

G. prefque quadrangulaire blanchâtre, marqué fur un côté d'une ride longitudinale; pl. 7, fig. 8.
Se trouve dans diverfes infufions, notamment dans celle de la pulpe de poire.

Figures groffies de cet animalcule, vu en diverfes pofitions.

4. GONE *rectangulaire*. Dict.

G. une des pointes de l'extrémité poftérieure formée en angle droit, le dos arqué; pl. 7, fig. 9.
Se trouve fréquemment dans les eaux pures.

Figure groffie; (*a*) angle droit de l'extrémité poftérieure; (*b*) courbure du dos; (*c*) véficule diaphane.

5. GONE *obtufangulaire*. Dict.

G. une des pointes de l'extrémité poftérieure formée en angle obtus, le dos arqué; pl. 7, fig. 10.
Se trouve rarement avec le précédent.

Figure groffie; (*a*) angle obtus de l'extrémité poftérieure; (*b*) dos arqué; (*c*) véficules.

10. BURSAIRE.

Caract. du genre.

Ver très fimple, membraneux, concave.

---

1. GONIUM *pectorale*.

G. quadrangulare, pellucidum, globulis fedecim; tab. 7, fig. 1--3.
Reperitur in aquis puris.

(1) *Gonium pectorale* auctum. (2) alium valdè auctum. (3) Pulli *gonii pectoralis* in partu, quocumque fedecim globulis conftante.

2. GONIUM *pulvinatum*.

G. quadrangulare, opacum, torofum; tab. 7, fig. 4--7.
Reperitur in fimetis.

Figuræ auctæ. (4) animalculum utrinque planum. (5) Alterum in tres pulvillos diftinctum. (6) Alium in areolas planas divifum; (7) Bina *gonia pulvinata* juncta; (*a*) pulvilli; (*b*) areolæ planæ; (*c*) futura junctorum.

3. GONIUM *corrugatum*.

G. fub quadrangulare, albidum, ruga longitudinali unilaterali notatum; tab. 7, fig. 8.
Reperitur in infufionibus variis, præcipue in infufo pulpæ pyri.

Figuræ auctæ hujus animalculi in vario fitu confpecti.

4. GONIUM *rectangulum*.

G. altero latere extremitatis pofticæ in angulum rectum partito, dorfo arcuato; tab. 7, fig. 9.
Reperitur frequenter in aquis puris.

Figura aucta; (*a*) angulus rectus partis pofticæ; (*b*) dorfum arcuatum; (*c*) veficula hyalina.

5. GONIUM *obtufangulum*.

G. altero extremitatis pofticæ latere in angulum obtufum producto, dorfo arcuato; tab. 7, fig. 10.
Cum præcedente fed raro reperitur.

Figura aucta; (*a*) angulus obtufus pofticus; (*b*) dorfum arcuatum; (*c*) veficulæ.

10. BURSARIA.

Charact. generis.

Vermis fimpliciffimus, membranaceus, cavus.

1. BURSAIRE *troncatelle*. Dict. n°. 1.

B. en forme de fac , ouverture antérieure
tronquée obliquement ; pl. 8, fig. 1-4.
Vit dans les eaux des foffés.

(1) BURSAIRE *troncatelle* de grandeur naturelle. (2)
Groffie vue du dos. (3 , 4) Deux également groffies
vues du côté du ventre avec un ou fans ovules ;
(*a*) partie antérieure faillante de la membrane ; (*b*)
ouverture ; (*c*) fente ; (*d*) petits œufs.

2. BURSAIRE *bullée*. Dict. n°. 2.

B. en forme de nacelle, terminée en avant
par une levre ; pl. 8, fig. 5-8.
Trouvée une feule fois dans l'eau de mer.

(5) Un peu groffie (6) Plus groffie vue fur fa face
concave. (7) Sur fa face convexe. (8) Une autre entièrement aplatie très-groffie.

3. BURSAIRE *hirondeau*. Dict. n°. 3.

B. divifée en quatre languettes, les deux latérales plus courtes ; pl. 8, fig. 9-11.
Se trouve dans l'eau des marais.

(9) BURSAIRES *hirondeaux* groffies. (10) Une
plus groffie vue par le dos. (11) Autre groffie au même
degré & dans la même pofition, marquée d'une double
ligne tranfverfe.

(*a*) Extrémité antérieure ; (*b*) poftérieure ; (*c*)
languettes latérales.

4. BURSAIRE *repliée* Dict. n°. 4.

B. elliptique, fendue en deffus , les bords
repliés en dedans ; pl. 8, fig. 12, 13.
Se trouve quoique rarement dans les eaux
où croît la *lenticule*.

(12) Figure groffié. (13) Beaucoup plus groffie.

5. BURSAIRE *globuleufe*. Dict. n°. 5.

B. fphérique, tachée aux deux bouts, le
centre très-tranfparent ; pl. 8, fig. 14-16.

(14, 15) BURSAIRES *globuleufes* groffies pon-
tuées. (16) Autre également groffie ftriée ; (*a*) partie antérieure obfcure ; (*b*) poftérieure noirâtre ;
(*c*) partie intermédiaire tranfparente.

---

1. BURSARIA *truncatella.*

B. follicularis, apertura antica oblique truncata ; tab. 8, fig. 1-4.
Reperitur in foffis aquofis.

(1) BURSARIA *truncatella* naturali magnitudine. (2)
aucta à dorfo confpecta. (3 , 4) Duo æqualiter auctæ
à ventre confpicuæ cum aut fine ovulis. (*a*) Pars
membranæ anticæ prominula ; (*b*) apertura ; (*c*) hia-
tus ; (*d*) ovula.

2. BURSARIA *bullina.*

B. cymbæformis, antice labiata ; tab. 8,
fig. 5-8.
Semel reperta in aquâ marina.

(5) Parum aucta. (6) Magis aucta a parte concava
infpecta. (7) A parte convexa ; (8) alia complanata
valdè aucta.

3. BURSARIA *hyrundinella.*

B. utrinque laciniata, extremitatibus produc-
tis ; tab. 8, fig. 9-11.
Reperitur in aquis paludofis.

(9) BURSARIÆ *hyrundinellæ* auctæ. (10) Alia magis
aucta à dorfo confpecta. (11) Alia ejufdem fitus & augmentationis gradu , linea tranfverfa duplici notata.

(*a*) Extremitas antica ; (*b*) poftica, (*c*) laciniæ
laterales.

4. BURSARIA *duplella.*

B. elliptica fuperne fiffa, marginibus inflexis ;
tab. 8, fig. 12, 13.
In aquis ubi *lemna* fed raro reperitur.

(12) Figura aucta. (13) Magis aucta ;

5. BURSARIA *globina.*

B. fphærica, utrinque obfcurata, medio pel-
lucentiffimo ; tab. 8, fig. 14-16.

(14, 15) BURSARIÆ *globinæ* auctæ punctatæ.
(16) Altera æqualiter aucta ftriata ; (*a*) antica pars
obfcura ; (*b*) poftica nigricans ; (*c*) pars intermedia
pellucentiffima.

11. CERCAIRE.

Caract. du genre.

Ver microfcopique tranfparent, pourvu d'une queue.

1. CERCAIRE *tetard.* Dict. n°. 1.

C. arrondie, queue pointue; pl. 8, fig. 1.
Se trouve quelquefois dans les infufions ani
males.

Figures groffies.

2. CERCAIRE *boffue.* Dict. n°. 2.

C. prefque ovale, convexe, légérement poin
tue en avant, queue cylindrique; pl. 8, fig. 2.
Se trouve abondamment dans l'infufion de
la *jungérmanne tamarifc.*

Figures groffies.

3. CERCAIRE *agitée.* Dict. n°. 3.

C. variable convexe, queue liffe; pl. 8,
fig. 3--7.
Trouvée une feule fois dans l'eau de mer.

(3, 4) CERCAIRES *agitées* groffies, dont la queue eft
diverfement courbée; (5) la même fous la figure d'u
cone renverfé; (6) la même oblongue; (7) la même très
alongée; (a) le corps; (b) la queue; (c) la bouche; (d) les yeux; (e) veficule diaphane.

4. CERCAIRE *lenticule*; CERC. *lentille d'eau.*
Dict. n°. 4.

C. variable, légérement aplatie, queue com
pofée de fegmens; pl. 8, fig. 8-12.
Se trouve dans les marais.

(8 & 11) CERCAIRES *lenticules* très-groffies agitant vivement la queue; (9) autre pendant le repos;
(10 & 12) deux de ces animalcules nageans lentement;
(a) le corps; (b) la queue; (c) la queue alongée très-
ridée; (d) l'ouverture de la bouche; (e) les yeux;
(f) les vifcères; (g) veficule fituée à la naiffance de
la queue; (h) veficule moindre.

5. CERCAIRE *toupie.* Dict. n°. 5.

C. globuleufe, légérement rétrécie vers le
milieu, queue formée d'une foie; pl. 8,
fig. 13-16.

11. CERCARIA.

Charact. generis.

Vermis inconfpicuus, pellucidus, caudatus.

1. CERCARIA *gyrinus.*

C. rotundata, cauda acuminata; tab. 8,
fig. 1.
Raro reperitur in infufione animali.

Figuræ auctæ.

2. CERCARIA *gibba.*

C. fubovata convexa, antice fubacuta, cauda tereti; tab. 8, fig. 2.
Abunde reperitur in infufione *jungermanniæ
tamarifci.*

Figuræ auctæ.

3. CERCARIA *inquieta.*

C. mutabilis convexa, cauda lævi; tab. 8,
fig. 3--7.
Semel reperta in aquâ marina.

(3, 4) CERCARIÆ *inquieta* auctæ, diverfa caudæ
inflexione; (5) eadem inverfe conica; (6) eadem
oblonga; (7) eadem magis elongata; (a) corpus; (b)
cauda; (c) rimula anterior feu os; (d) oculi; (e)
veficula hyalina.

4. CERCARIA *lemna.*

C. mutabilis fubdepreffa, cauda annulata;
tab. 8, fig. 8-12.
Reperitur in aquis paludofis.

(8 & 11) CERCARIÆ *lemna* valdè auctæ caudam
velociffime vibrantes; (9) alia quiefcens; (10 & 12)
bina animalcula lentè natantia; (a) corpus; (b) cauda;
(c) cauda rugulofa producta; (d) apertura oris; (e)
oculi; (f) vifcera; (g) veficula major ad radicem
caudæ fita; (h) veficula minor.

5. CERCARIA *turbo.*

C. globulofa, medio coarctata, cauda unifeta;
pl. 8, fig. 13--16.

Se trouve dans les ruisseaux où croît la *lenticule*.

(13) CERCAIRE *toupie* jeune, grossie; (14) autre adulte & grossie, ayant un point de chaque côté; (15) autre triangulaire ayant la queue étendue; (16) autre semblable ayant la queue repliée vers le haut.

(*a*) Rétrécissement du corps; (*b*) soye de la queue; (*c*) les yeux; (*d*) la queue repliée.

6. CERCAIRE *podure*. Dict. n°. 6.

C. cylindracée, retrecie en arrière, queue le plus souvent fendue; pl. 9, fig. 1 - 5.
Se trouve dans les marais où croît la *lenticule*.

Figures très-grossies dans différentes positions. (1) CERCAIRE *podure* à queue simple; (2) à queue fendue; (3) dont le corps est cilié; (4) crochue, dont l'extrémité antérieure est très-épaisse; (5) autre bombée en avant & étendue.

(*a*) La tête; (*b*) le tronc; (*c*, *d*) la queue simple; (*e*) la queue fendue; (*f*) les cils.

7. CERCAIRE *verte*. Dict. n°. 7.

C. cylindracée variable, extrémité postérieure rétrécie fendue; pl. 9, fig. 6-13.
Se trouve dans les eaux stagnantes des fossés.

(6) Amas de *Cercaires vertes* de grandeur naturelle. (7) Une *Cercaire verte* sphérique, à extrémités contractées, grossies. (8, 12) Autres ventrues développant leurs deux extrémités. (9, 10) Autres cylindracées, étendues. (11) Autre dont le tronc est bombé, orbiculaire, & les deux extrémités saillantes. (13) Deux de ces animalcules sphériques, réunis par un point.

(*a*) Extrémité antérieure, ou si on veut, la tête; (*b*) la queue; (*c*) les deux pointes de la queue; (*d*) le tronc.

8. CERCAIRE *ciliée*. Dict. n°. 8.

C. cylindracée, amincie sur le devant, pointue en arrière; pl. 9, fig. 14-16.
Trouvée dans l'eau de mer.

Figures très-grossies. (14, 15) CERCAIRES *ciliées* nageant. (16) Autre ventrue; (*a*) la tête; (*b*) le tronc; (*c*) la queue; (*d*) rang longitudinal de cils.

9. CERCAIRE *hérissée*. Dict. n°. 9.

C. cylindrique, presque tronquée en avant, extrémité postérieure arrondie, armée de deux pointes; pl. 9, fig. 17, 18.
Trouvée dans l'eau de mer.

Reperitur in aquâ rivulari cum *lemna*.

(13) CERCARIA *turbo* junior aucta. (14) Alia adulta aucta, puncto ocellari utrinque notata. (15) Altera triquetra cauda extensa. (16) Alia similis, cauda versus antica inflexa.

(*a*) Coarctatio corporis; (*b*) seta caudalis; (*c*) oculi; (*d*) cauda inflexa.

6. CERCARIA *podura*.

C. cylindracea, postice acuminata sæpius fissa; tab. 9, fig. 1 - 5.
Reperitur in paludosis *lemna* coopertis.

Figuræ valdè auctæ vario situ. (1) *cercaria podura* cauda simplici. (2) Cauda bicuspidata. (3) Corpore utrinque ciliato. (4) Curvata, antice maximè incrassata. (5) Alia extremitate antica incrassata, rectè extensa.

(*a*) Caput; (*b*) truncus; (*c*, *d*) cauda unicuspis; (*e*) cauda bicuspis; (*f*) cilia.

7. CERCARIA *viridis*.

C. cylindracea mutabilis, postice acuminata fissa; tab. 9, fig. 6-13.
Reperitur in aquis fossarum stagnantibus.

(6) *Cercariarum viridium* magnitudine naturali acervus. (7) *Cercaria viridis* aucta sphærica, extremitantibus conditis. (8, 12) Aliæ gibbæ extremitates evolventes. (9, 10) Aliæ cylindraceæ recta extensæ (11) Altera trunco in orbiculum intumescente, extremitatibus exsertis. (13) Bina animalcula sphærica cohærentia.

(*a*) Extremitas antica seu caput; (*b*) cauda; (*c*) binæ cuspides caudæ; (*d*) truncus.

8. CERCARIA *setifera*.

C. cylindracea, antice angustior, postice acuminata; tab. 9, fig. 14-16.
Reperta in aquâ marina.

Figuræ valdè auctæ. (14, 15) CERCARIÆ *ciliatæ* natantes. (16) Alia ventricosa; (*a*) caput; (*b*) truncus; (*c*) cauda; (*d*) series longitudinalis ciliorum aut setarum.

9. CERCARIA *hirta*.

C. cylindrica, antice subtruncata, postice obtusa bimucronata; tab. 9, fig. 17, 18.
Reperta in aquâ marina.

Figures très-groffies. (17) Cercaire *hériffée* dans le repos. (18) Autre nageant ; (*a*) partie antérieure ; (*b*) extrémité poftérieure ; (*c*) les deux pointes dont elle eft armée ; (*a*) divers rangs de cils ; (*e*) molécules mobiles.

Figuræ valdè auctæ. (17) Cercaria *hirta* quiefcens. (18) Alia natans ; (*a*) pars antica ; (*b*) extremitas poftica ; (*c*) bini mucrones partis pofticæ ; (*d*) Series ciliorum aut fetularum ; (*e*) moleculæ mobiles.

10. CERCAIRE *bourfe*. Dict. n°. 10.

C. cylindracée, ventrue, tronquée obliquement fur le devant, queue terminée par deux pointes ; pl. 9, fig. 19-21.
Se trouve dans l'infufion marine de *l'ulve linze.*

10. CERCARIA *crumena.*

C. cylindraceo ventricofa, antice obliquè truncata, cauda lineari bicufpidata ; tab. 9, fig. 19--21.
Reperitur in infufo marino *ulva linza.*

Figures groffies vues en différentes pofitions ; (*a*) la tête étendue ; (*b*) la tête rentrée ; (*c*) organe de la déglutition ; (*d*) le tronc mufculeux ; (*e*) la queue linéaire ; (*f*) les deux pointes de la queue.

Figuræ ampliatæ vario fitu exhibitæ ; (*a*) caput extenfum ; (*b*) caput contractum ; (*c*) mufculus deglutorius ; (*d*) truncus torofus ; (*e*) cauda linearis ; (*f*) binæ caudæ cufpides.

11. CERCAIRE *catelle*. Dict. n°. 11.

C. divifée en trois parties, queue compofée de deux poils ; pl. 9, fig. 22, 23.
On la trouve dans l'eau des marais.

11. CERCARIA *catellus.*

C. tripartita, cauda bifcupidata ; tab. 9 ; fig. 22, 23.
Reperitur in aquâ paluftri.

Figures groffies. (22) Cercaire *catelle* alongée. (23) La même raccourcie avec les poils de la queue divergens ; (*a*) la tête ; (*b*) le tronc ; (*c*) la queue ; (*d*) les deux poils dont elle eft compofée.

Figuræ auctæ. (22) Cercaria *catellus* elongata. (23) Eadem contracta pilis aut fetis caudalibus divergentibus ; (*a*) caput ; (*b*) truncus ; (*c*) cauda ; (*d*) fetæ binæ caudales.

12. CERCAIRE *catelline*. Dict. n°. 12.

C. divifée en trois parties, bout de la queue armé de deux pointes ; pl. 9, fig. 24, 25.
Se trouve dans l'eau des foffés où croît la *lenticule.*

12. CERCARIA *catellina.*

C. tripartita, extrema cauda bifeta ; tab. 9, fig. 24, 25.

Reperitur iu aquâ foffarum ubi *lemna.*

Figures groffies ; (*a*) la tête ; (*b*) le tronc ; (*c*) la queue ; (*d*) les deux pointes dont elle eft armée.

Figuræ auctæ ; (*a*) caput ; (*b*) truncus ; (*c*) cauda ; (*d*) cufpides quibus munitur.

13. CERCAIRE *loup*. Dict. n°. 13.

C. cylindrique, oblongue, charnue, queue armée de deux épines ; pl. 9, fig. 26 - 29.
Se trouve au même endroit que la précédente.

13. CERCARIA *lupus.*

C. cylindrica elongata torofa, cauda fpinis duabus ; tab. 9, fig. 26--29.
Cum præcedenti reperitur.

Figures très-groffies. (26, 28) Cercaires *loups* alongées. (27) Autre avec la tête & la queue rentrées. (29) Autre moyennement contractée ; (*a*) la tête ; (*b*) le tronc ; (*c*) la queue ; (*d*) les deux épines de la queue ; (*e*) maffe globuleufe fituée entre la tête & le tronc ; (*f*) organe de la déglutition ; (*g*) ovaire ; (*h*) extrémité de la tête crochue.

Figuræ valdè auctæ. (26, 28) Cercariæ *lupi* productæ. (27) Una capite & cauda conditis. (29) Altera aliquantum contracta ; (*a*) caput ; (*b*) truncus ; (*c*) cauda ; (*d*) fpinæ binæ caudales ; (*e*) maffa globofa capiti & trunco intermedia ; (*f*) mufculus deglutorius ; (*g*) ovarium ; (*h*) extremitas antica capitis uncinata.

14. CERCAIRE *vermiculaire*. Dict. n° 14.

C. cylindrique, compofée de fegmens, bouche munie d'une trompe rétractile, queue armée de deux épines ; pl. 9, fig. 30-32.

14. CERCARIA *vermicularis.*

C. cylindrica annulata, ore probofcide exfertili, cauda fpina duplici ; tab. 9, fig. 30-32.

Se trouve dans les ruisseaux où croit la *lenticule*.

Figures très-grossies. (30) CERCAIRE *vermiculaire*, dont l'extrémité antérieure est contractée. (31) Autre dont l'extrémité antérieure est développée. (32) Autre dont l'extrémité antérieure est très-contractée & tronquée; (*a*) partie antérieure arrondie; (*b*) partie antérieure tronquée; (*c*) Partie antérieure développée; (*d*) pointes de la tête; (*e*) trompe fourchue; (*f*) épines de la queue; (*g*) tubercule de l'anus.

15. CERCAIRE *porte-pinces*. Dict. n°. 15.

C. cylindrique ridée, bouche munie de pinces rétractiles, queue armée de deux pointes; pl. 9, fig. 33-35.
Trouvée dans l'eau des marais.

Figures très-grossies. (33) Animalcule ayant l'extrémité antérieure développée. (34, 35). Autres vues différemment dont l'extrémité antérieure est contractée; (*a*) trompe saillante, armée de pinces; (*b*) dents des pinces; (*c*) pointes de l'extrémité antérieure; (*d*) vésicule de la queue; (*e*) pointes de la queue; (*f*) organe de la déglutition; (*g*) partie antérieure tronquée.

16. CERCAIRE *pleuronecte*. Dict. n°. 16.

C. orbiculaire membraneuse, queue terminée par une soie; pl. 10, fig. 1-3.
Observée dans l'eau gardée plus de six semaines.

Figures grossies. (1) CERCAIRE *pleuronecte* dans le repos. (2, 3) Les mêmes nageant; (*a, a*) Deux points placés sur l'extrémité antérieure; (*b*) queue terminée par une soye; (*c*) bord replié.

17. CERCAIRE. *trépied*. Dict. n°. 17.

C. presque triangulaire, bras tournés en arrière, queue droite; pl. 10, fig. 4.
Trouvée dans de l'eau de mer puisée récemment.

Figure grossie; (*a*) les bras repliés en arrière; (*b*) la queue.

18. CERCAIRE *tenace*. Dict. n°. 18.

C. membraneuse épaissie en avant tronquée, queue trois fois plus courte que le corps; pl. 10, fig. 5.
Se trouve dans l'infusion du tartre des dents.

Quatre figures de cet animalcule grossies; (*a*) face antérieure épaissie; (*b*) petite queue.

Reperitur in aquâ rivulari; ubi *lemna* crescit.

Figuræ valdè auctæ. (30) CERCARIA *vermicularis* extremitate antica retracta. (31) Alia extremitate antica exserta. (32) Altera, extremitate antica valdè retracta & truncata; (*a*) pars anterior obtusa; (*b*) pars anterior truncata; (*c*) pars anterior exserta; (*d*) capitis bini mucrones; (*e*) proboscis exserta furcata; (*f*) spinæ caudales; (*g*) tuberculum anale.

15. CERCARIA *forcipata*.

C. cilindrica rugosa, proboscide forcipata retractili, cauda bicuspidata; tab. 9, fig. 33-35.
Reperta in aquâ palustri.

Figuræ valdè auctæ; (33) Animalculum cum extremitate antica producta. (34, 35) Bina alia variè conspecta extremitate antica correpta. (*a*) proboscis forcipata exserta; (*b*) crura forcipis; (*c*) extremitatis anticæ mucrones; (*d*) vesicula caudæ; (*e*) cuspides caudales; (*f*) musculus deglutorius; (*g*) pars antica truncata.

16. CERCARIA *pleuronectes*.

C. orbicularis membranacea, cauda uniseta; tab. 10, fig. 1-3.
Observata in aquâ ultra sex septimanas in vasculo contenta.

Figuræ auctæ. (1) CERCARIA *pleuronectes* quiescens. (2, 3) Eædem natantes; (*a, a*) puncta bina super extremitatem anticam sita; (*b*) cauda setaria; margo inflexus.

17. CERCARIA *tripos*.

C. sub triangularis, brachiis deflexis, cauda recta; tab. 10, fig. 4.

Reperta in aquâ marina recenti.

Figura aucta; (*a*) Brachia deflexa; (*b*) cauda.

18. CERCARIA *tenax*.

C. membranacea, antice crassiuscula truncata, cauda triplo breviore; tab. 10, fig. 5.

Reperitur in infusione sordium dentium.

Figuræ quatuor ejus-ce animalculi auctæ; (*a*) facies antica crassior; (*b*) caudula.

19. CERCAIRE *cyclidoïde*. Dict. n°. 19.

C. ovale, légérement échancrée en arrière, queue rétractile ; pl. 10, fig. 6.
Se trouve fréquemment dans les eaux les plus pures.

Figures très-grosses ; (*a*) partie antérieure ; (*b*) postérieure échancrée ; (*c*) petite queue retractile.

20. CERCAIRE *disque*. Dict. n°. 20.

C. orbiculaire membraneuse, queue crochue, pl. 10, fig. 7.
Se trouve dans les eaux des marais.

Figures grossies ; (*a*) partie antérieure ; (*b*) petite queue.

21. CERCAIRE *orbiculaire*. Dict. n°. 21.

C. orbiculaire, queue composée de deux soies très longues ; pl. 10, fig. 8.
Se trouve dans les eaux où croît la *lenticule*.

Figure très-grosse ; (*a*) partie antérieure ; (*b*) petite papille située à la naissance de la queue ; (*c*) soyes très-longues dont elle est formée.

22. CERCAIRE *luna*. Dict. n°. 22.

C. orbiculaire, queue composée de deux épines linéaires courtes ; pl. 10, fig. 9, 10.
Trouvée au même endroit que la précédente.

Figures grossies ; (*a*) partie antérieure arrondie ; (*b*) la même partie échancrée en croissant ; (*c*) épines de la queue ; (*d*) soyes courtes qui terminent les épines.

12. LUCOPHRE.

Caract. du genre.

Ver microscopique, transparent, garni de cils sur toute la superficie.

1. LUCOPHRE *conspiratrice*. Dict.

L. sphérique presque opaque, molécules internes mobiles ; pl. 10, fig. 1, 2.
Se trouve dans l'eau des fumiers.

(1) LEUCOPHRE *conspiratrice* sphérique grossie, avec les molécules internes visibles. (2) Autre ovale, également grossie, avec les cils apparents & la partie postérieure formée en triangle.

---

19. CERCARIA *cyclidium*.

C. ovalis, postice subemarginata, cauda exsertili ; tab. 10, fig. 6.
Frequenter reperitur in aquis purioribus.

Figuræ valdè auctæ ; (*a*) pars antica ; (*b*) postica emarginata ; (*c*) caudula retractilis.

20. CERCARIA *discus*.

C. orbicularis membranacea, cauda curvata ; tab. 10, fig. 7.
Reperitur in aquâ palustri.

Figuræ auctæ ; (*a*) pars anterior ; (*b*) caudula.

21. CERCARIA *orbis*.

C. orbicularis, seta caudali duplici longissima ; tab. 10, fig. 8.
Reperitur in aquis ubi *lemna* vegetat.

Figura valdè aucta ; (*a*) pars anterior ; (*b*) papillula ad originem caudæ sita ; (*c*) setæ binæ longissimæ caudales.

22. CERCARIA *luna*.

C. orbicularis, cauda spinis binis linearibus brevibus ; tab. 10, fig. 9, 10.
Reperta cum præcedenti.

Figuræ auctæ ; (*a*) pars antica rotundata ; (*b*) pars eadem in formam lunarem retracta ; (*c*) spinæ caudales ; (*d*) setulæ spinas terminantes.

12. LEUCOPHRA.

Charact. generis.

Vermis inconspicuus, pellucidus, undiquè ciliatus.

1. LEUCOPHRA *conflictor*.

L. sphærica subopaca, interaneis mobilibus ; tab. 10, fig. 1, 2.
Reperitur in aquâ fimetorum.

(1) LEUCOPHRA *conflictor* sphærica aucta, moleculis internis conspicuis. (2) Alia ovata æqualiter aucta, ciliis manifestis, postice in triangulum compressa.

2. LUCOPHRE *mamelle.* Diê.

L. sphérique opaque, pourvue d'un mamelon rétractile ; pl. 10, fig. 3 - 5.
Se trouve dans l'eau des marais.

Figures grossies. (3) Animalcule avec le mamelon saillant. (4) Autre avec le mamelon plus saillant. (5) Autre dont le mamelon est rentré.

3. LUCOPHRE *verdâtre.* Diê.

L. cylindracée opaque, extrémité antérieure rétrécie ; pl. 10, fig. 6 -8.
Trouvée dans l'eau de mer.

Figures grossies. (6, 7, 8) LUCOPHRES *verdâtres* diversement alongées & contractées. (*a*) Partie antérieure ; (*b*) postérieure.

4. LUCOPHRE *verte.* Diê.

L. ovale, opaque ; fig. 9-11.
Se trouve dans l'eau des rivages.

Figures grossies ; (9) LUCOPHRE *verte* ovale, comme on la voit ordinairement, (10) Autre avec un léger étranglement (*c*) vers le milieu ; (11) autre aplatie morte ; (*a*) extrémité antérieure ; (*b*) postérieure.

5. LUCOPHRE *rotifere.* Diê.

L. ovale verte, extrémité antérieure tronquée ciliée ; pl. 10, fig. 12.
Se trouve dans l'eau de mer.

(12) LUCOPHRE *rotifére* grossie ; (*a*) cils tournants de l'extrémité antérieure ; (*b*) cils réunis en faisceaux ; (*d*) cils de la superficie de l'animalcule.

6. LUCOPHRE *posthume.* Diê.

L. globuleuse, opaque, comme couverte d'un réseau transparent ; pl. 10, fig. 13.
Se trouve dans l'eau de mer corrompue.

Figure grossie.

7. LUCOPHRE *dorée.* Diê.

L. ovale fauve, extrémités égales arrondies ; pl. 10, fig. 14.
Se trouve dans l'eau de mer.

Figure grossie.

8. LUCOPHRE *percée.* Diê.

L. ovale gelatineuse, obtuse & presque tronquée en avant, une fossette creusée sur sa moitié postérieure ; pl. 10, fig. 15, 16.
Se trouve avec la précédente.

---

2. LEUCOPHRA *mamilla.*

L. sphærica opaca, papilla exsertili ; tab. 10, fig. 3--5.
Reperitur in aquâ palustri.

Figuræ auêtæ. (3) Animalculum papillula prominula. (4) Alium papillula magis exserta. (5) Alterum papillula condita.

3. LEUCOPHRA *viridescens.*

L. cylindracea opaca, postice crassior ; tab. 10, fig. 6--8.
Reperta in aquâ marina.

Figuræ ampliatæ. (6, 7, 8) LEUCOPHRÆ *virescentes* varie contractæ & produêtæ. (*a*) Pars antica ; (*b*) postica.

4. LEUCOPHRA *viridis.*

L. ovalis, opaca ; tab. 10, fig. 9--11.
Reperitur in aquâ littorali.

Figuræ auêtæ. (9) LEUCOPHRA *viridis* ovalis, sicuti sæpius occurrit. (10) Alia medio (*c*) coarctata. (11) Altera depressa mortua ; (*a*) pars antica ; (*b*) postica.

5. LEUCOPHRA *bursata.*

L. ovalis viridis, antice truncata ciliata ; tab. 10, fig. 12.
Reperitur in aquâ marina.

(12) LEUCOPHRA *Bursata* auêta magnitudine ; (*a*) cilia rotantia extremitatis anticæ ; (*b*) cilia fasciculata ; (*c*) cilia trunci.

6. LEUCOPHRA *postuma.*

L. globularis opaca, nigricans, reticulo pellucenti ; tab. 10, fig. 13.
Reperitur in aquâ marina fœtidissima.

Figura auêta.

7. LEUCOPHRA *aurea.*

L. ovalis fulva, utraque extremitate æquali obtusa ; tab. 10, fig. 14.
Reperitur in aquâ marina.

Auêta magnitudine repræsentatur.

8. LEUCOPHRA *pertusa.*

L. ovalis gelatinosa, apice truncato-obtuso, altero latere suffossa ; tab. 10, fig. 15, 16.

Cum præcedenti reperitur.

(15) LUCOPHRE *percée* grossie. (16) Autre également grossie, ciliée, dans une différente position; (*a*) Partie antérieure; (*b*) postérieure; (*c*) fossette.

9. LUCOPHRE *disloquée*. Dict.

L. prolongée, légérement comprimée, formant des angles & des sinuosités variables; pl 10, fig. 17, 18.
Se trouve dans les fossés inondés.

Figures grossies. (17) LUCOPHRE *disloquée*, pliée en angle. (18) La même formant un angle aigu de chaque côté, au-dessous du milieu du corps; (*a*) pointe antérieure; (*b*) extrémité antérieure échancrée au-dessous de sa pointe; (*c*) extrémité postérieure obtuse; (*d*) sinuosité latérale; (*e*) échancrures des côtés.

10. LUCOPHRE *dilatée*.

L. membraneuse, aplatie, variable, diversement sinueuse sur les bords; pl. 10, fig. 19-21.
Se trouve dans l'eau de mer.

Figures grossies, présentées dans différentes situations; (*a*) partie antérieure; (*b*) postérieure.

11. LUCOPHRE *étincelante*. Dict.

L. ovale-arrondie, opaque, verte; pl. 10, fig. 22. Cette espèce appartient peut-être au genre du *volvoce*.
Trouvée parmi la *lenticule commune*.

Figure grossie.

12. LUCOPHRE *vesiculeuse*. Dict.

L. ovoïde, remplie de vesicules transparentes, pl. 10, fig. 23, 24.
Se trouve dans les infusions végétales.

(23) LUCOPHRE *vesiculeuse* grossie. (24) Autre plus grossie, avec ses vesicules très-apparentes.

13. LUCOPHRE *globifere*. Dict.

L. ovale-oblongue cristalline, trois globules alignés dans l'intérieur; pl. 10, fig. 25.
Se trouve dans les fossés inondés parmi la *lenticule*.

Figure grossie; (*a*) partie antérieure; (*b*) postérieure.

---

(15) LEUCOPHRA *pertusa* aucta. (16) Alia æqualiter aucta, ciliata, vario situ conspecta; (*a*) pars antica; (*b*) postica; (*c*) pertusio seu lacuna.

9. LEUCOPHRA *fracta*.

L. elongata, sinuato angulata, variabilis, subdepressa; tab. 10, fig. 17 - 18.

Reperitur in fossis inundatis.

Figuræ auctæ. (17) LEUCOPHRA *fracta* in angulum curvata. (18) Eadem utrinque infrà medium in angulum acutum incisa; (*a*) partis anticæ apex; (*b*) extremitas antica infra apicem emarginata; (*c*) extremitas postica obtusa; (*d*) sinus lateralis; (*e*) incisuræ laterales.

10. LEUCOPHRA *dilatata*.

L. membranacea complanata variabilis, marginibus sinuatis; tab. 10, fig. 19-21.

Reperitur in aquâ marina.

Figuræ auctæ vario situ conspectæ, ampliatæ; (*a*) pars antica; (*b*) postica.

11. LEUCOPHRA *scintillans*.

L. ovalis teres, opaca, viridis; tab. 10, fig. 22. Ad genus *volvocis* forte attinet hæc species.
Reperta inter *lemnam minorem*.

Figura aucta.

12. LEUCOPHRA *vesiculifera*.

L. ovata, interaneis vesicularibus pellucentibus; tab. 10, fig. 23, 24.
Reperitur in infusione vegetabili.

(23) LEUCOPHRA *vesiculifera* aucta. (24) Alia magis aucta, vesiculis manifestis.

13. LEUCOPHRA *globulifera*.

L. ovato-oblonga crystallina, globulis tribus serialibus; tab. 10, fig. 25.
Reperitur in fossis inundatis cum *lemna minore*.

Figura aucta; (*a*) pars anterior; (*b*) posterior.

14. LUCOPHRE *puftuleufe*. Dict.

L. ovale - oblongue , extrémité poftérieure tronquée obliquement ; pl. 10 , fig. 26 - 28.
Se trouve dans les marais.

Figures groffies. (26 , 27) Lucophres *puftuleufes* ovale-oblongues. (28) Autre de forme ovoïde ; (*a*) partie anterieure ; (*b*) puftule de la partie poftérieure.

15 LUCOPHRE *turbinée*. Dict.

L. en forme de cône renverfé , prefque opaque ; pl. 11 , fig. 1 , 2.
Trouvée dans l'eau de mer corrompue.

Figures groffies. (1) L. *turbinée* fans fafcies. (2) Autre fafciée ; (*a*) extrémité antérieure ; (*b*) poftérieure ; (*c*) globule criftallin ; (*d*) rétréciffement du corps ; (*e*) fafcie tranfverfale.

16. LUCOPHRE *aiguë*. Dict.

L. ovoïde cylindracée, aiguë en avant, variable, jaunâtre ; pl. 11 , fig. 3 - 5.
Se trouve dans l'eau de mer parmi l'*ulve linze*.

Figures groffies. (3 , 4) L. *aiguës* pointues fur le devant. (5) Autre fous la forme orbiculaire ; (*a*) Pointe antérieure ; (*b*) échancrure latérale ; (*c*) globules marqués d'un point noir.

17. LUCOPHRE *marquée*. Dict.

L. ovoïde cylindracée , marquée d'un point noir près du bout antérieur ; pl. 11 , fig. 6-9.
Se trouve dans l'eau de mer.

Figures groffies , préfentées fous divers afpects. (*a*) point noirâtre de l'extrémité antérieure ; (*b*) cana (*c*) inteftin longitudinal ; (*d*) petits œufs.

18. LUCOPHRE *blanche*. Dict.

L. oblongue diaphane , une des extrémités rétrécie courbée ; pl. 11 , fig. 10.
Se trouve dans les infufions marines.

Figure groffie (*a*) œufs ; (*b*) extrémité courbée.

19. LUCOPHRE *noduleufe*. Dict.

L. ovale-oblongue comprimée, marquée d'un double rang de petits nœuds ; pl. 11 , fig. 13-21.
Se trouve dans l'inteftin de la *nayade litorale*.

14. LEUCOPHRA *puftulata*.

L. ovato-oblonga , poftice oblique truncata ; tab. 10 , fig. 26 - 28.
Occurit in aquis paluftribus.

Figuræ auctæ. (26 , 27) Leucophræ *puftulata* ovato-oblongæ. (28) Alia ovata ; (*a*) pars antica ; (*b*) puftula pofticæ partis.

15. LEUCOPHRA *turbinata*.

L. inverfe conica , fubopaca ; tab. 11 , fig. 1 , 2.
Reperta in aquâ marina fœtidiffima.

Figuræ auctæ. (1) L. *turbinata* non fafciata. (2) Alia fafciata (*a*) ; extremitas antica ; (*b*) poftica ; (*c*) globulus cryftallinus ; (*d*) coarctatio corporis ; (*e*) fafcia tranfverfa.

16. LEUCOPHRA *acuta*.

L. ovata , teres , apice acuto , mutabilis flavicans ; tab. 11 , fig. 3-5.
Reperitur in aquâ marina inter *ulvam linzam*.

Figuræ ampliatæ. (3 , 4) L. *acuta* anticè acuminatæ. (5) Alia in formam orbicularem correpta ; (*a*) apex acutus ; (*b*) finus lateralis ; (*c*) globuli nigro punctati.

17. LEUCOPHRA *notata*.

L. ovata teres , antice puncto atro notata ; tab. 11 , fig. 6-9.
Reperitur in aqua marina.

Figuræ auctæ , vario fitu confpectæ. (*a*) Punctum atrum partis anticæ ; (*b*) canalis curvatus ; (*c*) inteftinum longitudinale ; (*d*) ovula.

18. LEUCOPHRA *candida*.

L. oblonga hyalina , altera extremitate attenuata curvata ; tab. 11 , fig. 10.
Reperitur in infufionibus marinis.

Figura aucta ; (*a*) ovula ; (*b*) extremitas curvata.

19. LEUCOPHRA *nodulata*.

L. ovato-oblonga depreffa, ferie nodulorum duplici ; tab. 11 , fig. 13 - 21.

Reperitur in inteftino *naidis litoralis*.

Figures très-grossies. (13, 14, 15, 16, 17, 18) LUCOPHRES *noduleuses* sous différentes formes, offrant deux rangs de petits nœuds & un canal longitudinal au milieu, dont quelques unes (14, 15, 18) sont ciliées. (19) Autre plus grossie, ciliée & échancrée à un bout. (20) Autre également grossie se divisant par une extrémité. (21) Autre qui porte à la même extrémité une double génération.

Figuræ valdè ampliatæ. (13, 14, 15, 16, 17, 18) L. *nodulata* varie sitæ & conspectæ, cum serie duplici nodulorum & canali intermedio longitudinali, quarum aliæ (14, 15, 18) habent cilia conspicua. (19) Alia magis aucta ciliata, extremitate emarginata. (20) Altera æqualiter ampliata partitione sese propagans. (21) Alia prolem duplicem in postica parte enascentem ostendens.

20. LUCOPHRE *signalée.* Dict.

L. oblongue, légérement comprimée, noirâtre sur les bords; pl. 11, fig. 11, 12.
Se trouve très-fréquemment dans l'eau de mer.

Figures grossies. (11) L. *signalée* sans cils apparents. (12) la même avec des cils très-sensibles sur les bords. (*a*) Ligne longitudinale arquée; (*b*) rétrécissement du trouc.

20. LEUCOPHRA *signata.*

L. oblonga subdepressa, margine nigricante; tab. 11, fig. 11, 12.
Occurrit frequentissime in aquâ marina.

Figuræ auctæ. (11) L. *signata* ciliis inconspicuis. (12) Eadem ciliis marginalibus notabilibus; (*a*) linea longitudinalis curvata; (*b*) coarctatio trunci.

21. LUCOPHRE *triangulaire.* Dict.

L. épaisse, obtuse, anguleuse, jaune; pl. 11, fig. 22, 23.
Se trouve dans l'eau des marais.

Figures grossies. (22) L. *triangulaire* non ciliée. (23) La même ciliée; (*a*) Grande vésicule placée sur un des côtés; (*b*) cils.

21. LEUCOPHRA *trigona.*

L. crassa, obtusa, angulata, flava; tab. 11, fig. 22, 23.
Reperitur in aqua palustri.

Figuræ auctæ. (22) L. *trigona* absque ciliis; (23) Eadem ciliata; (*a*) vesicula major lateralis; (*b*) cilia.

22. LUCOPHRE *fluide.* Dict.

L. presque réniforme ventrue, variable; pl. 11, fig. 24-29.
Se trouve dans l'eau de la *moule commune.*

Figures très-grossies. (24) L. *Fluide* sillonnée longitudinalement. (25) La même presque triangulaire. (26) Deux attachées par le milieu. (27) Autre répandant des molécules par le milieu du corps. (28) Autre les répandant par l'extrémité antérieure. (29) Autre accouplée ou prête à se diviser selon sa longueur, laissant échapper des molécules par une de ses extrémités.

22. LEUCOPHRA *fluida.*

L. subreniformis ventricosa, variabilis; tab. 11, fig. 24-29.
Reperitur in aquâ *mytili edulis.*

Figuræ valdè ampliatæ. (24) L. *fluida* longitudinaliter sulcata. (25) Eadem subtriangularis. (26) binæ aliæ transversim cohærentes. (27) Alia è medio corpore moleculas emittens. (28) Altera extremitate antica in moleculas diffluens. (29) Hæc vel in copula, vel in instante divisione longitudinali, una extremitate in moleculas sese spargens.

23. LUCOPHRE *versante.* Dict.

L. réniforme, sinueuse, jaunâtre; pl. 11, fig. 30-33.
Se trouve avec la précédente.

Figures grossies. (30, 31, 32) L. *versante* vue sur différentes faces. (33) Autre répandant des molécules par une extrémité.

23. LEUCOPHRA *fluxa.*

L. reniformis, sinuosa, flavicans; tab. 11, fig. 30-33.
Reperitur cum præcedenti.

Figuræ auctæ. (30, 31, 32) L. *fluxa* vario situ conspecta. (23) Alia una extremitate in moleculas diffluens.

24. LUCOPHRE *brasselet.* Dict.

L. cylindracée, courbée en forme d'anneau; pl. 11, fig. 34, 35.

24. LEUCOPHRA *armilla.*

L. teres, in annulum arcuata; tab. 11, fig. 34, 35.

Se trouve quelquefois avec les deux précédentes, dans l'eau de la *moule commune*.

Figures grossies ; l'une ciliée à l'intérieur, l'autre à l'extérieur.

Reperitur cum binis præcedentibus, sed rariùs, in aquâ *mytuli edulis*.

Figuræ auctæ ; altera interne ciliata, altera externe.

25. LUCOPHRE *cornue*. Dict.

L. en forme de cône renversé, verte, opaque ; pl. 11, fig. 36-39.
Se trouve dans l'eau des marais.

Figures également grossies. (36, 38) L. *cornues* à extrémité postérieure simple. (37, 39) Autres à extrémité postérieure fendue en deux ou en trois pointes; (*a*) partie postérieure pointue ; (*b*) obtuse; (*c*) fendue en deux pointes obtuses; (*d*) en deux pointes aiguës; (*k*) en trois pointes inégales; (*e*) extrémité antérieure ; (*f*) petites cornes saillantes ; (*g*) cils antérieurs ; (*h*) cils des côtés ; (*i*) globules intérieurs.

25. LEUCOPHRA *cornuta*.

L. inverse conica, viridis, opaca ; tab. 11, fig. 36-39.
Reperitur in aquâ palustri.

Figuræ æqualiter ampliatæ. (36, 38) L. *cornuta* extremitate postica simplici. (37, 39) Aliæ extremitate postica in duos aut tres apices fissa ; (*a*) pars posterior acuminata; (*b*) obtusa ; (*c*) in duos apices obtusos fissa ; (*d*) in duos apices acutos ; (*k*) in tres lacinias inæquales ; (*e*) extremitas antica ; (*f*) cornicula exserta ; (*g*) cilia anteriora ; (*h*) cilia lateralia ; (*i*) globuli interni.

26. LUCOPHRE *hétéroclite*. Dict.

L. cylindrique, obtuse en avant, terminée en arrière par un double organe tétractile en forme de crête ; pl. 11, fig. 40-46.
Trouvée dans l'eau douce.

(41) L. *hétéroclite* de grandeur naturelle. (42, 44) Autres grossies nageans. (43) Autre également grossie ainsi que les suivantes, montrant ses cils. (45) Autre telle qu'elle se présente lorsque l'eau est évaporée. (46) Autre dont les fourreaux des organes sont développés. (40) Autre dont les organes en crête sont épanouis.

(*a*) Extrémité antérieure ; (*b*) postérieure ; (*c*) partie du corps légèrement rétrécie ; (*d*) intestins crochus ; (*e*) double fourreau non développé ; (*f*) partie antérieure du corps déformée & jaunâtre ; (*g*) fourreaux développés ; (*h*) ouvertures des fourreaux ; (*i*) organes en forme de crête épanouis.

26. LEUCOPHRA *heteroclita*.

L. cylindrica, antice obtusa, postice organo cristato duplici exsertili terminata ; tab. 11, fig. 40-6.
fin lacu reperta.

(41) L. *heteroclita* naturali magnitudine. (42, 44) Aliæ auctæ natantes. (43) Alia æqualiter ampliata, sicut sequentes, ciliata. (45) Alia qualis aqua exhalata conspicitur. (46) Altera cujus duplices vaginæ organorum exseruntur. (40) Alia perfecta, cujus organa cristata simul cum vaginis protruduntur.

(*a*) Extremitas antica ; (*b*) postica ; (*c*) pars corporis paululum coarctata ; (*d*) intestina uncinata ; (*e*) vagina duplex nondum exserta ; (*f*) pars antica corporis informis facta & flavicans ; (*g*) vaginæ exsertæ ; (*h*) aperturæ vaginarum ; (*i*) organa cristata patentia.

13. TRICODE.

Caract. du genre.

Ver microscopique transparent, garni de poils sur une partie de sa superficie.

13. TRICHODA.

Charact. generis.

Vermis inconspicuus, pellucidus ; crinitus in superficiei parte.

1. TRICODE *grêsil*. Dict.

T. sphérique, transparente, chevelue en dessus ; pl. 12, fig. 1-3
Se trouve dans l'eau très-pure, comme aussi dans les infusions végétales.

1. TRICHODA *grandinella*.

T. sphærica pellucida, superne crinita ; tab. 12, fig. 1-3.
Reperitur in aquâ purissima, & in infuso vegetabilium.

Figures grossies de la T. *gréfil.* (1) Animalcule nageant, ayant les poils réunis en deux faisceaux. (2) Autre ayant ses poils épars. (3) Autre ayant ses poils agités circulairement, pendant le repos.

Figuræ auctæ T. *grandinella.* (1) Animalculum natans pilis utrinque fasciculatis. (2) Alium natans pilis antice sparsis. (3) Alterùm quiescens, pilis in gyrum actis.

2. TRICODE *comete.* Dict.

2. TRICHODA *cometa.*

T. sphérique, chevelue en avant, terminée en arrière par un globule suspendu; pl. 12, fig. 4, 5.
Se trouve dans l'eau très-pure.

T. sphærica, antice comata, globulo postice appendente; tab. 12, fig. 4, 5.

Reperitur in aquâ purissima.

Figures grossies. (3) T. *comète,* avec un globule suspendu. (4) Autre avec deux globules.

Figuræ auctæ; (3) T. *cometa* unico globulo terminata. (4) Alia duobus globulis appendentibus.

3. TRICODE *grenade.* Dict.

3. TRICHODA *granata.*

T. sphérique, centre opaque, circonférence chevelue; pl. 12, fig. 6, 7.
Se trouve dans les eaux recouvertes par la *lenticule.*

T. sphærica, centro opaco, peripheria crinita; tab. 12, fig. 6, 7.
Reperitur in aquis *lemna* coopertis.

Figures grossies. (6) T. *grenade,* dont la circonférence est garnie de poils en guise de rayons. (7) Autre dont les poils plus longs ne forment qu'un faisceau sur un des côtés.

Figuræ auctæ. (6) T. *granata,* pilis è toto margine radiantibus. (7) Altera pilis longioribus ad latus in fasciculum protrusis.

4. TRICODE *toupie.* Dict.

4. TRICHODA *trochus.*

T. presque en forme de poire, transparente, garnie sur le devant de deux faisceaux de poils; pl. 12; fig. 8, 9.
Se trouve avec la *lenticule.*

T. sub piri formis, pellucida, antice utrinque crinita; tab. 12, fig. 8, 9.

In aquis ubi *lemna* reperitur.

Figures grossies dans deux positions différentes.

Figuræ auctæ duplici situ conspectæ.

5. TRICODE *tétard.* Dict.

5. TRICHODA *gyrinus.*

T. ovale-cylindrique, cristalline, chevelue sur le devant; pl. 12, fig. 10, 12.
Se trouve dans l'eau de mer.

T. ovalis teres, crystallina, antice crinita; tab. 12, fig. 10, 12.
Reperitur in aquâ marina.

Figures grossies. (10, 11) T. *tétards* vivantes. (12) Autre morte, avec les poils inclinés sur les côtés.

Figuræ auctæ. (10, 11) T. *gyrini* vivæ. (12) Eadem mortua pilis utrinque deflexis.

6. TRICODE *soleil.* Dict.

6. TRICHODA *sol.*

T. globuleuse, garnie par-tout de poils droits aussi longs que le diametre du corps; pl. 12, fig. 13-15.
Se trouve dans l'eau douce & dans l'eau de mer.

T. globularis, pilis diametro corporis æqualibus utrinque radiata; tab. 12, fig. 13-15.

Reperitur in aquâ dulci & in aquâ marina.

Figures grossies. (13) T. *soleil,* dont la bouche est fermée. (14) La même dont la bouche est ouverte. (15. La même commençant à se diviser; (a) papille de la bouche; (b) animalcule dévoré.

Figuræ auctæ. (13) T. *sol* oris apertura clausa. (14) Eadem oris apertura patula. (15) Eadem divisionem incipiens; (a) papillula oris patula; (b) animalculum devoratum.

7. TRICODE *folaire*. Dict.

T. fphéroïde, fa feule circonférence garnie de poils courbés; pl. 12, fig. 16.
Se trouve dans les infufions marines.

Figure groffie.

8. TRICODE *bombe*. Dict.

T. ventrue, variable, extrémité antérieure parfemée de poils; pl. 12, fig. 17 - 20.
Se trouve dans les eaux où croît la *lenticule*.

Figures groffies. (17) T. *bombe* prefque fphérique. (18) La même en forme de poire, finueufe. (19) La même en forme de rein. (20) La même contournée en fpirale.

9. TRICODE *palette*. Dict.

T. prefque orbiculaire, échancrure antérieure chevelue; pl. 12, fig. 21.
Se trouve dans les eaux douces.

Figure groffie.

10. TRICODE *urne*. Dict.

T. en forme d'urne, extrémité antérieure chevelue; pl. 12, fig. 22, 23.
Se trouve dans l'eau où croît la *lenticule*.

Figures groffies.

11. TRICODE *amphore*. Dict.

T. en forme d'urne, extrémité antérieure rétrécie, garnie de deux faifceaux de poils; pl. 12, fig. 24, 25.
Trouvée dans l'eau des foffés où croiffoit la *lenticule*.

Figures groffies dans deux différentes pofitions.

12. TRICODE *hériffée*. Dict.

T. prefque conique, environnée de foies inclinées, extrémité antérieure élargie tronquée, poftérieure obtufe; pl. 12, fig. 26.
Se trouve dans l'eau de la moule.

Figure groffie; (*a*) partie antérieure tronquée; (*b*) molécules globuleufes adhérentes aux poils. Seroient-ce des œufs?

7. TRICHODA *folaris*.

T. fphæroïdea, fola peripheria pilis curvis crinita; tab. 12, fig. 16.
Reperitur in infufo marino.

Figura aucta.

8. TRICHODA *bomba*.

T. ventrofa, mutabilis, antice pilis fparfis; tab. 12, fig. 17-20.
Reperitur in aquis ubi *lemna* vegetat.

Figuræ auctæ. (17) T. *bomba* fubfphærica. (18) Eadem pyriformis finuata. (19) Eadem reniformis. (20) Eadem in formam fpiralem contorta.

9. TRICHODA *orbis*.

T. fuborbicularis, antice emarginata, crinita; tab. 12, fig. 21.
Reperitur in aquis dulcibus.

Figura ampliata.

10. TRICHODA *urnula*.

T. urceolaris, antice crinita; tab. 12, fig 22, 23.
Reperitur in aquâ ubi *lemna* crefcit.

Figuræ auctæ.

11. TRICHODA *diota*.

T. urceolaris, antice anguftata, ora apicis utrinque crinita; tab. 12, fig. 24, 25.

Reperta in foffa ubi crefcebat *lemna minor*.

Figuræ auctæ duplici fitu confpectæ.

12. TRICHODA *horrida*.

T. fubconica, fetis deflexis undique cincta; antice latiufcula truncata, poftice obtufa; tab. 12, fig. 26.
Reperitur in aquâ *mytili*.

Figura aucta; (*a*) pars antica truncata; (*b*) moleculæ globofæ pilis adherentes. An ovula?

13. TRICODE *urinal*. Diét.

T. ovale oblongue, bec très-court, velu ;
pl. 12, fig. 27.
Se trouve dans l'infusion du foin.

Figure groffie; (*a*) bec velu.

14. TRICODE *croiffant*. Diét.

T. en forme de croiffant, extrémité antérieure
velue en deffous; pl. 12, fig. 28 , 29.
Se trouve dans l'infufion de la *lenticule*.

Figures groffies ; (*a*) extrémité antérieure velue.

15. TRICODE *triangulaire*. Diét.

T. prefque triangulaire convexe, velue en
avant, échancrée en arrière, pl. 12, fig. 30, 31.
Trouvée deux fois feulement dans l'eau, fous
la *lenticule*.

Figures groffies. (30) T. *triangulaire* avec l'extrémité poftérieure profondément échancrée. (31) La
même avant cette partie moins échancrée; (*a*) partie antérieure velue? (*b*) partie poftérieure échancrée ; (*c*) canal antérieur arqué; (*a*) véficules.

16. TRICODE *teigne*. Diét.

T. en forme de maffue, extrémité antérieure
velue, poftérieure épaiffie; pl. 12, fig. 32 , 33.
Se trouve après trois femaines dans l'infufion
du foin.

Figures très-groffies ; (*a*) partie antérieure velue.

17. TRICODE *noire*. Diét.

T. ovale comprimée noire, extrémité antérieure élargie , velue, pl. 12 , fig. 34 - 36.
Se trouve dans l'eau de mer.

Figures groffies. (34) T. *noire* nageant. (35) La
même pendant le repos. (36) La même morte; (*a*)
le dos; (*b*) le bord tranfparent; (*c*) les poils de l'extrémité antérieure ; (*a*) les deux extrémités tranfparentes.

18. TRICODE *pubère*. Diét.

T. ovale-oblongue, boffue, extrémité antérieure aplatie ; pl. 12 , fig. 37 - 39.
Se trouve dans les eaux où croît la *lenticule*.

Figures groffies. (37, 38) T. *pubères* diverfement
fituées , ayant les poils de leur extrémité antérieure

13. TRICHODA *urinarium*.

T. ovato-oblonga, roftro breviffimo crinito ;
tab. 12, fig. 27.
Reperitur in infufione feni.

Figura ampliata ; (*a*) roftrum crinitum.

14. TRICHODA *femiluna*.

T. femiorbicularis , antice fubtus crinita ;
tab. 12, fig. 28, 29.
Reperitur in infufione *lemnæ*.

Figuræ auctæ; (*a*) extremitas antica crinita.

15. TRICHODA *trigona*.

T. fubtriangularis convexa, antice crinita ;
poftice erofa; tab. 12, fig. 30, 31.
Bis tantum reperta in aquis fub *lemna*.

Figuræ auctæ. (30) T. *trigona* , parte poftica pro-
funde emarginata. (31) Eadem minus notabiliter erofa.
(*a*) Pars anterior crinita; (*b*) pars pofterior emarginata; (*c*) ductus anticus curvatus; (*d*) veficulæ.

16. TRICHODA *tinea*.

T. clavata , antice crinita, poftice incraffata ;
tab. 12, fig. 32, 33.
Reperitur in infufo feni poft tres feptimanas.

Figuræ valdè auctæ; (*a*) pars antica crinita.

17. TRICHODA *nigra*.

T. ovalis compreffa nigra, antice latior crinita; tab. 12, fig. 34-36.
Reperitur in aquâ marina.

Figuræ auctæ. (34) T. *nigra* natans. (35) Eadem
quiefcens. (36) Eadem mortua. (*a*) Dorfum; (*b*)
margo pellucidus; (*c*) pili extremitatis anticæ; (*d*)
extremitates binæ pellucidæ.

18. TRICHODA *pubes*.

T. ovato-oblonga gibba, antice depreffa ;
tab. 12 , fig. 37-39.
Reperitur in aquâ ubi *lemna* crefcit.

Figuræ auctæ. (37, 38) T. *pubes* diverfo fitu pilis
extremitatis anticæ conditis. (39) Altera plicis dorfi

cachés. (39) Autre sur laquelle on apperçoit les plis longitudinaux du dos & les poils de son extrémité antérieure; (*a*) extrémité antérieure aplatie; (*b*) les po.ls; (*c*) tache noire composée de molécules.

19. TRICODE *floccon*. Dict.

T. membraneuse, presque conique en avant, extrémité postérieure garnie de trois mamelons velus; pl. 12, fig. 40 - 42.

Obs. Cette espèce devroit peut-être former un genre avec la *Lucophre hétéroclite*, dont l'extrémité postérieure porte de même des organes mamelonnés, ciliés.
Se trouve dans l'eau des fossés.

Figures grossies. (40) T. *floccon* n'ayant que deux mamelons ciliés à l'extrémité postérieure. (41) Autre avec ses trois mamelons développés. (42) Autre contractée avec ses mamelons visibles. (*a*) Partie antérieure; (*b*) postérieure; (*c*) masse obscure.

20. TRICODE *échancrée*. Dict.

T. oblongue aplatie, échancrée sur le côté velu, extrémité postérieure obtuse; pl. 12, fig. 43.
Trouvée dans l'eau des rivières.

Figure grossie; (*a*) côté échancré, velu; (*b*) extrémité postérieure.

21. TRICODE *hâtive*. Dict.

T. membraneuse, presque en forme de croissant, convexe au milieu, bord inférieur velu; pl. 12; fig. 44 - 46.
Trouvée dans l'eau des marais.

Figures grossies présentant cet animalcule dans différentes situations. (*a*) Le col; (*b*) protubérance du dos; (*c*) bord inférieur garni de poils; (*d*) extrémité postérieure.

22. TRICODE *protée*. Dict.

T. ovale, obtuse en arrière, col allongé rétractile, velu à son extrémité; pl. 13, fig. 1-5.
Se trouve dans l'eau des rivières.

Figures grossies. (1, 2, 3) T. *protée* nageant, vue dans diverses positions. (4) La même pendant le repos avec le col replié sur le corps. (5) La même avec le col rentré dans le corps dont on ne voit à l'extérieur que les poils. (*a*) Le tronc; (*b*) le col; (*c*) l'extrémité antérieure globuleuse; (*d*) les poils courbés.

---

longitudinalibus & pilis extremitatis anterioris conspicuis; (*a*) extremitas antica depressa; (*b*) pili; (*c*) macula nigra moleculis aggregatis.

19. TRICHODA *floccus*.

T. membranacea, antice subconica, postice papillis tribus crinitis; tab. 12, fig. 40--42.

Obs. Hæc species a *Trichodæ* genere separari posset & novum genus constituere cum *Leucophra heteroclita*, cujus extremitas posterior organis pariter papillatis ciliatis donatur.
Reperitur in aquâ fossarum.

Figuræ auctæ. (40) T. *floccus* papillis tantum duobus in extremitate postica conspicuis. (41) Eadem papillis tribus exsertis. (42) Eadem correpta papillis conspicuis. (*a*) Pars antica; (*b*) postica; (*c*) massa obscura.

20. TRICHODA *sinuata*.

T. oblonga depressa, altero margine sinuato crinita, postice obtusa; tab. 12, fig. 43.

Reperta in aquâ fluviali.

Figura aucta; (*a*) latus sinuatum, crinitum; (*b*) pars postica.

21. TRICHODA *præceps*.

T. membranacea sublunata, medio protuberante, margine inferiore crinita; tab. 12, fig. 44--46.
Reperta in aquâ paludosa.

Figuræ ampliatæ hoc animalculum diverso situ ostendentes; (*a*) Collum; (*b*) protuberantia dorsi; (*c*) margo inferior crinitus; (*d*) pars postica.

22. TRICHODA *proteus*.

T. ovalis, postice obtusa, collo elongato retractili, apice crinito; tab. 13, fig. 1-5.

Reperitur in aquâ fluviali.

Figuræ auctæ. (1, 2, 3,) T. *proteus* natans, diverso situ conspecta. (4) Eadem quiescens collo suprà corpus replicato. (5) Eadem collo in corpore recepto, solis pilis externè conspicuis; (*a*) truncus; (*b*) collum; (*c*) extremitas anterior globosa; (*a*) pili reflexi.

23. TRICODE *versatile*. Dict.

T. oblongue, pointue en arrière, col ré-tractile, velu au-dessous du sommet; pl. 13, fig. 6-10.
Se trouve dans l'eau de mer.

Figures grossies sous divers aspects; (*a*) le tronc; (*b*) le col; (*c*) bout antérieur du col globuleux; (*c'*) extrémité postérieure pointue; (*e*) poils placés au-dessous de l'extrémité antérieure; (*f*) extrémité postérieure élargie; (*g*) canal alimentaire (*h*) saillie cy-drique de l'extrémité antérieure.

24. TRICODE *bossue*. Dict.

T. oblongue, velue en avant, dos bombé, ventre concave, extrémités obtuses; pl. 13, fig. 11-15.
Trouvée dans l'eau des rivages.

Figures grossies; (11, 12) T. *bossues* cristallines & striées. (13, 14) Les memes dont le tronc est rempli de molécules. (15) La même plus grossie dans laquelle on apperçoit des molécules de diverses grandeurs. (*a*) La tête; (*b*) le tronc; (*c*) l'extrémité postérieure; (*d*) petits œufs; (*e*) poils de l'extrémité antérieure; (*f*) poils du ventre.

25. TRICODE *enceinte*. Dict.

T. oblongue, velue en avant, dos protubé-rant, extrémités obtuses; pl. 13, fig. 16-20.
Se trouve dans l'eau de mer.

Figures grossies. (16) T. *enceinte* cylindracée. (17) La même ventrue au milieu. (18) La même presque globuleuse, prête à se délivrer de son ovaire. (19) L'ovaire ou le fœtus. (20) T. *enceinte* nouvelle-ment délivrée de son fœtus. (*a*) La tête diaphane; (*b*) le tronc granuleux; (*c*) l'extrémité postérieure ou la queue diaphane; (*d*) poils écartés de l'extrémité antérieure; (*e*) ouverture découpée de l'extrémité postérieure.

26. TRICODE *baillante*. Dict.

T. cylindrique prolongée, extrémité anté-rieure marquée d'une fossette velue sur les bords; pl. 13, fig. 21-22.
Se trouve dans l'eau de mer.

Figures très-grossies. (21) T. *baillante* étendue. (22) La même courbée en arc. (*a*) Extrémité antérieure marquée d'une fossete velue sur les bords; (*b*) extré-mité postérieure.

27. TRICODE *fendue*. Dict.

T. presque ovale ventrue, fendue sur le de-vant, extrémité antérieure & sa fente velues; pl. 13, fig. 23-25.

23. TRICHODA *versatilis*.

T. oblonga, postice acuminata, collo retrac-tili infra apicem crinito; tab. 13, fig. 6-10.

Reperitur in aquâ marina.

Figuræ ampliatæ vario situ inspectæ; (*a*) truncus; (*b*) collum; (*c*) apex anterior colli globosus; (*d*) extremitas postica acuminata; (*e*) pili extremitatis anti-cæ subtus penduli; (*f*) extremitas postica dilatata; (*g*) canalis alimentarius; (*h*) productio teres apicis colli.

24. TRICHODA *gibba*.

T. oblonga, antice ciliata, dorso gibbera, ventre excavata, extremitatibus obtusis; tab. 13, fig. 11-15.
Reperta in aqua litorali.

Figuræ auctæ. (11, 12) T. *gibba* crystallinæ & striatæ. (13, 14) Eædem trunco granulis referto. (15) Una magis aucta in cujus trunco conspiciuntur mo-leculæ variæ magnitudinis; (*a*) caput; (*b*) truncus; (*c*) extremitas postica; (*d*) ovula; (*e*) pili extremi-tatis anticæ; (*f*) pili ventrales.

25. TRICHODA *fœta*.

T. oblonga, antice crinita, dorso protuberante, extremitatibus obtusis; tab. 13, fig. 16-20.
Reperitur in aqua marina.

Figuræ auctæ. (16) T. *fœta* cylindracea. (17) Ea-dem medio ventrosa. (18) Eadem subglobosa fætum expellere minans. (19) ovarium seu fœtus. (20) T. *fœta* fœtum nuperrimè enixa. (*a*) Caput hyalinum; (*b*) truncus granulosus; (*c*) extremitas postica seu cauda hyalina; (*d*) pili rariores extremitatis anticæ; (*e*) apertura lacinjata extremitatis posticæ.

26. TRICHODA *patens*.

T. teres elongata, antice foveata, foveæ marginibus crinitis; tab. 13, fig. 21-22.

Reperitur in aqua marina.

Figuræ valdè ampliatæ. (21) T. *patens* recta ex-tensa. (22) Eadem curvata; (*a*) extremitas antica fo-vea crinita notata; (*b*) extremitas postica.

27. TRICHODA *patula*.

T. subovata ventricosa, antice canaliculata, apice & canaliculo crinito; tab. 13, fig. 23-25.

Se trouve dans les infusions marines, & dans l'eau de rivière gardée plusieurs mois.

Figures grossies; (a) fente antérieure chevelue sur les bords; (b) poils de l'extrémité antérieure; (c) extrémité postérieure; (d) poils très-courts du corps.

28. TRICODE *tricorne*. Dict.

T. oblongue élargie, extrémité antérieure garnie de petites cornes brillantes, postérieure nue; pl. 13, fig. 26-28.
Se trouve dans l'eau de mer fétide.

Figures grossies. (26) T. *cornue* vue au ventre. (27) Autre vue sur le dos. (28) Autre vue sur le côté. (a) Petites cornes de l'extrémité antérieure; (b) fossette; (d) convexité du dos; (c) poils de l'extrémité antérieure.

29. TRICODE *striée*. Dict.

T. oblongue, un des côtés anterieurs échancré & cilié, les extrémités obtuses; pl. 13, fig. 29-30.
Se trouve dans l'eau des rivières.

Figures grossies vues sur les deux faces; (a) poitrine échancrée & ciliée; (b) carène du dos; (c) amas de petits œufs.

30. TRICODE *luette*. Dict.

T. un peu aplatie prolongée, égale, extrémité antérieure velue; pl. 13, fig. 31-32.
Se trouve dans les infusions végétales anciennes & fétides.

Figures très-grossies; (a) poils de l'extrémité antérieure; (b) canal alimentaire; (c) globules transparents; (d) extrémité postérieure.

31. TRICODE *orangée*. Dict.

T. ovoïde légèrement échancrée, extrémité antérieure marquée d'un sillon velu, prolongé jusqu'au milieu du corps; pl. 13, fig. 33-36.
Se trouve dans les eaux où croît la *lenticule*

Figures grossies. (33, 34, 35) T. *orangées* simples diversement situées. (36) Deux T. *orangées* accouplées ou se divisant. (a) Sillon velu; (b) extrémité postérieure; (c) vésicules diaphanes; (d) points de réunion de deux individus.

32. TRICODE *prisme*. Dict.

T. ovoïde, convexe en dessus, dos marqué d'une carene longitudinale, extrémité antérieure retrécie; pl. 13, fig. 37-38.?

Reperitur in infusione marina, & etiam in aqua fluviatili plures menses servata.

Figuræ auctæ; (a) fissura anterior margine ciliata; (b) pili extremitatis anticæ; (c) extremitas postica; (d) pili brevissimi extremitatis posticæ.

28. TRICHODA *foveata*.

T. oblonga latiuscula, antice corniculis micantibus, postice mutica; tab. 13, fig. 26-28.
Reperitur in aqua marina fœtente.

Figuræ auctæ. (26) T. *foveata* ventre conspecta; (27) Alia dorso. (28) Alia latere incumbens. (a) Cornicula extremitatis anticæ; (b) foveola; (c) gibbositas dorsi; (c) pili extremitatis anticæ.

29. TRICHODA *striata*. Dict.

T. oblonga, altero margine anteriori sinuata & ciliata, utraque extremitate obtusa; tab. 13, fig. 29-30.
Reperitur in aqua fluviali.

Figuræ auctæ duplici situ conspectæ; (a) pectus sinuatum & ciliatum; (b) carina dorsi; (c) series ovulorum.

30. TRICHODA *uvula*. Dict.

T. planiuscula elongata, æqualis, antice crinita; tab. 13, fig. 31-32.
Reperitur in infusis vegetabilium vetustis putridis.

Figuræ valdè ampliatæ; (a) pili extremitatis anticæ; (b) canalis alimentarius; (c) globuli pellucidi; (d) pars postica.

31. TRICHODA *aurantia*. Dict.

T. ovata subsinuata, extremitate antica sulco crinito ad medium prolongato notata; tab. 13, fig. 33-36.

Reperitur in aquis cum *lemna*.

Figuræ auctæ. (33, 34, 35) T. *aurantiæ* solitariæ variè sitæ. (36) Duo T. *aurantiæ* in copula aut partitione. (a) Sulcus crinitus; (b) extremitas postica; (c) vesiculæ hyalinæ; (d) loci cohæsionis.

32. TRICHODA *prisma*. Dict.

T. ovata, subtus convexa, supra in carinam compressa, antice angustior; tab. 13, fig. 37-38.

Se trouve dans l'eau de mer après quelques jours de garde.

Figures très-groffies. (37) T. *prifme* folitaire vue du côté de la carène. (38) Deux de ces animalcules réunis. (*a*) Extrémité antérieure ; (*b*) dos prifmatique ; (*c*) ventre convexe ; (*d*) points d'adhérence.

33. TRICODE *pourprée*. Dict.

T. ovoïde, pointue en avant, marquée en deffous d'un fillon velu, extrémité poftérieure perforée ; pl. 13, fig. 39-41.
Se trouve là ou croît la *lenticule*.

Figures groffies. (39) T. *pourprée* folitaire. (40) deux T. *pourprées* adhérentes par les côtés. (41) Autres adhérentes bout-à-bout. (*a*) Extrémité antérieure ; (*b*) ouverture ronde de l'extrémité poftérieure ; (*c*) deux organes pointus, fortant de temps en temps ; (*d*) poils du fillon ventral ; (*e*, *e*) points de réunion ; (*f*) filament qui de l'extrémité antérieure d'un animalcule, pénetre dans l'ouverture poftérieure de l'autre à qui il eft attaché.

34. TRICODE *tenaille*. Dict.

T. ovale, terminée en avant en forme de pinces à lobes inégaux, velus ; pl. 13, fig. 42, 43.
Se trouve dans l'eau fous la *lenticule*.

Figures groffies. (42) T. *tenaille* ayant les bords de fes pinces ouverts. (43) Autres dont les lobes des pinces font croifés. (*a*) Pinces velues ; (*b*) lobe des pinces en forme de faux ; (*c*) autre lobe élargi au bout ; (*d*) globule opaque.

35. TRICODE *bilobée*. Dict.

T. ventrue, extrémité antérieure fendue en deux lobes inégaux, poftérieure terminée par deux mamelons ; pl. 13, fig. 44, 45.
Se trouve dans l'eau des rivières.

(44) T. *bilobée* dont la fente eft entrouverte. (45) Autre dont la fente eft fermée. (*a*) Grand lobe de la fente antérieure cilié ; (*b*) petit lobe non cilié ; (*c*) mamelons de l'extrémité poftérieure.

36. TRICODE *index*. Dict.

T. oblongue-ovale, un des bords velu en-deffous, un angle de l'extrémité antérieure prolongé en forme de doigt ; pl. 13, fig. 46, 47.
Trouvée dans l'eau de mer.

Figures groffies préfentées fous deux afpects. (*a*) prolongement de l'extrémité antérieure en forme de doigt cilié ; (*b*) poils du tronc.

Reperitur in aqua marina dies quafdam fervata.

Figuræ valdè ampliatæ. (37) T. *prifma* folitaria à facie carenæ confpecta. (38) Bina ejufce fpeciei animalcula in cohæfione. (*a*) Apex ; (*b*) dorfum prifmaticum ; (*c*) venter convexus ; (*d*) locus cohæfionis.

33. TRICHODA *ignita*. Dict.

T. ovata, apice acuminata, fubtus fulco crinito notata, poftice perforata ; tab. 13, fig. 39-41.
Reperitur in aquis cum *lemna*.

Figuræ auctæ. (39) T. *ignita* folitaria. (40) Binæ T. *ignita* latere cohærentes. (41) Aliæ longitudinaliter coalitæ. (*a*) Extremitas antica ; (*b*) apertura, feu foramen rotundatum extremitatis pofticæ ; (*c*) organa bina fetacea aliquoties exferta ; (*d*) pili fulci ventralis ; (*e*, *e*) loci cohæfionis collateralis & longitudinalis ; (*f*) filamentum ex extremitate anteriori animalculi penetrans in foramen pofticum animalculi cui connectitur.

34. TRICHODA *forceps*.

T. ovalis, antice forcipata, cruribus inæqualibus crinitis ; tab. 13, fig. 42, 43.
Reperitur in aqua *lemna* obtecta.

Figuræ auctæ. (42 T. *forceps* cruribus feparatis patulis. (43) Alia cruribus forcipis in formam crucis inflexis. (*a*) Forceps crinita ; (*b*) lobus falciformis acuminatus ; (*c*) lobus alter apice dilatatus ; (*d*) globulus opacus.

35. TRICHODA *forfex*.

T. ventrofa, antice lobis binis inæqualibus forcipata, poftice papilla duplici inftructa ; tab. 13, fig. 44. 45.
Reperitur in aqua fluviali.

(44) T. *forfex* rima anteriori patula. (45) Alia rima claufa. (*a*) Lobus rimæ anticæ major ciliatus ; lobus minor non ciliatus ; (*c*) papillæ extremitatis pofticæ.

36. TRICHODA *index*.

T. oblongo-ovata, margine altero fubtus crinito, unoque apicis angulo in digitum producto ; tab. 13, fig. 46, 47.
Reperta in aqua marina.

Figuræ auctæ duplici fitu confpectæ. (*a*) Angulus alter extremitatis anticæ in digitum ciliatum elongatus ; (*b*) pili trunci.

37. TRICODE *S*. Dict.

T. ftriée, velue en avant, extrémités cour-
bées en fens contraire; pl. 13, fig. 48, 49.
Se trouve dans l'infufion de la *lenticule*.

Figures groffies vues dans deux différentes fituations. (*a*) Extrémité antérieure velue; (*b*) poftérieure
tronquée obliquement; (*c*) la même échancrée.

37. TRICHODA *S*.

T. ftriata, antice crinita, extremitatibus in
oppofitum flexis; tab. 13, fig. 48, 49.
Reperitur in aqua *lemna*.

Figuræ auctæ duplici fitu confpicuæ; (*a*) extremitas antica crinita; (*b*) poftica oblique truncata; (*c*)
eadem pars emarginata.

38. TRICODE *batelet*. Dict.

T. triangulaire, extrémité antérieure tronquée
velue, poftérieure aiguë elevée; pl. 14, fig. 1-4.
Se trouve dans l'eau de mer.

Figures groffies vues dans différentes pofitions; (*a*)
extrémité antérieure fans poils; (*b*) la même velue;
(*c*) extrémité poftérieure aiguë, (*d*) carène du dos.

38. TRICHODA *navicula*.

T. triquetra, antice truncata crinita, poftice
acuta prominula; tab. 14, fig. 1-4.
Reperitur in aqua marina.

Figuræ ampliatæ variè confpectæ. (*a*) Extremitas
antica non ciliata; (*b*) eadem crinita; (*c*) extremitas
poftica acuta; (*d*) carina dorfi.

39. TRICODE *rognée*. Dict.

T. ovale, aplatie, ciliée fur les bords,
extrémité poftérieure échancrée en deux lobes
inégaux; pl. 14, fig. 5.
Se trouve avec la *lenticule*.

Figure groffie; (*a*) extrémité antérieure arrondie;
(*b*) partie poftérieure divifée en deux lobes inégaux.

39. TRICHODA *juccifa*.

T. ovalis, depreffa, margine crinita, poftice
in bina crura inæqualia erofa; tab. 14. fig. 5.

Reperitur cum *lemna*.

Figura aucta; (*a*) extremitas anterior rotundata;
(*b*) pofterior in lobos inæquales partita.

40. TRICODE *fillonnée*. Dict.

T. ovale - ventrue, pointue en avant, le
ventre marqué d'un fillon longitudinal, &
velu de chaque côté; pl. 14, fig. 6-10.
Se trouve dans l'eau de la *moule commune*.

Figures groffies préfentées dans différentes pofitions.

40. TRICHODA *fulcata*.

T. ovato-ventricofa, apice acuminata, fulco
ventrali longitudinali utrinque crinito; tab.
14, fig. 6-10.
Reperitur in aqua inter valvulas *mytili edulis*
retenta.

Figuræ auctæ diverfo fitu confpectæ.

41. TRICODE *canard*. Dict.

T. oblongue aplatie, col cylindrique, velu
au deffous de fon extrémité antérieure, pl.
14, fig. 11-12.
Se trouve dans les eaux les plus pures.

Figures groffies. (11) T. *canard* un peu raccourcie. (12) La même alongée. (*a*) Partie poftérieure;
(*b*) col diaphane; (*c*) poils fitués en deffous; (*d*)
poils fitués au deffus?

41. TRICHODA *anas*.

T. elongata complanata, collo tereti apice
fubtus crinito; tab. 14, fig. 11-12.

Occurrit in aquis purioribus.

Figuræ auctæ. (11) T. *anas* paululum contracta.
(12) Eadem elongata. (*a*) Pars poftica; (*b*) collum
hyalinum; (*c*) pili inferi; (*d*) pili fuperi?

42. TRICODE *barbue*. Dict.

T. oblongue cylindrique, extrémité antérieure velue en-deffous depuis la pointe jufqu'au milieu du corps; pl. 14, fig. 13.
Trouvée dans l'eau des rivages.

42. TRICHODA *barbata*.

T. elongata, teres, fubtus ab apice ad medium crinita; tab. 14, fig. 13.

Reperta in aqua litorali.

Figure groſſie; (*a*) poils de l'extrémité antérieure. | Figura aucta; (*a*) pili extremitatis anticæ.

43. TRICODE *ſauciſſe*. Dict.

T. oblongue cylindrique, obtuſe en avant, bords environnés de poils; pl. 14, fig. 14-17.
Se trouve dans l'eau de la *moule boſſue*.

Figures groſſies. (14, 15, 17) T. *ſauciſſes* diverſement arquées. (16) Autre qui eſt peut-être un jeune individu de cette eſpèce.

44. TRICODE *velue*. Dict.

T. oblongue cylindrique, cilié par-tout, extrémité antérieure garni de poils, en deſſous, juſqu'au milieu du corps; pl 14, fig. 18.
Se trouve dans l'eau de mer.

Figure très-groſſie; (*a*) poils de l'extrémité antérieure.

45. TRICODE *angle*. Dict.

T. oblongue, formant un angle vers le milieu, extrémité antérieure velue; pl. 14, fig. 19, 20.
Se trouve dans l'infuſion du foin.

Figures groſſies. (19) T. *angle* formant un angle obtus. (20) La même formant un angle droit. (*a*) Angle; (*b*) poils de la partie antérieure; (*c*) partie poſtérieure.

46. TRICODE *pirogue*. Dict.

T. ovale-oblongue, les extrémités élevées, celle de devant velue; pl. 14, fig. 21-26.
Se trouve dans l'infuſion du *chiendent*.

Figures groſſies. (21, 22, 23) Trois animalcules de la variété A, vus en différentes poſitions. (24, 25, 26) Trois autres animalcules de la variété B diverſement ſitués. (*a*) Poils de l'extrémité antérieure; (*b*) canal longitudinal; (*c*) globules de l'extrémité poſtérieure.

47. TRICODE *vermiculaire*. Dict.

T oblongue, cylindracée, col court velu à ſon extrémité; pl. 14, fig. 27-30.
Se trouve dans l'eau des rivières.

Figures groſſies. (27) Six de ces animalcules diverſement raccourcis. (28) Autre un peu alongé. (29, 30) Deux totalement développés. (*a*) Le col; (*b*) les poils; (*c*) véſicule tranſparente de l'extrémité poſtérieure.

43. TRICHODA *farcimen*.

T. elongata toruloſa, antice obtuſa, margine pilis cincta; tab. 14, fig. 14-17.
Reperitur in aqua *mytili modioli*.

Figuræ auctæ. (14, 15, 17) T. *farcimina* varie ſitæ & arcuatæ. (16) forſan junior ejuſdem ſpeciei.

44. TRICHODA *crinita*.

T. elongata, teres, undique ciliata, extremitate antica ſubtus ad medium uſque crinita; tab. 14, fig. 18.
Reperitur in aqua marina.

Figura valdè aucta; (*a*) pili extremitatis anticæ.

45. TRICHODA *angulus*.

T. elongata, in medio angulata, antice crinita; tab. 14, fig. 19, 20.

Reperitur in infuſo *feni*.

Figuræ ampliatæ. (19) T. *angulus* in angulum obtuſum plicata. (20) Eadem in angulum rectum. (*a*) Angulus; (*b*) pili partis anticæ; (*c*) pars poſtica.

46. TRICHODA *linter*.

T. ovato-oblonga, utraque extremitate prominula, apice crinita; tab. 14, fig. 21-26.

Reperitur in infuſione *graminis*.

Figuræ auctæ. (21, 22, 23) Tria animalcula varietatis A diverſo ſitu conſpecta. (24, 25, 26) cætera tria animalcula varietatis B diverſè poſita. (*a*) Pili extremitatis anticæ; (*b*) canalis longitudinalis; (*c*) globuli poſticæ partis.

47. TRICHODA *vermicularis*.

T. elongata, cylindracea, collo brevi apice crinito; tab. 14, fig. 27-30.
Reperitur in aqua fluviali.

Figuræ ampliatæ. (27) Sex T. *vermiculares* variè correptæ. (28) Alii minus correpta. (29, 30) binæ aliæ plenè extenſæ. (*a*) collum; (*b*) pili; (*c*) veſicula pellucida extremitatis poſticæ.

48. TRICODE *cheville*. Dict.

T. linéaire, aplatie, extrémité antérieure tronquée velue, postérieure obtuse; pl. 14, fig. 31,
Se trouve dans l'eau de mer, parmi les *ulves*.

Figures grossies; (*a*) extrémité antérieure tronquée velue; (*b*) extrémité postérieure; (*c*) T. *cheville* dans l'état de contraction.

49. TRICODE *melitée*. Dict.

T. oblongue ciliée, col susceptible de dilatation, terminé par un globule velu; pl. 14, fig. 32--37.
Se trouve dans l'eau de mer.

Figures très-grossies représentant cet animalcule dans diverses positions, & dans différents états de dilatation de son col. (*a*) Col susceptible de dilatation; (*b*) globule velu de l'extrémité antérieure; (*c*) cils du corps.

50. TRICODE *douteuse*. Dict.

T. oblongue cylindrique, tronc revêtu de poils difficiles à appercevoir, extrémités diaphanes; pl. 15, fig 1--5.
Se trouve dans l'eau de mer.

(1) T. *douteuses* vues au microscope simple. (2, 3) Autres plus grossies vues au microscope composé, dont les poils du tronc ne sont pas sensibles. (4,5) autres également grossies dont le tronc & l'extrémité antérieure sont velus.

(*a*) Partie antérieure; (*b*) partie postérieure; (*c*) la même alongée & élargie; (*d*) poils de l'extrémité antérieure; (*e*) poils du tronc; (*f*) les mêmes recourbés vers le haut.

51 TRICODE *dentelée*. Dict.

T. ovoïde, comprimée, partie antérieure velue, postérieure tronquée obliquement, dentelée; pl. 15, fig. 6.
Se trouve dans l'eau des marais.

Figure grossie; (*a*) poils d'une des faces de l'extrémité antérieure; (*b*) poils de sa face opposée; (*c*) bord dentelé de l'extrémité postérieure.

52. TRICODE *chameau*. Dict.

T. épaissie en avant, velue, le milieu du corps échancré sur ses deux faces; pl. 15, fig. 7 8.
Se trouve dans les infusions végétales.

48. TRICHODA *paxillus*.

T. linearis, depressa, antice truncata crinita, postice obtusa; tab. 14, fig. 31.

Reperitur in aqua marina, inter *ulvas*.

Figuræ auctæ; (*a*) extremitas antica truncata crinita; (*b*) extremitas postica; (*c*) T. *paxillus* valdè contracta.

49. TRICHODA *melitea*.

T. oblonga, ciliata, colli dilatabilis apice globoso pilifero; tab. 14, fig. 32--37.

Reperitur in aqua marina.

Figuræ auctæ animalculum hoc diverso situ & sub diversa colli dilatatione & figura repræsentantes. (*a*) Collum dilatabile; (*b*) globulus pilifer extremitatis anticæ; (*c*) cilia corporis.

50. TRICHODA *ambigua*.

T. elongata, cylindrica, trunco pilis ægre visibilibus vestito, utraque extremitate hyalina; tab. 15, fig. 1-5.
Reperitur in aqua marina.

(1) T. *ambigua* microscopio simplici visæ. (2,3) aliæ magis auctæ microscopio composito inspectæ, trunco pilis denudato. (4, 5) aliæ æqualiter auctæ, trunco pilis vestito, extremitate antica crinita.

(*a*) Pars anterior aliquoties tubulosa; (*b*) pars postica; (*c*) eadem elongata & dilatata; (*d*) pili partis anticæ; (*e*) pili trunci; (*f*) pili trunci, antice porrecti.

51. TRICHODA *fimbriata*.

T. obovata, depressa, apice crinita, postice oblique truncata serrata; tab. 15, fig. 6.

Reperitur in aqua palustri.

Figura aucta; (*a*) pili extremitatis anterioris paginæ observæ; (*b*) pili ejusdem extremitatis paginæ aversæ; (*c*) margo serratus extremitatis posticæ.

52. TRICHODA *camelus*.

T. antice crassiuscula, crinita, medio utrinque emarginata; tab. 15, fig. 7, 8.
Reperitur in infuso vegetabilium.

F 2

Figures groffies ; (*a*) poils de l'extrémité antérieure ; (*b*) dos tuberculeux.

53. TRICODE augure. Dict.

T. oblongue, tronquée en avant, face antérieure munie de pieds en-deffous, poftérieure
garnie de foyes; pl. 15, fig. 9.
Trouvée dans l'eau des marais.

Figure groffie ; (*a*) extrémité antérieure tronquée;
(*b*) petit bec; (*c*) pieds; (*d*) foyes.

54. TRICONE poupée. Dict.

T. tête en forme de capuchon, velue, queue
courbée; pl. 15, fig. 10.
Se trouve dans les eaux où croît la *lenticule*.

Figure groffie. (*a*) Tête velue; (*b*) tronc; (*c*)
tubercules de la poitrine; (*d*) veficule diaphane;
(*e*) queue courbée en-deffous.

55. TRICODE lunaire. Dict.

T. cylindrique, arquée, velue en avant, terminée en arriere par un cirre courbé; pl.
15, fig. 11-13.
Se trouve dans les eaux où croît la *lenticule*.

Figures de la T. *lunaire* groffies, préfentées dans
diverfes pofitions. (*a*) Partie du dos; (*b*) cirre de
la queue; (*c*) poils très-courts de l'extrémité antérieure.

56. TRICODE bilunaire. Dict.

T. aplatie, arquée, velue en avant, queue
compofée de deux foyes; pl. 15, fig. 14.
Se trouve dans l'eau des marais.

Figure groffie ; (*a*) poils de l'extrémité antérieure;
(*b*) double échancrure; (*c*) foyes de la queue.

57. TRICODE rat. Dict.

T. oblongue, carinée, velue en avant, terminée en arriere par une foye très-longue;
pl. 15, fig. 15-17.
Trouvée dans l'eau des foffés.

Figures très-groffies ; (*a*) extrémité antérieure
obtufe ; (*b*) petite papille de la queue; (*c*) foye
très-longue de la queue; (*d*) extrémité antérieure
tronquée, garnie de poils; (*e*) maffe opaque qui
occupe le milieu du corps; (*f*) autre portant une vef-
fie enflée près de fon extrémité antérieure, qui eft
peut-être fon ovaire.

Figuræ ampliatæ; (*a*) pili extremitatis anticæ; (*b*)
dorfum tuberculatum.

53. TRICHODA augur.

T. oblonga, vertice truncata, infimo corporis margine antice pedato, poftice fetofo;
tab. 15, fig. 9.
Reperta in aqua paluftri.

Figura aucta; (*a*) extremitas antica truncata; (*b*)
roftellum; (*c*) pedes; (*d*) fetæ.

54. TRICHODA pupa.

T. capite cucullato crinito, cauda inflexa;
tab. 15, fig. 10.
Reperitur in aquis cum *lemna*.

Figura aucta; (*a*) caput crinitum; (*b*) truncus;
(*c*) tubercula pectoris; (*d*) veficula hyalina; (*e*) cauda fubtus inflexa.

55. TRICHODA lunaris.

T. teres, arcuata, apice crinita, cirro caudali
inflexo; tab. 15, fig. 11-13.

Reperitur in aquis ubi *lemna* vegetat.

Figuræ auctæ T. *lunaris* vario fitu exhibitæ; (*a*)
margo dorfalis; (*b*) cirrus caudalis inflexus; (*c*) pili
exiliffimi extremitatis anterioris.

56. TRICHODA bilunis.

T. depreffa, arcuata, apice crinita, cauda
bifeta; tab. 15, fig. 14.
Reperitur in aqua paluftri.

Figura aucta; (*a*) pili extremitatis anticæ; (*b*) finus duplex; (*c*) fetæ caudales.

57. TRICHODA ratius.

T. oblonga, carinata, antice crinita, poftice feta longiffima; tab. 15, fig. 15-17.

Reperta in aqua foflorum.

Figuræ valdè auctæ; (*a*) extremitas antica obtufa;
(*b*) papillula caudæ; (*c*) feta caudalis longiffima; (*d*)
extremitas antica truncata, pilis breviffimis munita;
(*e*) maffa opaca interaneorum in medin corporis parte confpicua; (*f*) alia ejufdem fpeciei *trichoda* vefi-
cam antice ferens, quæ fortè ovarium.

58. TRICODE *tigre*. Dict.

T. presque cylindrique oblongue, velue en avant, queue composée de deux soyes longues; pl. 15, fig. 18.
Se trouve dans l'eau des marais.

Figure très-grossie; (*a*) extrémité antérieure; (*b*) les poils dont elle est garnie; (*c*) le tronc; (*a*) les deux soyes de la queue.

59. TRICODE *gobelet*. Dict.

T. oblongue, tronquée en avant, velue, queue articulée terminée par deux soyes; pl. 15, fig. 19-22.
Se trouve au même endroit que la précédente.

Figures très-grossies. (19) T. *gobelet* ayant la bouche fermée, (20) La même ayant la bouche ouverte & quatre articulations à la queue. (21) La même avec cinq articulations à la queue. (22) La bouche représentée ouverte & sans poils.

(*a*) Mâchoires fermées; (*b*) deux papilles élevées de la queue; (*c*) soyes qui terminent la queue; (*d*) petit cirre intermédiaire; (*e*) poils de l'extrémité antérieure; (*f*) organe de la déglutition; (*g*) mâchoires ouvertes.

60. TRICODE *clou*. Dict.

T. extrémité antérieure arrondie velue, postérieure insensiblement retrécie; pl. 15. fig. 23.
Se trouve dans les marécages.

Les trois figures représentées sous le même numéro offrent la T. *clou* grossie, & diversement située. (*a*) Les poils de la tête; (*b*) la queue très-effilée.

61. TRICODE *cornue*. Dict.

T. convexe dessus, plane dessous, extrémité antérieure velue, queue linéaire simple; pl. 15, fig. 24-26.
Se trouve dans les rivieres sur les tiges de plantes aquatiques.

Figures grossies. (24) T. *cornue* dont la tête est saillante. (25) La même ayant la tête rentrée & la queue étendue. (26) La même ayant la tête rentrée & la queue repliée sous le ventre, vue de côté. (*a*) La tête garnie de poils très-courts; (*b*) cornes de l'extrémité antérieure; (*c*) dos convexe; (*d*) queue; (*e*) deux petites pointes de la queue.

62. TRICODE *poule*. Dict.

T. oblongue, courbée en avant, tête velue, queue composée d'une houppe de poils; pl. 15, fig. 27.
Se trouve dans l'eau des rivieres.

58. TRICHODA *tigris*.

T. subcylindrica, elongata, apice crinita, cauda setis duabus longis; tab. 15, fig. 18.

Reperitur in aqua palustri.

Figura valdè aucta; (*a*) extremitas antica; (*b*) pili quibus munitur; (*c*) truncus; (*d*) setæ binæ caudales.

59. TRICHODA *pocillum*.

T. oblonga, antice truncata, crinita, cauda articulata bifeta; tab. 15, fig. 19-22.

Reperitur in eodem loco, cum præcedenti

Figuræ valdè auctæ. (19) T. *pocillum* ore clauso. (20) Eadem ore aperto, articulisque caudæ quatuor. (21) Eadem antice truncata, caudæ articulis quinque. (22) Os magis auctum apertum, pilis conditis.

(*a*) Maxillæ clausæ; (*b*) papillæ binæ supra caudam productæ; (*c*) setæ caudales; (*d*) cirrulus intermedius; (*e*) pili extremitatis anticæ; (*f*) musculus deglutorius; (*g*) maxillæ dimotæ.

60. TRICHODA *clavus*.

T. antice rotundata, crinita, postice acuminato caudata; tab. 15, fig. 23.

Occurrit in paludosis.

Figuræ tres sub eodem numero repræsentatæ T. *clavum* auctam & diversè sitam ostendunt. (*a*) pili capitis; (*b*) cauda acuminata.

61. TRICHODA *cornuta*.

T. supra convexa, subtus plana, apice crinita, cauda lineari simplicii; tab. 15, fig. 24-26.
Reperitur in fluviis cum plantis aquaticis.

Figuræ auctæ. (24) T. *cornuta* capite exserto. (25) Eadem capite retracto, cauda extensa. (26) Eadem capite retracto, cauda in ventrem replicata, latere conspecta. (*a*) Caput exsertum pilis breviffimis instructum; (*b*) cornicula extremitatis anticæ; (*c*) dorsum convexum; (*d*) cauda; (*e*) mucrones caudales.

62. TRICHODA *gallina*.

T. elongata, antice arcuata, fronte crinita, cauda pilis penicilliformibus; tab. 15, fig. 27.
Reperitur in aqua fluviali.

Figure groffie; (*a*) tête ovale ; (*b*) col légèrement arqué; (*c*) globules ou œufs contenus dans l'intérieur; (*d*) queue; (*e*) poils en forme de houppe.

63. TRICODE *fouris.* Dict.

T. oblongue-ovale , extrémité antérieure velue, poftérieure caudée en deffous; pl. 15, fig. 28-30.
Se trouve dans l'infufion du foin après plufieurs femaines.

Figures groffies. (28, 30) T. *fouris* vues de côté ; (29) Autre vue fur le dos. (*a*) Extrémité antérieure velue; (*b*) queue droite ou inclinée.

64. TRICODE *battoir.* Dict.

T. aplatie , en forme de battoir, velue en avant, queue pointue légérement recourbée; pl. 15, fig. 31, 32.
Se trouve dans l'eau des rivières.

Figures groffies différemment fituées ; (*a*) poils de la face antérieure ; (*b*) queue ; (*c*) tubercule.

65. TRICODE *dauphin.* Dict.

T. oblongue, extrémité antérieure velue, queue tronquée recourbée ; pl. 15 , fig. 33, 34.
Se trouve dans l'infufion du foin , après quinze jours.

Figures groffies. (33) T. *dauphin* ayant fa queue élevée perpendiculairement. (34) Autre dont la queue eft appuyée obliquement fur le dos; (*a*) poils de l'extrémité antérieure; (*b*) bout élargi de la queue.

66. TRICODE *maffue.* Dict.

T. en forme de maffue, épaiffie en avant & velue, extrémité poftérieure retrécie, quelquefois recourbée; pl. 15, fig. 35, 36.
Se trouve dans les marécages.

Figures groffies diverfement fituées; (*a*) poils de l'extrémité antérieure; (*b*) queue droite & recourbée; (*c*) angle du ventre.

67. TRICODE *lapin.* Dict.

T. oblongue, aplatie, velue en avant, extrémité poftérieure terminée en pointe; pl. 15, fig. 37.
Se trouve dans les eaux les plus pures.

Figure groffie; (*a*) extrémité antérieure velue; (*b*) poftérieure terminée en pointe; (*c*) véficules internes.

Figura ampliata; (*a*) caput crinitum; (*b*) collum fubarcuatum; (*c*) globuli interaneorum , aut ova ; (*d*) cauda ; (*e*) pili penicilliformes.

63. TRICHODA *mufculus.*

T. oblongo-ovata, antice crinita, poftice fubtus caudata, tab. 15, fig. 28-30.

Reperitur in infufo feni, poft plures feptimanas.

Figuræ auctæ. (28, 30) T. *mufculi* à latere confpectæ. (29) Alia à dorfo vifa; (*a*) extremitas antica crinita; (*b*) cauda recta aut inflexa.

64. TRICHODA *delphis.*

T. complanato clavata, fronte crinita, cauda acuminata fubreflexa , tab. 15, fig. 31, 32.
Reperitur in aqua fluviali.

Figuræ auctæ variè fitæ; (*a*) pili antici ; (*b*) cauda; (*c*) tuberculum.

65. TRICHODA *delphinus.*

T. oblonga, antice crinita, cauda reflexa truncata; tab. 15, fig. 33, 34.

Reperitur in infufo feni, poft duas feptimanas.

Figuræ ampliatæ. (33) T. *delphinus* cauda perpendiculariter flexa. (34) Altera, cauda obliquè dorfo incumbente; (*a*) pili extremitatis anticæ; (*b*) apex caudæ dilatatus.

66. TRICHODA *clava.*

T. clavata, antice craffa crinita, poftice anguftata reflexilis; tab. 15, fig. 35, 36.

Reperitur in paludofis.

Figuræ auctæ diverfè fitæ; (*a*) pili extremitatis anticæ; (*b*) cauda recta & inflexa; (*c*) angulus ventralis.

67. TRICHODA *cuniculus.*

T. oblonga complanata, antice crinita ; poftice fubacuminata; tab. 15, fig. 37.

Reperitur in aquis purioribus.

Figura aucta; (*a*) extremitas antica crinita ; (*b*) poftica fubacuminata; (*c*) veficulæ interaneorum.

68. TRICODE _chatte_. Dict.

T. arquée épaisse, rétrécie en avant, queue atténuée, ventre velu sur toute sa longueur; pl. 16, fig. 1.
On ignore l'endroit où on trouve cette espèce.

Figure grossie; (a) poils de l'extrémité antérieure; (b) la queue; (c) les poils du ventre.

68. TRICHODA _felis_.

T. curvata, crassa, antice angustior, postice in caudam attenuata, subtus longitudinaliter crinita; tab. 16, fig. 1.
Locus natalis hujusce speciei ignoratur.

Figura aucta; (a) pili extremitatis anticæ; (b) cauda; (c) pili ventrales.

69. TRICODE _poisson_. Dict.

T. oblongue aplatie, velue en avant, terminée en arriere par une queue très-fine, pl. 16, fig. 2--5.
Se trouve dans l'eau douce avec la _lenticule_.

Figures grossies, représentant la T. _poisson_ diversement située; (a) extrémité antérieure velue; (b) la queue; (c) la face convexe; (d) la face concave; (e) échancrure qui se présente sur quelques individus.

69. TRICHODA _piscis_.

T. oblonga, complanata, antice crinita, postice in caudam exquisitam attenuata; tab. 16, fig. 2--5.
Reperitur in aquis, ubi _lemna_.

Figuræ auctæ T. _piscem_ diversè sitam repræsentantes; (a) extremitas antica crinita; (b) cauda, (c) pagina convexa; (d) pagina concava; (e) sinus in quibusdam occurens.

70. TRICODE _goéland_. Dict.

T. cylindrique oblongue, tronc velu, queue fendue en deux pointes; pl. 16 fig. 6--8.
Se trouve dans l'eau de riviere.

Figures grossies représentant la T. _goéland_ en diverses positions; (a) la tête; (b) le col; (c) les poils du dos; (d) les deux pointes de la queue; (e) les poils du ventre.

70. TRICHODA _larus_.

T. teres, elongata, trunco crinito, cuspide caudali duplici, tab. 16, fig. 6--8.
Reperitur in aqua fluviali.

Figuræ auctæ T. _larum_ diversè sitam ostendentes; (a) caput; (b) collum; (c) pili dorsales; (d) binæ cuspides caudæ; (e) pili ventrales.

71. TRICODE _longue-queue_. Dict.

T. cylindracée, tronquée en avant & velue, queue longue biarticulée, terminée par deux soyes; pl. 16 fig. 9--11.
Se trouve dans les marais.

Figures grossies. (9) T. _longue-queue_ étendue. (10, 11) Deux autres ayant la tête contractée & courbée; (a) les poils; (b) la tête; (c) l'organe de la déglutition; (d) l'ésophage; (e) les deux articulations de la queue; (f) les deux soyes de la queue écartées; (g) les mêmes se croisant.

71. TRICHODA _longicauda_.

T. cylindracea, antice truncata & crinita, cauda elongata biarticulata, biseta; tab. 16, fig. 9--11.
Reperitur in paludosis.

Figuræ auctæ. (9) T. _longicauda_ recta extensa. (10, 11) Binæ aliæ capite flexo correpto; (a) pili (b) caput; (c) musculus deglutorius; (d) œsophagus; (e) bini caudæ articuli; (f) setæ binæ caudales extensæ & dimotæ; (g) setæ caudales cruciatim sibi impositæ.

72. TRICODE _fixe_. Dict.

T. Sphérique, bordé de poils sur toute sa circonférence, terminé en arriere par un fil fourchu à son extrémité; pl. 16 fig. 12, 13.
Trouvé dans l'eau des rivages.

Figures grossies. (12) T. _fixe_ pedicellée. (13) La même enveloppée par une _Lucophre signalée_; (a) poils de la circonférence; (b) fil postérieur; (c) base fourchue; (d) _Tricode fixe_; (e) _Lucophre signalée_.

72. TRICHODA _fixa_.

T. sphærica, peripheria crinita, postice filo basi furcato pedicellata; tab. 16, fig. 12, 13.
Reperta in aqua litorali.

Figuræ auctæ. (12) T. _fixa_ pedicellata. (13) Eadem _Leucophra signata_ agglutinata; (a) pili peripheriæ, (b) Filum caudale? (c) basis bifurcata; (d) _Trichoda fixa_; (e) _Leucophra signata_.

73. TRICODE *locataire.* Dict.

T. contenue dans un fourreau cylindrique diaphane, pédicule se tortillant dans le fond du fourreau ; pl. 16 fig. 14--17.
Se trouve dans l'eau de mer récente & pure, comme aussi dans celle qui a été longtems gardée.

Figures grossies. (14) T. *locataire* dressée au haut du fourreau. (15) Autre divisée en deux animalcules contenus dans le même fourreau, & pourvus d'un pédicule. (16) Autre remplissant presque en totalité la cavité du fourreau. (17) Autre rentré dans le fond du fourreau, dont des *Monades* occupent les parois.

(14 , *a*) Le corps de l'animalcule ; (*h*) l'extrémité inférieure du fourreau ; (*c*) le pédicule. (15 , 16 , *a*) Les poils de l'extrémité antérieure épanouis ; (*b*) l'extrémité inférieure du fourreau ; (*c*) le pédicule ; (*d*) le corps de l'animalcule raccourci. (17 , *a*) le corps de l'animalcule rentré au fond du fourreau ; (*b*) *Monades* attachées aux parois du fourreau.

74. TRICODE *propriétaire.* Dict.

T. contenue dans un fourreau comprimé élargi au bas, & fixée à sa base, pl. 16. fig. 18--10.
Se trouve dans l'eau de mer.

Figures grossies. (18 , 19) T. *propriétaires* étendues. (20) Autre contractée dans l'intérieur du fourreau ; (*a*) fourreau diaphane ; (*b*) animalcule ; (*c*) poils de l'extrémité antérieure ; (*d*) queue atténuée, adhérente au fond du fourreau.

75. TRICODE *innée.* Dict.

T. contenue dans un fourreau cylindrique, pedicule situé à la base externe du fourreau ; pl. 16, fig. 21--24.
Se trouve dans l'eau de mer.

Obs. cette espèce & les deux précédentes paroissent devoir former un genre distinct de celui de la *tricode*, & de celui de la *vorticelle.*

Figures grossies. (21 , 22) T. *innées* dans leur situation naturelle ; (*a*) le fourreau diaphane ; (*b*) l'animalcule ; (*c*) les poils de l'extrémité antérieure ; (*d*) le pédoncule ou la queue ; (*e*) les trois pointes dont elle est terminée.

(23 , 24) T. *innées* rentrées dans leur fourreau ; (*a*) le fourreau ; (*b*) l'extrémité antérieure de l'animalcule rentré ; (*d*) le pédicule ; (*e*) les pointes.

76. TRICODE *transfuge.* Dict.

T. élargie, velue en avant, queue aplatie

---

73. TRICHODA *inquilina.*

T. vaginata, folliculo cylindrico hyalino, pedicello intra folliculum retortili ; tab. 16, fig. 14--17.
Reperitur in aqua marina recenti & pura, etiam in non renovata & longo tempore servata.

Figuræ auctæ. (14) T. *inquilina* in extremum usque folliculi porrecta. (15) Alia induos pullos jam divisa u:roque intra folliculum commune habitante & pedicellato. (16) Altera cavitatem folliculi ferè adimplens. (17) Alia in fundo folliculi retracta, cujus margines occupant *monades.*

(14 , *a*) Corpus animalculi ; (*b*) extremitas inferior folliculi ; (*c*) pedicellus. (15 , 16 , *a*) pili extremitatis anticæ exserti ; (*b*) extremitas infera folliculi ; (*c*) pedicellus ; (*d*) corpus animalculi correpti. (17 , *a*) Corpus animalculi in fundo folliculi retractum ; (*b*) *monades* folliculo agglutinatæ.

74. TRICHODA *ingenita.*

T. vaginata folliculo depresso basi latiore sessilis ; tab. 16, fig. 18--20.

Reperitur in aqua marina.

Figuræ ampliatæ ; (18, 19) T. *ingenita* extensæ. (20) Alia correpta in medio folliculo ; (*a*) folliculus ; (*b*) animalculum ; (*c*) pili extremitatis anticæ ; (*d*) cauda attenuata fundo folliculi innata.

75. TRICHODA *innata.*

T. vaginata folliculo cylindrico, pedicello extra folliculum sito ; tab. 16, fig. 21--24.

Reperitur in aqua marina.

Obs. hæc species & duo præcedentes videntur distinguendæ à genere *trichoda* sicuti à genere *vorticella.*

Figuræ auctæ. (11, 22) T. *innatæ* in situ naturali extensæ ; (*a*) folliculus hyalinus ; (*b*) animalculum extensum ; (*c*) pili extremitatis anterioris ; (*d*) pedunculus seu cauda ; (*e*) cuspides tres quibus extrema cauda munitur.

(23, 24) T. *innata* intra folliculum correptæ ; (*a*) folliculus ; (*b*) extremitas antica animalculi correpta ; (*d*) pedicellus ; (*e*) cuspides.

76. TRICHODA *transfuga.*

T. latiuscula, antice crinita, cauda altero
       echancrée

échancrée d'un côté, mucronée de l'autre, garnie de foyes au deſſous; pl. 16, fig. 25, 26.
Fut trouvée dans de l'eau de mer gardée pluſieurs jours.

Figures groſſies. (25) Deux T. *transfuges* accouplées. (26) Autre ſimple un peu élargie; (*a*) extrémité antérieure garnie de poils; (*b*) le tronc parſemé de molécules; (*c*) la queue garnie de quelques ſoyes.

77. TRICODE *ciliée*. Dict.

T. preſque triangulaire, ventrue, ciliée, extrémité poſtérieure garnie d'un rang de poils longs, pl. 16, fig. 27--29.
Se trouve dans l'eau de la *moule commune*.

Figures groſſies. (28) T. *ciliée* de forme triangulaire ciliée à ſa ſuperficie, ſans poils à ſon extrémité poſtérieure. (27, 29) Deux T. *ciliées* de forme plus allongée, garnies ſur leur face poſtérieure d'un rang de poils longs; (*a*) partie antérieure; (*b*) poſtérieure.

78. TRICODE *bulle*. Dict.

T. membraneuſe, les bords recourbés, terminée aux extrémités par une houppe de poils; pl. 16, fig. 30.

Obſ. Cette eſpece ne différe de la *burſaire repliée* que par les houppes de poils de ſes extrémités. Se trouve dans les eaux où croît la *lenticule*.

Figure groſſie; (*a*) extrémité antérieure; (*b*) poſtérieure; (*c*) les deux bords recourbés en dedans.

79. TRICODE *pellionelle*. Dict.

T. cylindracée, extrêmité antérieure velue, poſtérieure garnie de ſoyes; pl. 16, fig. 31.
Se trouve dans les infuſions végétales.

Figure groſſie; (*a*) poils antérieurs; (*b*) ſoyes poſtérieures.

80. TRICODE *cycloïde*. Dict.

T. ovoïde, fendue en avant, les deux extrémités velues; pl. 16, fig. 32, 33.
Se trouve dans les infuſions végétales.

Figures groſſies. (32) T. *cycloïde* dont la fente antérieure eſt fermée. (33) La même dont la fente antérieure eſt ouverte; (*a*) partie antérieure velue; (*b*) poſtérieure.

---

latere ſinuata, altero mucronata; infernè ſetoſa; tab. 16, fig. 25, 26.

Reperta in aqua marina plures dies ſervata.

Figuræ ampliatæ. (25) Duo T. *transfugæ* copula junctæ. (26) Altera ſimplex parum dilatata; (*a*) extremitas anterior piloſa; (*b*) truncus moleculis impletus; (*c*) cauda ſetis munita.

77. TRICHODA *ciliata*.

T. ſubtriangularis, ventricoſa, undique ciliata, poſtice crinibus longis pectinata; tab. 16, fig. 27--29.
Reperitur in aqua *mytili edulis*.

Figuræ auctæ. (28) T. *ciliata* figura triangulari, undique ciliata, pilis pectinatis poſtice denudata. (27, 29) Duo T. *ciliatæ* figura magis elongata, poſtice ſerie unica pilorum pectinatæ; (*a*) pars antica; (*b*) pars poſtica.

78. TRICHODA *bulla*.

T. membranacea, lateribus inflexis, antice & poſtice crinita; tab. 16, fig. 30.

Obſ. A *burſaria duplella* differt hæc ſpecies pilis tantum quibus antice & poſtice micat. Reperitur in aquis cum *lemna*.

Figura aucta; (*a*) extremitas anterior; (*b*) poſterior; (*c*) laterum margines inflexi.

79. TRICHODA *pellionella*.

T. cylindracea, antice crinita, poſtice ſetoſa, tab. 16, fig. 31.

Reperitur in infuſo vegetabilium.

Figura aucta; (*a*) pili anteriores; (*b*) ſetæ poſteriores.

80. TRICHODA *cyclidium*.

T. ovata, antice fiſſa, extremitatibus crinitis; tab. 16, fig. 32, 33.
Reperitur in infuſione vegetabilium.

Figuræ auctæ. (32) T. *cyclidium* rima anteriori clauſa. (33) Eadem rictu anteriori aperto; (*a*) pars antica crinita; (*b*) poſtica.

---

81. TRICODE *coureuse*. Dict.

T. ovale oblongue, velue en avant, extrémité postérieure, garnie de deux faisceaux de poils, les uns droits, les autres courbes; pl. 16, fig. 34.
Trouvée dans de l'eau de mer, qui avoit été gardée deux mois.

Figure grossie; (*a*) poils de l'extrémité antérieure; (*b*) bande diaphane; (*c*) faisceau de poils courbes; (*d*) faisceau de poils droits.

81. TRICHODA *cursor*.

T. ovato-oblonga, antice crinita, postice duplici pilorum strictorum & curvorum fasciculo munita; tab. 16, fig. 34.

Reperta in aqua marina, duos menses servata.

Figura aucta; (*a*) pili extremitatis anterioris; (*b*) area antica hyalina; (*c*) fasciculus pilorum curvatorum; (*d*) fasciculus pilorum strictorum.

82. TRICODE *puce*. Dict.

T. oblongue-ovale, échancrée au dessous du sommet, les deux extrémités velues; pl. 16, fig. 35, 36.
Se trouve dans les eaux douces sous la *lenticule*.

Figures grossies. (35) T. *puce* dans la forme sous laquelle elle se présente le plus souvent. Autre variété de la même espèce dont la forme est plus ovoïde, & l'échancrure plus profonde; (*a*) extrémité antérieure velue; (*b*) postérieure; (*c*) échancrure.

82. TRICHODA *pulex*.

T. oblongo-ovata, infra apicem incisa, fronte & basi crinita; tab. 16, fig. 35, 36.

Reperitur in aquis sub *lemna*.

Figuræ auctæ. (35) T. *pulex* eadem forma qua plerumque occurrit. (36) Alia ejusdem speciei varietas cujus figura ad ovatam magis accedit & cujus incisura profundior; (*a*) extremitas antica crinita; (*b*) postica; (*c*) incisura.

83. TRICODE *lyncée*. Dict.

T. presque carrée, bec crochu, bouche velue, extrémité postérieure garnie de soyes; pl. 16, fig. 37, 38.
Se trouve dans l'eau douce, gardée quelques mois.

Figures grossies. T. *lyncée* solitaire. (38) Deux T. *lyncées* accouplées par leur extrémité postérieure; (*a*) bec crochu; (*b*) bouche velue; (*c*) soyes de l'extrémité postérieure.

83. TRICHODA *lynceus*.

T. subquadrata, rostro adunco, ore crinito, basi setosa; tab. 16. fig. 37, 38.

Reperitur in aqua dulci, plures menses servata.

Figuræ auctæ. (37) T. *lynceus* solitaria. (38) Duo T. *lyncei* copula per extremitatem posticam adherentes; (*a*) rostrum aduncum; (*b*) os crinitum; (*c*) setæ extremitatis posticæ.

84. TRICODE *écusson*. Dict.

T. orbiculaire, échancrée en avant, un des bords velu, face postérieure garnie de soyes; pl. 16, fig. 39-42.
Se trouve dans l'eau des rivieres.

Figures grossies représentant la *tricode écusson* dans diverses positions; (*a*) poils d'un des côtes; (*b*) soyes de l'extrémité postérieure; (*c*) échancrure antérieure.

84. TRICHODA *erosa*.

T. orbicularis, antice emarginata, altero latere crinita, postice setosa; tab. 16, fig. 39-42.
Reperitur in aquis fluvialibus.

Figuræ auctæ T. *erosam* varie sitam repræsentantes; (*a*) pili unilaterales; (*b*) setæ extremitatis posticæ; (*c*) pars anterior emarginata.

85. TRICODE *rostrée*. Dict.

T. comprimée, variable, jaunâtre, munie de poils & de soyes pédiformes; pl. 17, fig. 1-3.
Se trouve dans l'infusion ancienne de *lenticule*.

85. TRICHODA *rostrata*.

T. depressa, mutabilis, flavescens, pilis, setisque pediformibus; tab. 17, fig. 1-3.

Reperitur in aqua *lemnæ* servata.

Figures groffies. (1) T. *roftrée* avec le bec alongé. (2) La même avec le bec rentré à moitié. (3) La même dont le bec eft rentré en totalité ; (*a*) le bec ; (*b*) les foyes pediformes ; (*c*) les longs poils.

Figuræ auctæ. (1) T. *roftrata* roftro exferto. (2) Eadem roftro fubcondito. (3) Eadem roftro plenè condito ; (*a*) roftrum ; (*b*) fetæ pediformes ; (*c*) pili longi.

86. TRICODE *bouteille*. Dict.

T. cylindrique, ventrue en arriere & garnie de foyes, bec diaphane prolongé en avant ; pl. 17, fig. 4, 5.
Se trouve avec la précédente.

Figures groffies ; (*a*) bec antérieur ; (*b*) foyes poftérieures.

86. TRICHODA *lagena*.

T. cylindrica, poftice ventricofa fetofa, roftro producto hyalino ; tab. 17, fig. 4, 5.

Reperitur cum præcedente.

Figuræ auctæ ; (*a*) roftrum anticum ; (*b*) fetæ pofteriores.

87. TRICODE *caron*. Dict.

T. en forme de nacelle fillonée longitudinalement, les extrémités velues ; pl. 17, fig. 6-14.
Se trouve dans l'eau de mer très-pure, comme dans celle qui eft corrompue.

Figures groffies. (6) T. *caron* vue au dos. (7) Vue au ventre. (8) Vue fur le côté. (9) La même enceinte, dont l'ovaire eft tranfparent. (10) Autre dont l'ovaire eft opaque. (11) Ovaire détaché. (12) Deux T. *carons* réunies par leur extrémité poftérieure. (13) Autres réunies par les bords du dos. (14) Autres réunies de manière que l'extrémté fupérieure de l'une eft attachée à l'extrémité inférieure de l'autre ; (*a*) partie antérieure garnie de poils ; (*b*) partie poftérieure garnie de foyes ; (*c*) foffette du ventre ; (*d*) ovaire tranfparent ; (*e*) ovaire opaque ; (*f*) globule opaque de l'ovaire.

87. TRICHODA *charon*.

T. cymbiformis, longitudinaliter fulcata, antice & poftice crinita ; tab. 17. fig. 6-14.

Reperitur in aqua marina pura, & etiam in aqua marina maxime fetida.

Figuræ auctæ ; (6) T. *charon* dorfo confpecta. (7) Ventre vifa. (8) Latere objecta. (9) Mater gravida ovario pellucido, (10) Altera mater ovario opaco. (11) ovarium de corpore folutum. (12) Binæ T. *charontes* partibus pofticis cohærentes. (13) Aliæ dorfi margine paralelle coalitæ. (14) Aliæ longitudinaliter cohærentes, ita ut aliæ pars anterior adhæreat poft cæ parti alterius ; (*a*) pars anterior pilofa ; (*b*) pars pofterior fetofa ; (*c*) pars ventris concava, feu foffa ventralis ; (*d*) ovarium pellucidum ; (*e*) ovarium opacum ; (*f*) ovarii globulus opacus.

88. TRICODE *punaife*. Dict.

T. ovale, luifante fur les bords, garnie de poils aux extrémités ; pl. 17, fig. 15-18.
Se trouve dans les infufions végétales.

Figures groffies. (15, 16) T. *punaifes* nageant vues dans deux pofitions différentes. (17) Autre marchant à l'aide de fes poils, comme avec des pieds. (18) Deux T. *punaifes* accouplées ; (*a*) poils courbés de l'extrémité antérieure ; (*b*) poils droits de l'extrémité poftérieure ; (*c*) échancrure du bout antérieur ; (*d*) dos convexe ; (*e*) poils antérieurs relevés vers le dos ; (*f*) corps fur lequel l'animalcule marche ; (*g*) point par où fe fait l'accouplement ; (*h*) le ventre.

88. TRICHODA *cimex*.

T. ovalis, marginibus lucidis, antice & poftice crinita ; tab. 17, fig. 15-18.
Reperitur in infufo vegetabili.

Figuræ ampliatæ. (15, 16) T. *cimices* natantes duplici fitu confpectæ. (17) Alia pilis, ficuti totidem pedibus, ambulans. (18) Binæ T. *cimices* copula junctæ ; (*a*) pili arcuati extremitatis anterioris ; (*b*) pili ftricti extremitatis pofterioris ; (*c*) incifio partis anticæ ; (*d*) dorfum convexum ; (*e*) pili antici verfus dorfum porrecti ; (*f*) objecta quibus incedit animalculum ; (*g*) locus cohæfionis in copula ; (*h*) venter.

89. TRICODE *cigale*. Dict.

T. ovale, bordée d'obfcur, velue devant & deffous, denuée de poils en arriere ; pl. 17, fig. 19-20.
Se trouve dans l'eau de riviere.

Figures groffies. (19) Deux T. *cigales* nageant ; on a répeté ici par mégarde le num. 18. (20) Deux

89. TRICHODA *cicada*.

T. ovalis, marginibus obfcuris, antice & fubtus crinita, poftice mutica ; tab. 17, fig. 19, 20.
Reperitur in aqua fluviali.

Figuræ auctæ. (19) T. *cicada* natantes ; hic pro errore num. 18 duplicavit fculptor. (20) Binæ T. *ci-*

T. *cigales* marchant à l'aide de leurs poils ; (a) poils de l'extrémité antérieure ; (b) partie postérieure dénuée de poils ; (c) dos convexe de ces animalcules pendant qu'ils marchent ; (d) corps sur lesquels ils marchent.

cadæ pilis deambulantes ; (a) pili extremitatis anterioris ; (b) pars posterior pilis denudata ; (c) dorsum animalculorum convexum sub incessu ; (d) objecta quibus incedunt.

14. KERONE.

Caract. du genre.

Ver microscopique, muni sur une partie de sa superficie de piquants courbés, semblables à des cornes (*).

1. KERONE *rateau.* Dict.

K. orbiculaire, membraneuse, formant un angle sur le côté, une des faces garnie de trois rangs de cornes ; pl. 17, fig. 1, 2.
Se trouve dans l'eau de riviere, & dans celle de mer.

Figures grossies. (1) K. *rateau* fluviatile, (2) K. *rateau* marine vues l'une & l'autre du côté des cornes, mais dans deux positions différentes ; (a) angle marginal, (b) petites cornes.

2. KERONE *carrée,* Dict.

K. presque quadrangulaire, bec obtus, disque armé de cornes brillantes ; pl. 17, fig. 3-6.
Se trouve dans l'eau de mer, longtems gardée.

Figures grossies représentant quatre de ces animalcules dans diverses positions.

3. KERONE *masquée.* Dict.

K. ovale-oblongue, armée en avant de cornes noires semblables à des points, partie postérieure munie de pinnules longitudinales ; pl. 17, fig. 7, 8.
Se trouve parmi les *conferves* des rivières.

(7) K. *masquée* grossie. (8) La même plus grossie ; (a) points noirs de l'extrémité antérieure ; (b) cornes noires à la place des points ; (c) poils de l'extrémité antérieure ; (d) aiguillon situé sur un côté du corps ; (e) globules transparents ; (f) pinnules de l'extrémité postérieure.

14. KERONA.

Charact. generis.

Vermis inconspicuus, in quadam superficiei parte aculeis corniformibus munitus (*).

1. KERONA *rastellum.*

K. orbicularis, membranacea, hinc angulata, altera pagina serie triplici corniculata ; tab. 17, fig. 1, 2.
Reperitur in aqua fluviali, & in marina.

Figuræ aucta magnitudine. (1) K. *rastellum* fluviatilis, (2) K *rastellum* marina ; ambo conspectæ a facie corniculorum, situ vario ; (a) angulus marginalis ; (b) cornicula.

2. KERONA *lyncaster.*

K. subquadrata, rostro obtuso, disco corniculis micantibus, tab. 17, fig. 3-6.
Reperitur in aquâ marina diù servata.

Figuræ auctæ, animalcula quatuor diversè sita repræsentantes.

3. KERONA *histrio.*

K. ovato-oblonga, antice corniculis nigris punctiformibus, postice pinnulis longitudinalibus instructa ; tab. 17, fig. 7, 8.

Reperitur inter *conservas* fluviales.

(7) K. *histrio* aucta. (8) Eadem magis aucta ; (a) puncta nigra partis auricæ ; (b) cornicula nigra declarata ; (c) pili extremitatis anterioris ; (d) mucro ad latus alterum situs ; (e) globuli pellucentes ; (f) pinnuæ extremitatis posticæ.

(*) Muller a désigné sous le nom de *cornes,* des productions coniques, pointues, légèrement arquées, plus longues que des *cils,* plus larges que des *poils,* lesquelles ne sont point flexibles comme des *soyes* ou des *cirres,* mais sont au contraire roides & paroissent dures à cause de leur inflexibilité.

(*) *Mullerus* corniculorum nomine designavit productiones conicas, acutas, paululum arcuatas, *ciliis* longiores, *pilis* latiores, quæ nec flexiles sunt sicut *setæ* aut *cirri,* sed rigidiores & duræ apparent ob inflexibilitatem.

4. KERONE *cypris.* Dict.

K. obverfe-ovale, velue en avant & armée de cornes, extrémité poftérieure velue, échancrée fur un des côtés, pl. 17, fig. 9, 10.
Se trouve dans les eaux douces parmi la *lenticule.*

Figures inégalement groffies ; (*a*) poils de l'extrémité antérieure ; (*b*) petites cornes ; (*c*) échancrure latérale ; (*d*) poils de l'extrémité poftérieure, dreffés ; (*e*) poils d'un des côtés, inclinés.

5. KERONE *fébile.* Dict

K. orbiculaire, armée de cornes vers le milieu, extrémité antérieure membraneufe velue, poftérieure garnie de foyes ; pl. 17, fig. 11—15.
Se trouve dans l'eau de mer.

Figures groffies. (11) K. *fébile* vue fur fa face concave. (12-15) Autres vues fur leur face convexe dans des pofitions différentes ; (*a*) partie antérieure membraneufe velue ; (*b*) face convexe ; (*c*) petite papille du bord poftérieur ; (*d*) cinq, fix ou fept foyes mobiles ; (*e*) petites cornes placées vers le milieu du corps.

6. KERONE *foucoupe,* Dict.

K. orbiculaire, armée de cornes vers le milieu, extrémité antérieure membraneufe velue, poftérieure nue, pl. 17, fig. 16, 17.
Se trouve dans les eaux douces parmi la *lenticule.*

Figures groffies ; (*a*) partie antérieure membraneufe velue ; (*b*) partie poftérieure opaque nue ; (*c*) petites cornes ; (*d*) deux véficules tranfparentes.

7. KERONE *patelle.* Dict.

K. univalve prefque orbiculaire, extrémité antérieure échancrée armée de cornes, poftérieure munie de foyes pendantes, pl. 18, fig. 1-5.
Se trouve dans les marais.

Figures groffies. (1) K. *patelle* vue au dos. (2) Autre vue au ventre. (3) Autre nageant, préfentée de côté. (4) Autre marchant. (5) Variété de la même efpèce dont la figure eft prefque carrée ; (*a*) partie antérieure échancrée ; (*b*) petites cornes ; (*c*) corps de l'animalcule charnu ; (*d*) corps en forme de croiffant ; (*e*) convexité de la valve qui recouvre le corps de l'animalcule ; (*f*) foyes poftérieures ; (*g*) matiere fur laquelle l'animalcule marche.

---

4. KERONA *cypris.*

K. obverfe-ovata, antice crinita corniculis mucronata, poftice crinita, altero margine finuata ; tab. 17, fig. 9-10.

Reperitur in aquis dulcibus *lemna obtectis.*

Figuræ inæqualiter ampliatæ ; (*a*) pili extremitatis anterioris ; (*b*) cornicula ; (*c*) finus lateralis ; (*d*) pili extremitatis pofterioris porrecti ; (*e*) pili lateris alterius deflexi.

5. KERONA *hauftrum.*

K. orbicularis, medio corniculata, antice membranacea crinita, poftice fetofa ; tab. 17, fig. 11--15.

Reperitur in aquâ marina.

Figuræ auctæ. (11) K. *hauftrum* è latere concavo confpecta. (12-15) Quatuor aliæ vario fitu & è latere convexo profpectæ ; (*a*) pars anterior membranacea crinita ; (*b*) pars pulvinata ; (*c*) papillula pofterior ; (*d*) fetæ quinque, fex aut feptem mobiles (*e*) cornicula verfus medium fita.

6. KERONA *hauftellum.*

K. orbicularis, medio corniculata, antice membranacea crinita, poftice mutica, tab. 17, fig. 16, 17.
Reperitur in aqua dulci inter *lemnam.*

Figuræ auctæ ; (*a*) pars antica membranacea crinita ; (*b*) pars poftica opaca mutica ; (*c*) cornicula ; (*d*) veficulæ binæ pellucentes.

7. KERONA *patella.*

K. univalvis fuborbiculata, antice emarginata corniculata, poftice fetis flexibilibus pendulis ; tab. 18, fig. 1-5.

Reperitur in aquâ paluftri.

Figuræ auctæ. (1) K. *patella* dorfo vifa. (2) Alia ventre confpecta. (3) Alia à latere natans. (4) Alia ope fetarum pofticarum ut pedum ambulans. (5) Varietas figura fubquadrata ; (*a*) pars anterior emarginata ; (*b*) cornicula ; (*c*) corpus animalculi pulpofum ; (*d*) figura lunaris teftæ adnata ; (*e*) convexitas teftæ qua corpus animalculi munitur ; (*f*) fetæ pofteriores flexiles ; (*g*) objecta quibus incedit animalculum.

8. KERONE crible. Dict.

K. ovale un peu comprimée, garnie de cornes en avant, de soyes en arriere, un des bords recourbé, l'autre cilié; pl. 18, fig. 6, 7.
Habite dans l'eau de mer.

Figures grossies. (6) K. crible solitaire. (7) Deux K. cribles accouplees par leur extrémité postérieure; (a) cornes antérieures; (b) soyes postérieures; (c) bord recourbé dans lequel on distingue des petits grains; (a) bord cilié.

9. KERONE poulet. Dict.

K. presque ovoïde, extrémité antérieure rétrécie recourbée armée de cornes, postérieure velue; pl. 18, fig. 8-10.
Se trouve dans l'eau où croît la lenticule.

(8, 9, 10) K. poulets grossies vues dans des situations différentes; (a) cornes de la tête; (b) poils de l'extrémité postérieure tantôt réunis, tantôt épanouis; (c) poils de l'extrémité antérieure; (d) poils du dos; (e) poils du ventre.

10. KERONE moule. Dict.

K. presque en forme de massue, pourvue de cornes en avant, de soyes en arriere, extrémités élargies diaphanes ciliées, pl. 18, fig. 11-14.
Se trouve dans l'eau conservée long-temps dans des bocaux.

Figures grossies. (11, 12) K. moules diversement situées. (13) Variété de cet animalcule dont le corps est par-tout cilié. (14) Autre dont la figure est ovoïde; (a) petites cornes; (b) cils de l'extrémité antérieure; (c) cils de l'extrémité postérieure; (d) soyes droites; (e) rang longitudinal de globules, situé à la droite de l'animalcule.

11. KERONE lievre. Dict.

K. ovoïde, extrémité antérieure ciliée, postérieure velue; pl. 18, fig. 17-20.
Se trouve dans les infusions animales & végétales.

Figures grossies. (17) K. lièvre simple. (18) Autre commençant à se diviser par une fente longitudinale (19) Autre dont la division a dépassé le milieu du corps; (20) Autre dont la division est presque terminée; (a) cils de l'extrémité antérieure; (b) poils de l'extrémité postérieure, désignés improprement sous le nom de soyes par Muller.

12. KERONE silure. Dict.

K. oblongue-ovale, velue en avant, terminée

FUSOIRES.

8. KERONA vannus.

K. ovalis subdepressa, antice corniculata, postice setosa, margine altero flexo, opposito ciliato; tab. 18, fig. 6, 7.
Habitat in aquâ marina.

Figuræ ampliatæ. (6) K. vannus solitaria. (7) Duo in copula extremitatibus posticis connexæ; (a) cornicula antica; (b) setæ posticæ; (c) margo inflexus intra quem granula conspiciuntur; (d) margo ciliatus.

9. KERONA pullaster.

K. subovata, antice attenuata curvata corniculata, basi crinita; tab. 18, fig. 8, 10.

Reperitur in aquâ sub lemna.

(8, 9, 10) Figuræ auctæ vario situ conspectæ; (a) cornicula capitis; (b) pili extremitatis posterioris nunc aggregati nunc patuli; (c) pili extremitatis anterioris; (d) pili dorsi; (e) pili ventris.

10. KERONA mytilus.

K. subclavata, corniculata, postice setosa, utraque extremitate dilatata hyalina ciliata; tab. 18, fig. 11-14.

Reperitur in aqua diù in vasis servata.

Figuræ auctæ. (11, 12) K. mytili diversè siti. (13) Varietas ejusce speciei undique ciliata. (14) Altera figura ovata; (a) cornicula; (b) cilia extremitatis anterioris; (c) cilia postica; (d) setæ porrectæ (e) series globulorum aut nodulorum longitudinalis ad dexteram animalculi.

11. KERONA lepus.

K. ovata, apice ciliata, basi crinita; tab. 18, fig. 17-20.
Reperitur in infusione animali & vegetabili.

Figuræ auctæ. (17) K. lepus solitaria. (18) Alia initium divisionis per rimam longitudinaliem ostendens. (19) Altera plus quam ad medium corpus divisa. (20) Alia divisione fere peracta; (20) cilia extremitatis anterioris; (b) pili extremitatis posterioris, quos improprié setarum nomine designaverat Mullerus.

12. KERONA silurus.

K. oblongo-ovata, antice crinita, postice

en arriere par des foyes, le dos armé de cornes pl. 18, fig. 15, 16.
Trouvée dans de l'eau gardée quelques femaines dans un bocal rempli de *conferve*.

Obf. Cette efpèce & les deux fuivantes ont dans l'ouvrage de *Muller* des différences fpécifiques & des defcriptions qui ne conviennent pas en tout avec leurs figures, comme l'a très-bien obfervé M. *Fabricius*.

Figures groffies. (15) K. *filure* folitaire. (16) La même fe divifant vraifemblablement en travers; (*a*) poils de l'extrémité antérieure; (*b*) foyes poftérieures; (*c*) cornes du dos.

13. KERONE *chauve*. Dict.

K. oblongue élargie, munie de cornes brillantes fur le devant, terminée en arriere par deux foyes droites; pl. 18, fig. 21-23.
Se trouve dans les infufions végétales & dans l'eau de mer.

Figures groffies. (21, 22) Deux K. *chauves* fans poils vifibles, diverfement fituées. (23) Autre garnie de poils fur toute fa longueur; (*a*) les cornes; (*b*) la tache obfcure du côté droit; (*c*) les poils antérieurs; (*d*) les deux foyes poftérieures.

14. KERONE *puftuleufe*. Dict.

K. ovale, convexe, extrémités velues, antérieure armée de cornes, dos marqué d'une puftule longitudinale; pl. 18, fig. 24, 25.
Se trouve dans l'eau de mer.

Figures groffies. (24) K. *puftuleufe* folitaire. (25) Deux de ces animalcules fe divifant; (*a*) les poils antérieurs; (*b*) les cornes; (*c*) les poils de l'un des bords rangés comme autant de rayons; (*d*) la puftule du dos; (*e*) les poils droits de l'extrémité poftérieure.

15. HIMANTOPE.

Caract. du genre.

Ver microfcopique, tranfparent, muni de cirres (*) fur quelque partie de fa fuperficie.

(*) Les *cirres* font des organes moins nombreux que les *cils* ou les *poils*, plus longs que les *cornes*, plus flexibles & plus larges à leur bafe que les *foyes*.

setofa, dorfo corniculato; tab. 18, fig. 15, 16.
Reperta fuit in aqua aliquas feptimanas in vafculo *conferva* repleto fervata.

Obf. Hæc fpecies & duo fequentes in tractatu *Mulleri* differentiis fpecificis & defcriptionibus comitantur, quæ cum figuris adftantibus non conveniunt, ficut optimé obfervaverat *Fabricius*.

Figuræ auctæ. (15) K. *filurus* folitaria. (16) Eadem verofimiliter divifionem transverfalem moliens; (*a*) pili extremitatis anterioris; (*b*) fetæ pofteriores; (*c*) cornicula dorfalia.

13. KERONA *calvitium*.

K. oblonga latiuscula, antice corniculis micantibus poftice fetis binis ftrictis terminata; tab. 18, fig. 21-23.
Reperitur in infufo vegetabilium etiam in aquâ marina.

Figuræ auctæ. (21, 22) Binæ K. *calvitia* pilis abfconditis, diversè fitæ. (23) Alia fecundum longitudinem pilis utrinque-munita; (*a*) cornicula; (*b*) macula obfcura lateris dextri. (*c*) pili anteriores; (*d*) fetæ binæ pofteriores.

14. KERONA *puftulata*.

K. ovalis, convexa, utraque extremitate crinita, anteriore corniculata, dorfo puftula longitudinali notato; tab. 18, fig. 24, 25.
Reperitur in aqua marina

Figuræ auctæ. (24) K. *puftulata* folitaria. (25) Bina animalcula partitioni occupata; (*a*) pili antici; (*b*) cornicula; (*c*) pili radiantes marginis alterius; (*d*) puftula dorfalis; (*e*) pili recti extremitatis pofticæ.

15. HIMANTOPUS.

Charct. generis.

Vermis inconfpicuus, pellucidus, quadam fuperficiei parte cirratus (*).

(*) Organa *cirri* dicta, *ciliis* aut *pilis* pauciora funt, longiora *corniculis*, magis flexiles & bafi latiora quam *feta*.

1. HIMANTOPE. *puceron.* Dict.

H. ventru, pointu en avant, muni de cirres en arriere; pl. 18, fig. 1, 2.
Se trouve dans les eaux où croît la *lenticule.*

Figures grossies; (*a*) extrémité antérieure plus ou moins rétrécie; (*b*) les cils; (*c*) les cirres de l'extrémité postérieure.

2. HIMANTOPE *baladin.* Dict.

H. en forme de massue, muni de cirres en avant, queue relevée; pl. 18, fig. 3.
Trouvé dans l'eau des marais.

Figure grossie; (*a*) extrémité antérieure; (*b*) les cils du dos; (*c*) les cirres antérieurs; (*d*) les cirres du ventre; (*c*) le cirre de la queue; (*f*) la queue relevée.

3. HIMANTOPE *boufon.* Dict.

H. arqué, muni de cirres en avant, extrémité postérieure tronquée velue; pl. 18, fig. 4.
Se trouve dans les eaux douces avec la *lenticule.*

Figure grossie; (*a*) extrémité antérieure velue; (*b*) cirres antérieurs; (*c*) poils de l'extrémité postérieure.

4. HIMANTOPE *tourbillonant.* Dict.

H. en forme de croissant, extrémité antérieure munie de cirres; pl. 18, fig. 5.
On ignore le lieu natal de cette espèce.

Figure grossie; (*a*) cils du dos; (*b*) cirres pediformes.

5. HIMANTOPE *larve.* Dict.

H. oblong, retréci en arriere, milieu du corps garni de cirres; pl. 18, fig. 6.
Se trouve dans les lieux marécageux.

Figure grossie; (*a*) extrémité antérieure; (*b*) postérieure; (*c*) cirres de la partie moyenne du corps.

6. HIMANTOPE *filloné.* Dict.

H. en forme de nacelle, dos filloné, ventre enfoncé muni de cirres sur sa moitié postérieure; pl. 18, fig. 7.
Se trouve dans l'eau de mer.

Figure grossie; (*a*) poils de l'extrémité antérieure; (*b*) cirres de la moitié postérieure du ventre; (*c*) cavité du ventre.

1. HIMANTOPUS *acarus.*

H. ventrosus, antice acuminatus, postice cirratus; tab. 18, fig. 1, 2.
Reperitur in aqua, ubi *lemna* vegetat.

Figuræ auctæ; (*a*) extremitas antica magis vel minus attenuata; (*b*) cilia; (*c*) cirri postici.

2. HIMANTOPUS *ludio.*

H. clavatus, antice cirratus, cauda reflexa; tab. 18, fig. 3.
Repertus in aquis nemoralibus.

Figura ampliata; (*a*) extremitas antica; (*b*) cilia dorsalia; (*c*) cirri antici; (*d*) cirri ventrales; (*e*) cirrus caudalis; (*f*) cauda reflexa.

3. HIMANTOPUS. *sannio.*

H. incurvatus, antice cirratus, postice truncatus crinitus; tab. 18, fig. 4.

Reperitur in aqua ubi *lemna.*

Figura aucta; (*a*) extremitas anterior crinita; (*b*) cirri antici; (*c*) pili extremitatis posterioris.

4. HIMANTOPUS *volutator.*

H. lunatus, antice cirratus; tab. 18, fig. 5.

De loco natali hujus nihil indicavit *Mullerus.*

Figura aucta; (*a*) cilia dorsi; (*b*) cirri pediformes.

5. HIMANTOPUS *larva.*

H. elongatus, postice attenuatus, medio cirratus; tab. 18, fig. 6.
Reperitur in locis paludosis.

Figura aucta; (*a*) extremitas antica; (*b*) postica; (*c*) cirri partis mediæ corporis.

6. HIMANTOPUS *charon.*

H. cimbæformis, dorso sulcato; ventre foveato infra medium cirrato; tab. 18, fig. 7.

Reperitur in aqua marina.

Figura aucta; (*a*) pili extremitatis anterioris; (*b*) cirri partis posticæ ventris; (*c*) cavitas ventris.

7.

7. HIMANTOPE *couronne.* Dict.

H. demi-orbiculaire, comprimé, le milieu de chaque face latérale muni de cirres; pl. 18, fig. 8.
Se trouve dans l'eau de riviere.

Figure grossie; (*a*) poils de l'extrémité antérieure; (*b*) bord inférieur crénelé; (*c*) cirres d'une des faces; (*d*) deux filaments écartés; (*e*) poils du dos.

16. VORTICELLE.

Caractere du genre.

Ver nud, susceptible de contraction, pourvu en avant d'un organe rotifere (*).

1. VORTICELLE *verte.* Dict.

V. cylindracée, uniforme, opaque, verte; pl. 19, fig. 1-3.
Se trouve dans les eaux les plus pures.

(1) V. *verte* de grandeur naturelle. (2, 3) V. *vertes* grossies, diversement situées; (*a*) extrémité antérieure; (*b*) postérieure; (*c*) cils tournoyants.

2. VORTICELLE *sphéroïde.* Dict.

V. globuleuse, uniforme, opaque; pl. 19, fig. 4, 5.
Se trouve dans l'eau gardée avec de la *lenticule.*

Figures grossies; (*a*) extrémité antérieure; (*b*) postérieure; (*c*) cils tournoyants.

3. VORTICELLE *ceinte.* Dict.

V. trapeziforme, d'un noir verdâtre, opaque; pl. 19, fig. 6-9.
Se trouve dans les eaux marécageuses.

Figures grossies. (6) V. *ceinte* vue de côté. (7) La même vue en face. (8, 9) Deux individus de la variété en forme de rein diversement situés; (*a*) bande transversale luisante; (*b*) échancrures ciliées.

(*) L'organe rotifère des *vorticelles* & des *brachions* est composé de cils assez analogues à ceux de quelques *tricodes*, mais ils en différent essentiellement en ce que les cils des *vorticelles* ont un mouvement continu de rotation qui dure souvent plusieurs minutes, & que ceux des *tricodes* ne jouissent que d'un mouvement interrompu.

7. HIMANTOPUS *corona.*

H. semi-orbiculatus, depressus, medio utriusque paginæ cirrato; tab. 18, fig. 8.

Reperitur in aqua fluviali.

Figura aucta; (*a*) pili extremitatis anterioris; (*b*) margo inferior crenatus; (*c*) cirri paginæ observæ; (*d*) filamenta bina distantia; (*e*) pili dorsales.

16. VORTICELLA.

Charact. generis.

Vermis nudus, contractilis, antice organo rotatorio (*) donatus.

1. VORTICELLA *viridis.*

V. cylindracea, uniformis, opaca, viridis; tab. 19, fig. 1-3.
Reperitur in aquis purioribus.

(1) V. *viridis* naturali magnitudine. (2, 3) V. *virides* auctæ, diversè sitæ; (*a*) extremitas antica; (*b*) postica; (*c*) cilia rotantia.

2 VORTICELLA *sphæroidea.*

V. cylindrico-globosa, uniformis, opaca; tab. 19, fig. 4, 5.
Reperitur in aqua, cum *lemna* servata.

Figuræ ampliatæ; (*a*) extremitas anterior; (*b*) posterior; (*c*) cilia rotantia.

3. VORTICELLA *cincta.*

V. trapeziformis, nigro-viridis, opaca; tab. 19, fig. 6-9.
Reperitur in aquis palustribus.

Figuræ auctæ. (6) V. *cincta* latere conspecta. (7) Eadem anticè visa. (8, 9) Varietas reniformis duplici situ exposita; (*a*) cingulum transversum lucidum; (*b*) incisuræ ciliatæ.

(*) Organum rotatorium *vorticellarum* & *brachionorum* ciliis componitur, quarumdam *trichodarum* ciliis sat affinibus, sed in eo tamen differunt quod cilia *vorticellarum* motu rotatorio plura sæpè minuta durante vibrentur, dum cilia *trichodarum* motu interrupto tantum donentur.

4. VORTICELLE *lunulée.* Dict.

V. verte, en forme de croissant, le milieu de l'échancrure postérieure mucroné; pl. 19, fig. 10, 11.
Se trouve dans l'eau de mer.

Figures grossies; (*a*) cils antérieurs; (*b*) cornes du croissant; (*c*) pointe ou tubercule de la face postérieure.

4. VORTICELLA *lunifera.*

V. viridis, lunata, medio margine postico mucronato; tab. 19, fig. 10, 11.

Reperitur in aqua marina.

Figuræ auctæ; (*a*) cilia anteriora; (*b*) cornua lunulæ; (*c*) mucro aut tuberculum partis posterioris.

5. VORTICELLE *bourse.* Dict.

V. verte, ouverture tronquée, munie au centre d'un mamelon; pl. 19, fig. 12-15.
Se trouve avec la précédente.

Figures grossies vues dans différentes positions; (*a*) cils réunis en pointe sur les côtés; (*b*) mamelon saillant du centre de l'ouverture; (*c*) bande antérieure, transversale, transparente; (*d*) cils vus pendant leur rotation; (*e*) cils pendant le repos; (*f*) cils réunis en faisceaux, recourbés sur les côtés.

5. VORTICELLA *bursata.*

V. viridis, apertura truncata in centro papillata; tab. 19, fig. 12--15.
Reperitur cum præcedenti.

Figuræ auctæ, vario situ conspectæ; (*a*) cilia in mucrones utrinque collecta; (*b*) papilla è centro aperturæ prominens; (*c*) area antica transversa pellucida; (*d*) cilia in rotatione visa; (*e*) cilia quiescentia; (*f*) cilia utrinque in fasciculum reflexa.

6. VORTICELLE *variable.* Dict.

V. cylindrique, tronquée, variable, opaque, noirâtre; pl. 19, fig. 16-18.
Se trouve dans l'eau où trempe la *lenticule.*

Figures grossies. (16) V. *variable* cylindracée. (17) La même trilobée. (18) La même en forme de rein; (*a*) cils de l'extrémité antérieure, tournoyants.

6. VORTICELLA *varia.*

V. cylindrica, truncata, variabilis, opaca nigricans; tab. 19, fig. 16-18.
Reperitur in aqua *lemnæ.*

Figuræ auctæ. (16) V. *varia* cylindracea. (17) Eadem trilobata. (18) Eadem reniformis; (*a*) cilia extremitatis anticæ rotantia.

7. VORTICELLE *crachoir.* Dict.

V. ventrue, terminée en avant par une ouverture orbiculaire, évasée, garnie de longs cils écartés excentriques; pl. 19, fig. 19, 20.
Se trouve dans l'eau où croît la *lenticule vulgaire.*

Figures grossies. (19) V. *crachoir* nageant. (20) La même agitant ses cils circulairement; (*a*) extrémité antérieure élargie; (*b*) postérieure cylindracée; (*c*) ouverture; (*d*) bords élargis de l'ouverture; (*e*) cils étendus; (*f*) tronc globuleux.

7. VORTICELLA *sputarium.*

V. ventrosa, apertura orbiculari, dilatata, ciliis longis raris excentricis munita; tab. 19, fig. 19, 20.
Reperitur in aquis cum *lemna minore.*

Figuræ auctæ. (19) V. *sputarium* natans. (20) Eadem cilia in vorticem ciens; (*a*) extremitas antica dilatata; (*b*) postica cylindracea; (*c*) apertura; (*d*) margines aperturæ dilatati; (*e*) cilia extensa; (*f*) truncus globosus.

8. VORTICELLE *polymorphe.* Dict.

V. verte, opaque, variable, marquée d'un ou deux rangs longitudinaux de points transparents; pl. 19, fig. 21-33.
Se trouve quelquefois dans l'eau de rivière.

(21) V. *polymorphe* de grandeur naturelle. (22-23) V. *polymorphes* grossies. (22) Une de forme globuleuse. (23) Ventrue. (24) cylindracée. (25) en cône renversé. (26) En forme de verre à pied. (27)

8. VORTICELLA *polymorpha.*

V. viridis, opaca, variabilis, una aut duplici serie longitudinali punctorum pellucidorum notata; tab. 19, fig. 21—33.
Reperitur passim in aqua fluviali.

(21) V. *polymorpha* naturali magnitudine. (22-33) V. *polymorpha* aucta magnitudine. (22) forma globosa. (23) Ventricosa. (24) Cylindracea. (25) inverse conica. (26) Crateriformi. (27) cuculliformi.

En forme de capuchon. (28) En forme de trompette à ouverture double. (29) La même formant comme deux tubes , dont l'un est un peu plus court que l'autre. (30) Autre en forme de massue armée d'un crochet. (31) En forme de massue , auriculée sur le devant & terminée en arrière par un pedicule courbé. (32) En forme de massue accompagnée d'un cirre vers le bas. (33) En poire.

(*a*) Cils agités , rangés circulairement ; (*b*) cils disposés en deux faisceaux ; (*c*) ouverture simple ; (*d*) ouverture double ; (*e*) tube supérieur ; (*f*) tube inférieur ; (*g*) extrémité postérieure obtuse ; (*h*) la même pointue ; (*i*) la même rétrécie ; (*k*) pédicule courbé à sa base ; (*l*) crochet de l'extrémité supérieure ; (*m*) deux oreillettes latérales ; (*n*) cirre inférieur ; (*o*) rangs de points transparents.

(28) Tubæformi, voragine duplici. (29) In tubulos binos , altero inferiori complicata. (30) Altera, forma clavata apice uncinata. (31) Clavata , apice auriculata , postice pedicello flexo terminata. (32) Clavata , cirro laterali infernè munita. (33) demum piriformi.

(*a*) Cilia agitata in circulum seriata ; (*b*) cilia utrinque fasciculata ; (*c*) apertura simplex ; (*a*) apertura duplex ; (*e*) tuba superior ; (*f*) tuba inferior ; (*g*) extremitas posterior obtusa ; (*h*) eadem acuminata ; (*i*) eadem attenuata ; (*k*) pedunculus basi flexus ; (*l*) uncus extremitatis anticæ ; (*m*) auriculæ binæ laterales ; (*n*) cirrus inferior ; (*o*) series punctorum pellucidorum.

9. VORTICELLE *vesiculeuse*. Dict.

V. verte opaque, variable , toute parsemée de vésicules ; pl. 19, fig. 34-43.
Se trouve en abondance sur les rivages de la mer.

(34) V. *vesiculeuse* de grandeur naturelle. (35-42) V. *vesiculeuses* grossies de formes différentes. (43) Deux de ces animalcules réunis par un des côtés.

(*a*) Ouverture circulaire ; (*b*) cils réunis en deux pelotons sur le bord de l'ouverture ; (*c*) ouverture en forme de rein ; (*d*) mamelon obtus placé au centre de l'ouverture : (*e*) extrémité postérieure obtuse ; (*f*) la même terminée en pointe ; (*g*) la même rétrécie ; (*h*) vésicules transparentes.

9. VORTICELLA *multiformis*.

V. viridis opaca , variabilis, vesiculis undique sparsis ; tab. 19, fig. 34—43.
Reperitur copiosissimè in litoribus marinis.

(34) V. *multiformis* magnitudine naturali. (35-42) V. *multiformes* auctæ, figura variances. (43) binæ latere cohærentes.

(*a*) Apertura circularis ; (*b*) cilia in margine aperturæ utrinque fasciculata ; (*c*) apertura reniformis ; (*d*) papilla obtusa in centro aperturæ exserta ; (*e*) extremitas postica obtusata ; (*f*) eadem acuminata ; (*g*) eadem attenuata ; (*h*) vesiculæ pellucidæ.

10. VORTICELLE *noire*. Dict.

V. en forme de toupie, noire ; pl. 19, fig. 44-47.
Se trouve dans l'eau des prairies , & dans les fossés inondés où croit la *Conferve*.

(44) V. *noires* de grandeur naturelle. (45-47) V. *noires* grossies en différentes positions ; (*a*) organe rotifère ; (*b*) cils de l'organe rotifère courbés en crochets sur les côtés ; (*c*) extrémité postérieure pointue.

10. VORTICELLA *nigra*.

V. trochiformis , nigra ; tab. 19, fig. 44—47.
Reperitur in pratis inundatis , & in aquis fossarum ubi *confervæ* vegetant.

(44) V. *nigra* magnitudine naturali. (45-47) V. *nigra* auctæ, diverso situ exhibitæ ; (*a*) organum rotatorium ; (*b*) cilia organi rotatorii ad latera uncinulati ; (*c*) extremitas postica acuminata.

11. VORTICELLE *coqueluchon*. Dict.

V. oblongue , cylindracée, ouverture tronquée obliquement. pl. 20, fig. 1-4.
Se trouve dans l'eau de mer.

(1) V. *coqueluchon* de grandeur naturelle. (2-4) V. *coqueluchons* grossies diversement situées ; (*a*) extrémité antérieure ; (*b*) postérieure ; (*c*) ouverture oblique ; (*d*) la même échancrée en avant ; (*e*) cils de l'organe rotifère, situés sur le bord interne de l'ouverture.

11. VORTICELLA *cucullus*.

V. elongata, teres, apertura obliquè truncata ; tab. 20, fig. 1—4.
Reperitur in aqua marina.

(1) V. *cucullus* magnitudine naturali. (2-4) V. *cuculli* auctæ , variè sitæ ; (*a*) extremitas antica ; (*b*) postica ; (*c*) apertura obliqua ; (*d*) apertura antice eroso-emarginata ; (*e*) cilia organi rotatorii in margine interiori aperturæ sita.

12. VORTICELLE *utriculée*. Dict.

V. ventrue verte, extremité antérieure se prolongeant, tronquée au bout. pl. 20, fig. 5, 6.
Se trouve avec la précédente.

Figures grossies. (5) V. *utriculée* dont l'extrémité antérieure est raccourcie. (6) Autre dont l'extrémité antérieure est prolongée ; (a) extrémité postérieure arrondie ; (b) prolongement antérieur ; (c) ouverture tronquée ; (d) cils droits de l'organe rotifère ; (e) les mêmes recourbés.

13. VORTICELLE *bottine*. Dict.

V. presque cubique, formant en arrière un angle obtus ; pl. 20, fig. 7.
Se trouve dans l'eau de rivière.

Figure grossie ; (a) partie supérieure ciliée ; (b) partie inférieure ; (c) partie antérieure ; (d) partie postérieure.

14. VORTICELLE *jambarde*. Dict.

V. cubique, terminée en arrière par deux jambes écartées ; pl. 20. fig. 8.
Se trouve dans les eaux marécageuses.

Figure grossie ; (a) partie supérieure ciliée ; (b) papille en forme de verrue ; (c) autre papille prolongée en forme de doigt.

15. VORTICELLE *mamelonnée*. Dict.

V. ventrue, tronquée en avant, garnie sur le côté & à sa base d'un mamelon diaphane ; pl. 20, fig. 9.
Se trouve dans les marais où croît la *conferve luisante*.

Figure grossie ; (a) organe rotifère ; (b) mamelon postérieur ; (c) mamelon latéral.

16. VORTICELLE *sac*. Dict.

V. cylindracée, ouverture baillante, bords recourbés ; pl. 20, fig. 10—13.
Se trouve dans les eaux marécageuses.

Figures grossies. (10, 11) V. *sacs* raccourcies. (12, 13) V. *sacs* dans leur plus grand développement, présentées dans des dispositions différentes ; (a) l'ouverture ; (b) les bords de l'ouverture recourbés ; (c) cils de l'organe rotifère ; (d) extrémité postérieure arrondie ; (e) la même crénelée ; (f) rétrécissement de la partie postérieure.

12. VORTICELLA *utriculata*.

V. viridis, ventricosa, productilis, antice truncata ; tab. 20, fig. 5, 6.
Reperitur cum præcedenti.

Figuræ ampliatæ. (5) V. *utriculata* extremitate antica correpta. (6) Alia extremitate antica valdè producta ; (a) extremitas posterior rotundata ; (b) productio anterior ; (c) apertura truncata ; (d) cilia rectè extensa organi rotatorii ; (e) eadem deflexa.

13. VORTICELLA *ocreata*.

V. subcubica, infra in angulum obtusum producta ; tab. 20, fig. 7.
Reperitur in aqua fluviali.

Figura aucta : (a) pars superior ciliata ; (b) inferior ; (c) anterior ; (d) posterior.

14. VORTICELLA *valga*.

V. cubica, postice cruribus binis divaricatis ; tab. 20, fig. 8.
Reperitur in aquis palustribus.

Figura aucta ; (a) pars superior ciliata ; (b) papilla verrucæformis ; (c) papilla digitiformis.

15. VORTICELLA *papillaris*.

V. ventricosa, anticè truncata, papilla caudali & laterali hyalina ; tab. 20, fig. 9.

Reperitur in aqua palustri ubi *conferva nitida* crescit.

Figura aucta ; (a) organum rotatorium ; (b) papilla posterior ; (c) papilla lateralis.

16. VORTICELLA *sacculus*.

V. cylindracea, apertura patula, margine reflexo ; tab. 20, fig. 10, 13.
Reperitur in aquis paludosis.

Figuræ auctæ. (10, 11) V. *sacculi* correptæ. (12, 13) V. *sacculi* maximè productæ, vario situ conspectæ ; (a) apertura ; (b) margo aperturæ reflexus ; (c) cilia organi rotatorii ; (d) extremitas postica rotundata ; (e) extremitas postica crenata ; (f) coarctatio posticæ partis.

27. VORTICELLE *cirreuse.* Dict.

V. ventrue, ouverture baillante sinueuse, partie postérieure pourvue de deux cirres; pl. 20; fig. 14, 15.
Se trouve dans l'eau des fossés.

Figures grossies; (*a*) ouverture; (*b*) cirres du ventre.

28. VORTICELLE *appendiculée.* Dict.

V. cylindracée, un appendice triangulaire s'élevant au milieu de l'ouverture; pl. 20, fig. 16—20.
Se trouve dans les eaux douces parmi la *lenticule.*

Figures grossies. (16) V. *appendiculée* simple cylindracée. (17) La même renfermant deux fœtus vivants. (18) La même ne contenant que des œufs. (19) Autre vue en face de l'ouverture. (20) Autre prête à se diviser en quatre animalcules; (*a*) cils antérieurs de l'organe rotifère; (*b*) les mêmes semblables à des aiguillons bordant l'ouverture; (*c*) cils de la partie moyenne du corps; (*d*) les mêmes réunis en deux pelotons sur les côtés; (*e*) appendice triangulaire de l'ouverture; (*f*) fœtus vivants; (*g*) petits œufs; (*h*) parties ciliées qui indiquent le lieu des divisions.

19. VORTICELLE *étoile.* Dict.

V. orbiculaire, disque rempli de molecules, circonférence ciliée; pl. 20, fig. 21, 22.
Le lieu où on trouve cette espèce est incertain.

Figures grossies. (21) V. *étoile* pendant qu'elle agite son organe rotifère. (22) La même pendant le repos; (*a*) disque rempli de molécules; (*b*) cercle opaque; (*c*) cercle transparent; (*d*) bord extérieur diaphane; (*e*) cils ressemblant à des rayons.

20. VORTICELLE *tasse.* Dict.

V. orbiculaire; ciliée sur le bord antérieur, terminée en dessous par un bombement diaphane; pl. 20, fig. 23 - 25.
Se trouve dans l'eau de mer.

Figures grossies. (23) V. *tasse* située obliquement. (24) La même vue du côté de l'ouverture. (25) La même roulant sur le côté; (*a*) bord cilié de l'ouverture; (*b*) bombement diaphane de sa face postérieure; (*c*) molécules vésiculaires.

21. VORTICELLE *gobelet.* Dict.

V. en forme de gobelet, cristalline, marquée

17. VORTICELLA *cirrata.*

V. ventrosa, apertura patula sinuata, cirro utrinque ventrali; tab. 20, fig. 14, 15.

Reperitur in fossis aquaticis.

Figuræ auctæ; (*a*) apertura; (*b*) cirri ventrales.

18. VORTICELLA *nasuta.*

V. cylindracea, appendice triangulari in aperturæ medio prominente; tab. 20, fig. 16-20.

Reperitur in aquis inter *lemnam.*

Figuræ auctæ. (16) V. *nasuta* simplex, cylindracea. (17) Eadem fœtubus binis vivis gravida. (18) Eadem ovulis tantum gravida. (19) Alia in aperturam sphæricam conspecta. (20) Alia in partitione quadruplici occupata; (*a*) cilia anteriora organi rotatorii; (*b*) eadem, ut aculei, aperturæ peripheriam cingentia; (*c*) cilia medium corporis occupantia; (*d*) eadem in fascicula utrinque unita; (*e*) appendix triangularis aperturæ; (*f*) fœtus vivi; (*g*) ovula; (*h*) partes corporis ciliatæ, quæ locum partitionis quadruplicis indicant.

19. VORTICELLA *stellina.*

V. orbicularis, disco moleculari, peripheria ciliata; tab. 20, fig. 21, 22.
Locus ejusce speciei adhucdum incertus.

Figuræ auctæ. (21) V. *stellina* dum gyros organo rotatorio movet. (22) Eadem quiescens; (*a*) discus molecularis; (*b*) circulus opacus; (*c*) circulus pellucidus; (*d*) ora marginalis aquei coloris; (*e*) cilia radiata.

20. VORTICELLA *discina.*

V. orbicularis, margine antico ciliato, subtus convexo-gibba, hyalina; tab. 20, fig. 23-25.
Reperitur in aqua marina.

Figuræ auctæ. (23) V. *discina* oblique sita. (24) Eadem ad aperturam conspecta. (25) Eadem supra latera perpendiculariter rotans; (*a*) margo ciliatus; (*b*) convexitas postica hyalina; (*c*) moleculæ vesiculares.

21. VORTICELLA *scyphina.*

V. crateriformis, crystallina, medio trunco

vers le milieu du tronc d'un globule opaque; pl. 20, fig. 26-28.
Se trouve dans les eaux où croît la *lenticule*.

Figures grossies, représentant la V. *gobelet* nageant dans diverses positions; (*a*) cils en faisceaux; (*b*) globule opaque des entrailles.

22. VORTICELLE *albine*. Dict.

V. cylindrique, arrondie en avant, retrécie en arrière; pl. 20, fig. 29, 30.
Se trouve parmi la *lenticule commune*.

Figures grossies. (29) V. *albine* très-alongée en forme de massue. (30) La même raccourcie en forme de poire; (*a*) cils parsemés sur l'extrémité antérieure; (*b*) cils réunis en deux faisceaux distincts.

23. VORTICELLE *cornet*. Dict.

V. cylindrique, vuide, extrémité antérieure tronquée, garnie de cils longs; pl. 20, fig. 31-33.
Se trouve dans l'eau de mer gardée quelquetems.

Figures grossies. (31) V. *cornet* pendant qu'elle se meut. (32) La même pendant le repos. (33) La même occupée à sa division naturelle; (*a*) cils tournoyans; (*b*) viscères; (*c*) cils alongés, divisés en deux touffes; (*d*) partie moyenne par où commence la division.

24. VORTICELLE *troncatelle*. Dict.

V. cylindrique, remplie, extrémité antérieure tronquée garnie de cils courts; pl. 20, fig. 34, 35.
Se trouve dans les eaux où croît la *lenticule*.

Figures grossies; (*a*) cils de l'organe rotifère courbés vers l'intérieur; (*b*) cils de l'ouverture courbés vers l'extérieur; (*c*) petits œufs.

25. VORTICELLE *limacine*. Dict.

V. cylindrique, ouverture tronquée garnie de deux ou quatre cils accouplés; pl. 20, fig. 36.
Se trouve ordinairement attachée sur les tentacules du *planorbe contourné*, ou sur ceux du *bulime des fontaines*.

(*a*) Tentacule du *Bulime* grossi; (*b*) V. *limacines* grossies; (*c*) cils simples.

26. VORTICELLE *fleuron*. Dict.

V. réunie, cylindracée, ouverture tronquée

---

fphærula opaca notato; tab. 20, fig. 26-28.
Reperitur in aquis ubi *lemna* occurrit.

Figuræ ampliatæ V. *fcyphynam* vario fitu innatantem repræfentantes; (*a*) cilia fafciculata; (*b*) globulus opacus interaneorum.

22. VORTICELLA *albina*.

V. cylindrica, antice rotundata, poftice acuminata; tab. 20, fig. 29, 30.
Reperitur inter *lemnam minorem*.

Figuræ auctæ. (29) V. *albina* prælongata clavata. (30) Eadem correpta pyriformis; (*a*) cilia fparfa fupra extremitatem anticam; (*b*) cilia utrinque in fafciculum collecta.

23. VORTICELLA *fritillina*.

V. cylindrica, vacua, apice truncata, ciliis prælongis; tab. 20, fig. 31-33.
Reperitur in aqua marina fervata.

Figuræ auctæ. (31) V. *fritillina* feftinans. (32) Eadem quiefcens. (33) Eadem in divifione naturali occupata; (*a*) cilia rotantia; (*b*) interanea; (*c*) cilia prælongata utrinque fafciculata; (*d*) pars intermedia ubi inftat divifio.

24. VORTIGELLA *truncatella*.

V. cylindrica, differta, apice truncata, ciliis breviufculis; tab. 20, fig. 34, 35.
Reperitur in aquis ubi *lemna* vegetat.

Figuræ auctæ; (*a*) cilia organi rotatorii introrfum arcuata; (*b*) cilia aperturæ extrorfum curvata; (*c*) ovula.

25. VORTICELLA *limacina*.

V. cylindrica, apertura truncata, ciliis binis aut quatuor geminatis munita; tab. 20, fig. 36.
Reperitur fæpiùs inhærens tentaculis *planorbis contorti*, & *bulimi fontinalis*.

(*a*) Tentaculum *bulimi* auctum; (*b*) V. *limacinæ* ampliatæ; (*c*) cilia fimplicia.

26. VORTICELLA *fraxinina*.

V. gregaria, cylindracea, apertura oblique

obliquement, fendue au fommet, munie de quatre poils accouplés ; pl. 20, fig. 37.
Trouvée adherente fur le corps du *ciclope à quatre cornes.*

Figure groffie repréfentant un amas de V. *fleurons* réunies ; (*a*) échancrure du bord fupérieur de l'ouverture ; (*b*) cils accouplés de chaque côté de l'échancrure ; (*c*) membrane muqueufe qui leur fert de fupport.

27. VORTICELLE *néfle.* Dict.

V. réunie , prefque globuleufe ; pl. 20 , fig. 38.
Se trouve ordinairement fixée fur la queue du *ciclope à quatre cornes.*

(38) Amas de V. *nèfles* groffi ; (*a*) ouverture circulaire ; (*b*) pédoncule-commun.

28. VORTICELLE *armée.* Dict.

V. creufe , en forme de bourfe ; bord de l'ouverture garni d'aiguillons roides ; pl. 20, fig. 39-44.
On ne connoît pas le lieu natal de cette efpèce.

Figures groffies. (39) Deux V. *armées* réunies. (40—44) Autres diverfement fituées , alongées ou raccourcies ; (*a*) Aiguillons bordant l'ouverture ; (*b*) partie poftérieure.

29. VORTICELLE *godet.* Dict.

V. prefque carrée , munie de deux rangs de cils , dont un vers le bas ; pl 20, fig. 45·51.
Se trouve dans l'infufion des plantes graminées, comme auffi dans les foffés où croit la *lenticule.*

Figures groffies. (45) V. *godets* accouplées. (46—49) Autres fimples diverfement fituées. (50 , 51) Autres préfentant l'organe rotifère antérieur diverfement formé; (*a*) organe rotifère antérieur pendant fon mouvement ; (*b*) cils de cet organe divifés en deux faifceaux ; (*c*) faifceaux poftérieurs de cils ; (*d*) petite ouverture poftérieure de figure elliptique ; (*e*) cils de l'organe rotifère antérieur , fe mouvant pendant l'accouplement.

30. VORTICELLE *canaliculée.* Dict.

V. élargie, tranfparente, échancrée fur le côté.
Il n'exifte pas de figure de cette efpèce.
Fut trouvée dans de l'eau où on avoit gardé pendant quelque temps de la *conferve fluviatile.*

---

truncata, apice fiffa, ciliis bigeminis ; tab. 20, fig. 37.
Reperta adhærens in *cyclope quadricorni.*

Figurâ auctâ V. *fraxininas* in acervum coalitas repræfentans ; (*a*) incifura marginis fuperioris aperturæ ; (*b*) cilia utrinque geminati ; (*c*) membrana mucofa cui adhærent.

27. VORTICELLA *crategaria.*

V. gregaria, fubglobofa; tab. 20 , fig. 38.
Sæpius reperitur adherens caudæ *ciclopis quadricornis.*

(38) Acervus V. *crategariarum* auctus; (*a*) apertura circularis ; (*b*) pedunculus communis.

28. VORTICELLA *hamata.*

V. burfæformis , cava ; margine aperturæ aculeis rigidis cincto; tab. 20, fig. 39-44.
Ignoratur locus natalis hujus fpeciei.

Figuræ auctæ. (39) Duo V. *hamata* cohærentes. (40—44) Aliæ , diverfo fitus prolongationis aut coarctationis gradu ; (*a*) aculei aperturam cingentes ; (*b*) poftica pars.

29. VORTICELLA *crateriformis.*

V. fubquadrata , ciliorum fafciculis binis , altero poftice; tab. 20, fig. 45--51.
Reperitur in infufione graminum, & in foffis ubi *lemna* vegetat.

Figuræ auctæ. (45) V. *crateriformes* copula junctæ. (46—49) Aliæ fimplices vario fitu confpectæ. (50, 51) Aliæ organum rotatorium anticum varie formatum offerentes ; (*a*) organum rotatorium anticum in motu ; (*b*) cilia ejufve organi in binos fafciculos divifa ; (*c*) fafciculi ciliorum poftici ; (*d*) apertura elliptica poftica ; (*e*) cilia organi rotatorii antici , in copula ludentia.

30. VORTICELLA *canaliculata.*

V. dilatata, pellucida, latere incifa.

Figura hujus fpeciei non exiftit.
Reperta fuit in aqua , ubi per aliquot tempus fervata fuerat *conferva fluviatilis.*

31. VORTICELLE *versatile*. Dict.

V. alongée en forme de javelot & successivement raccourcie en forme de tasse; pl. 21, fig. 1--4.
Se trouve dans les eaux marécageuses.

(1) Amas globuleux de V. *versatiles* de grandeur naturelle. (2) Un de ces globules légèrement grossi. (3) V. *versatiles* grossies, disposées sur trois rangs, telles qu'elles se trouvent sur la circonférence des globules; (4) V. *versatiles* en forme de tasse, dispersées au centre des globules.

(a) Animalcules de la circonférence, alignés; (b) animalcules du centre épars; (c) extrémité antérieure obtuse; (d) extrémité postérieure pointue; (e) cils de l'organe rotifère divisés en deux faisceaux; (f) mamelon de l'extrémité antérieure; (g) animalcules raccourcis, de figure ovoïde.

31. VORTICELLA *versatilis*.

V. elongata, spiculiformis, mox urceolaris; tab. 21, fig. 1--4.

Reperitur in aquis palustribus.

(1) Sphærulæ tres naturali magnitudine V. *versatilibus* compositæ. (2) Sphærula solitaria aliquantum aucta magnitudine. (3) V. *versatiles* peripheriæ sphærularum triplici serie ordinatæ, auctæ. (4) V. *versatiles* figura urceolari in disco sphærularum dispalatæ.

(a) Animalcula peripheriæ seriata; (b) animalcula disci dispalata (c) extremitas anterior obtusata; (d) extremitas posterior acuminata; (e) cilia organi rotatorii utrinque fasciculata; (f) papillula extremitatis anterioris; (g) animalcula correpta ovata.

32. VORTICELLE *ampoule*. Dict.

V. renfermée dans un fourreau transparent en forme d'ampoule, tête bilobée; pl. 21, fig. 5--8.
Trouvée dans l'eau de mer.

Figures grossies. (5) V. *ampoule* rentrée dans le fond de son fourreau & agitant ses cils; (a) poussière éparse autour du fourreau; (b) fourreau en forme d'ampoule; (c) fausse apparence d'un double fourreau; (d) ouverture du fourreau; (e) animalcule raccourci; (f) cils semblables à de petites flammes (6) V. *ampoule* raccourcie, tronquée en arrière, agitant mollement ses cils (g). (7) V. *ampoule* dressant sa tête hors l'ouverture du fourreau. (8) La même dont la tête est entièrement developpée hors du fourreau; (h) tête ciliée; (i) petits œufs; (k) le col; (l) lobes ciliés de la tête; (m) petite queue.

32. VORTICELLA *ampulla*.

V. folliculo ampullaceo, pellucido, capite bilobo; tab. 21, fig. 5--8.

Reperta in aqua marina.

Figuræ ampliatæ. (5) V. *ampulla* in fundo folliculi contracta cilia vibrans; (a) dispersus pulvisculus circa folliculum; (b) folliculus ampullaceus; (c) simulacrum folliculi duplicati; (d) apertura folliculi; (e) animalculum in fundo folliculi contractum; (f) cilia flammis undatis similia. (6) V. *ampulla* contracta postice truncata cilia; (g) fluida motitans. (7) V. *ampulla* caput extra aperturam folliculi producens. (8) Eadem capite extra aperturam plene explicato; (h) Caput ciliatum; (i) ovula; (k) collum; (l) lobi capitis ciliati; (m) caudula.

33. VORTICELLE *tubicole*.

V. oblongue, renfermée dans un fourreau cylindracée diaphane.
Trouvée attachée à la queue du *ciclope pygmée*.
Cette espèce n'a pas encore été figurée.

33. VORTICELLA *folliculata*.

V. oblonga, folliculo cylindraceo, hyalino.

Reperta adhærens in cauda *cyclopis minuti*.

Hæc species nondum sculpta fuit.

34. VORTICELLE *larve*.

V. cylindrique, ouverture en forme de croissant, queue armée de deux épines; pl. 21, fig. 9 - 11.
Se trouve dans l'eau de mer.

Figures grossies. (9) V. *larve* dont la bouche est fermée. (10) Autre dont la bouche baillante montre des cils droits au milieu. (11) Autre dont la bouche présente, outre les cils, un organe globuleux; (a) la tête; (b) la bouche fermée; (c) l'organe globuleux placé au milieu de la bouche; (d) les cils; (e) le tronc; (f) l'ovaire; (g) les deux épines de la queue.

34. VORTICELLA *larva*.

V. cylindrica, apertura lunata, spinis caudalibus binis; tab. 21. fig. 9-11.

Reperitur in aqua marina.

Figuræ auctæ. (9) V. *larva* ore clauso. (10) Eadem ore aperto, solis ciliis in medio exsertis. (11) Alia ore aperto, organum globulare in medio & cilia exferens; (a) caput; (b) os clausum; (c) organum globulare in ore medio situm; (d) cilia; (e) truncus; (f) ovarium; (g) spinæ binæ caudales.

35. VORTICELLE *capitée*. Dict.

V. en forme de cone renverſé, ouverture en croiſſant, tronc bidenté en arrière, queue alongée terminée par deux pointes; pl. 21, fig. 12-16.
Se trouve avec la précédente.

Figures groſſies. (12, 13, 14) V. *capitées* nageans vues dans des différentes poſitions; (a) les deux pointes de la tête; (b) les cils de l'organe rotifère; (c) l'organe de la déglutition; (d) le tronc; (e) les deux dents poſtérieures du tronc; (f) l'ovaire; (g) la queue; (h) les deux pointes de la queue.

(15) V. *capitée* dont l'extrémité antérieure eſt élargie, aplatie & diaphane. (16) Extrémité antérieure de cet animalcule plus groſſi; (a) la tête arrondie en avant; (b) les cils; (c) l'organe de la déglutition; (d) le tronc.

36. VORTICELLE *auriculée*. Dict.

V. cylindrique ventrue, ouverture nue, munie de chaque côté d'un organe rotifère, queue articulée terminée par deux pointes; pl. 21, fig. 17-19.
Se trouve dans l'eau où croît la *lenticule commune*.

Figures groſſies. (17) V. *auriculée* munie d'un organe rotifère de chaque côté. (18) Autre dont les cils ſont ſitués en avant. (19) Autre dont les cils & le col ſont rentrés; (a) la tête; (b) les organes rotifères; (c) le col; (d) l'organe de la déglutition; (e) le tronc; (f) tache opaque; (g) la queue; (h) les deux pointes de la queue; (i) les cils antérieurs.

37. VORTICELLE *tremblante*. Dict.

V. en forme de cone renverſé, ouverture lobée épineuſe, queue courte terminée par une pointe; pl. 21, fig. 20-23.
Se trouve dans les infuſions marines.

Figures groſſies. (20, 21, 22) V. *tremblantes* nageans; vues dans trois différentes poſitions. (23) La même morte; (a) oreillettes latérales; (b) oreillette tachée du dos; (c) ſoyes roides très-ſemblables à des épines; (d) cils de l'ouverture; (e) maſſe ovale remplie de molécules; (f) autre vuide; (g) la queue; (h) membrane qui envelope le corps; (i) petites verrues de l'extrémité antérieure.

38. VORTICELLE, *hériſſée* Dict.

V. en forme de cone renverſé, ouverture entiere épineuſe, queue courte terminée par deux pointes; pl. 22, fig. 1-7.
Se trouve dans l'eau recouverte de *lenticule*.

---

35. VORTICELLA *ſuccollata*.

V. inverſe conica, apertura lunata, trunco poſtice bidentato, cauda elongata diphylla; tab. 21, fig. 12-16.

Reperitur cum præcedenti.

Figuræ auctæ, (12, 13, 14) V. *ſuccollatæ* natantes, diverſo ſitu conſpectæ; (a) binæ cuſpides capitis; (b) cilia organi rotatorii; (c) organum deglutitionis; (d) truncus; (e) bini denticuli poſteriores trunci; (f) ovarium; (g) cauda; (h) binæ cuſpides caudæ.

(15) V. *ſuccollata*, antica parte dilatato-depreſſa & hyalina. (16) Antica pars hujus animalculi magis aucta; (a) caput antice obtuſatum; (b) cilia; (c) organum deglutorium; (d) truncus.

36. VORTICELLA *aurita*.

V. cylindrico-ventroſa, apertura mutica, ciliis utrinque rotantibus, cauda articulata diphylla; tab. 21. fig. 17-19.

Reperitur in aqua ubi *lemna minor* vegetat.

Figuræ auctæ. (17) V. *aurita* organo rotatorio utrinque munita. (18) Alia ciliis antice ſitis. (19) Altera ciliis colloque retractis; (a) caput; (b) organa rotatoria; (c) collum; (d) organum deglutorium; (e) truncus; (f) macula opaca; (g) cauda articulata; (h) apex caudæ bifidus; (i) cilia antica.

37. VORTICELLA *tremula*.

V. inverſe conica, apertura lobata ſpinuloſa; cauda brevi unicuſpi; tab. 21, fig. 20-23.

Reperitur in infuſione marina.

Figuræ auctæ. (20, 21, 22) V. *tremula* natans; triplici ſitu conſpecta. (23) Eadem fatiſcens; (a) auriculæ laterales; (b) auricula dorſalis maculata; (c) ſetæ rigidæ ſpinulis ſimillimæ; (d) cilia aperturæ; (e) maſſa ovalis moleculis farcta; (f) alia vacua; (g) cauda; (h) membrana corpus veſtiens; (i) verruculæ extremitatis anterioris.

38. VORTICELLA *ſenta*.

V. inverſe conica, apertura integra ſpinoſa; cauda brevi bicuſpi; tab. 22. fig. 1-7.

Reperitur in aqua *lemna* cooperta.

Figures grossies. (1, 3, 7) V. *hérissées* nageans. (2) autre fixée & développant en plein son organe rotifère. (6) Autre n'en épanouissant que la moitié. (5) La même dont les bords de cet organe saillent en avant. (4) La même dont les cils de l'organe sont rentrés.

(*a*) Soyes roides épineuses réunies en faisceaux ; *b*) cils de l'organe rotifère se mouvant ; (*c*) l'ovaire ; (*a*) les intestins ; (*e*) la queue ; (*f*) l'ouverture ; (*g*) l'organe rotifère épanoui ; (*h*) cils des côtés réunis en faisceaux ; (*i*) l'organe de la déglutition ; (*k*) cils très-courts des bords de l'ouverture ; (*l*) pointes de l'extrémité postérieure du tronc ; (*m*) les deux pointes de la queue.

39. VORTICELLE *frangée*. Dist.

V. en forme de cone renversé, ouverture divisée en quatre lobes, queue terminée par deux soyes ; pl. 22, fig. 8.-12.
Se trouve dans les eaux les plus pures.

Figures également grossies. (8) V. *frangée*, dont l'ouverture est fermée. (9) Autre dont l'ouverture ne paroît pas en entier. (10) Autre, dont il ne paroît que trois lobes à l'ouverture. (11, 12) Deux de ces animalcules présentans les quatre lobes de l'ouverture. (*a*) cils de l'organe rotifère ; (*b*) lobes des côtés ; (*c*) lobes intermédiaires ; (*d*) soyes de la queue droites ou écartées.

40. VORTICELLE *étranglée*. Dist.

V. elliptique ventrue, ouverture simple, queue articulée terminée par deux pointes ; pl. 22, fig. 13, 14.
Se trouve dans les eaux où croît la *lenticule commune*.

Figures grossies. (13) V. *étranglée* vivante & saine. (14) La même dont la tête, quoique vivante, se décompose en molécules écumeuses ; (*a*) la tête ; (*b*) les cils droits de l'organe rotifère ; (*c*) les cils recourbés des côtés ; (*d*) le tronc ; (*e*) la queue articulée ; (*f*) ses deux pointes ; (*g*) globules noirs de l'abdomen ; (*h*) la tête se décomposant en une matière écumeuse.

41. VORTICELLE *robin*. Dist.

V. presque carrée, ouverture simple, queue formée de deux épines souvent réunies ; pl. 22, fig. 15.
Se trouve dans l'eau où croît la *lenticule*.

(15) Figure grossie ; (*a*) cils de l'organe rotifère ; (*b*) épines de la queue.

42. VORTICELLE *longuesoye*. Dist.

V. alongée, comprimée, queue composée de deux soyes très-longues ; pl. 22, fig. 16, 17.
Se trouve dans l'eau.

Figuræ auctæ. (1, 3, 7) V. *setâ* natantes. (2) Alia loco affixa, organo rotatorio toto expanso. (6) Alia organum rotatorium dimidium expandens. (5) Eadem cujus margines organi tantum prominent. (4) Eadem ciliis organi rotatorii absolute conditis.

(*a*) Setæ rigidæ spiniformes fasciculatæ ; (*b*) cilia organi rotatorii sparsa ; (*c*) ovarium ; (*d*) intestina ; (*e*) cauda ; (*f*) apertura ; (*g*) organum rotatorium expansum ; (*h*) cilia utrinque ad latera fasciculata ; (*i*) organum deglutorium ; (*k*) cilia minutissima marginis aperturæ ; (*l*) mucrones extremitatis posticæ trunci ; (*m*) binæ cuspides caudales.

39. VORTICELLA *lacinulata*.

V. inverse conica, apertura quadrilobata, setis binis caudalibus ; tab. 22, fig. 8-12.

Reperitur in aquis purioribus.

Figuræ æqualiter auctæ. (8) V. *lacinulata* apertura occultata. (9) Alia, apertura non plene exhibita. (10) Alia lacinulis tribus ad aperturam conspicuis. (11, 12) Duo V. *lacinulata* lobos quatuor aperturæ ostendentes ; (*a*) cilia organi rotatorii ; (*b*) lobi laterales ; (*c*) lobi intermedii ; (*d*) setæ caudales rectæ aut divaricatæ.

40. VORTICELLA *constricta*.

V. Elliptico-ventricosa, apertura integra, cauda annullata diphylla ; tab. 22, fig. 13, 14.

Reperitur in aquis, ubi crescit *lemna minor*.

Figuræ ampliatæ. (13) V. *constricta* viva sanaque. (14) Eadem, licet viva, cujus caput in spumam molecularem dissolvitur ; (*a*) caput ; (*b*) cilia porrecta organi rotatorii ; (*c*) cilia lateralia decumbentia ; (*d*) truncus ; (*e*) cauda annulata ; (*f*) binæ cuspides ; (*g*) corpuscula nigra abdominis ; (*h*) caput in materiem spumosam diffluens.

41. VORTICELLA *togata*.

V. subquadrata, apertura integra, spinis caudalibus binis plerumque unitis ; tab. 22, fig. 15.

Reperitur in aqua, ubi *lemna*.

(15) Figura aucta ; (*a*) cilia rotantia ; (*b*) spinæ caudales.

42. VORTICELLA *longiseta*.

V. elongata, compressa, setis caudalibus binis longissimis ; tab. 22, fig. 16, 17.
Reperitur in aquis.

Figures groffies. (16) V. *longuefoye* étendue nageant. (17) La même raccourcie pendant le repos; (*a*) les cils tournoyants; (*b*) les deux foyes de la queue; (*c*) l'inteftin rouffâtre; (*d*) l'extrémité antérieure raccourcie; (*e*) l'extrémité poftérieure tronquée.

Figuræ auctæ. (16) V. *longifeta* extenfa natans. (17) Eadem contracta quiefcens; (*a*) cilia antice rotantia; (*b*) fetæ binæ caudales; (*c*) inteftinum rufum; (*d*) extremitas antica correpta; (*e*) extremitas poftica truncata.

43. VORTICELLE *rotifere.* Dict.

V. cylindrique, col armé d'un aiguillon, queue longue terminée par quatre pointes; pl. 22, fig. 18-23.
Se trouve dans les vivièrs d'eau douce, & même dans l'eau de mer, où elle eft feulement un peu plus petite.

Figures groffies. (11) V. *rotifere* ayant la tête & la queue étendues & les organes rotifères du dos développés. (19) La même ayant la tête prefque rentrée. (20) Autre dont la tête eft raccourcie de même que la queue. (21) Autre dont la tête eft en partie rentrée & la queue un peu raccourcie. (22) La même plus raccourcie ne montrant pas de cils au dehors. (23) Extrémité poftérieure du corps très-groffie, offrant une peau lâche dans l'ouverture de laquelle on apperçoit le bout de la queue; (*a*) tête rétractile; (*b*) les yeux; (*c*) aiguillon du col; (*d*) organes rotifères du dos; (*e*) la queue; (*f*) les pointes de la queue; (*g*) l'organe de la déglutition?

43. VORTICELLA *rotatoria.*

V. cylindrica, fpiculo collari, cauda longa quadricufpi; tab. 22, fig. 18-23.
Reperitur in pifcinis aquæ dulcis, & etiam in aqua marina, ubi minori tantum magnitudine differt.

Figuræ auctæ. (11) V. *rotatoria* capite caudaque prorfus extenfis, & organis rotatoriis dorfalibus exfertis. (19) Eadem capite ferè retracto. (20) Eadem capite caudaque ferè reductis. (21) Alia capite prorfus retracto, caudaque aliquantum breviore. (22) Altera magis retracta, ciliis nullis vifibilibus. (23) Extremitas poftica valdè aucta, cutem laxam & caudæ retractæ apicem oftendens; (*a*) Caput retractile; (*b*) oculi; (*c*) fpiculum collare; (*d*) organa rotatoria dorfalia; (*e*) cauda; (*f*) cufpides caudales; (*g*) organum deglutorium?

44. VORTICELLE *fourchue.* Dict.

V. cylindrique, ouverture fimple, queue longuette fourchue; pl. 22, fig. 24-27.

Se trouve communément dans l'eau.

Obf. Ces figures prifes de Ledermuller font incorrectes, fur tout relativement à l'extrémité antérieure du corps, qui paroît dentelée, tandis qu'elle doit être ciliée.

Figures groffies repréfentant cet animalcule dans divers dégrés d'alongement & d'augmentation; (*a*) extrémité antérieure; (*b*) queue fourchue; (*c*) queue rentrée; (*d*) entrailles compofées de globules.

44. VORTICELLA *furcata.*

V. cylindrica, apertura integra, cauda longiufcula bifida; tab. 22, fig. 24-27. è *Ledermullero.*
Sæpe reperitur in aquis.

Obf. Figuræ hic exhibitæ ad Ledermullerum pertinentes in hoc præprimis deficiunt, quod extremitas anterior dentata appareat, cum revera ciliata obfervetur.

Figuræ auctæ hoc animalculum fub vario elongationis & augmentationis gradu oftendentes; (*a*) extremitas anterior; (*b*) cauda furcata; (*c*) cauda retracta; (*d*) interanea globulis farcta.

45. VORTICELLE *chauve* Dict.

V. cylindracée, ouverture nue, queue courte articulée, terminée par deux pointes; pl. 22, fig. 28.
Le lieu natal de cette efpèce n'eft pas connu.

Figure groffie; (*a*) extrémité antérieure; (*b*) organe bilobé qui eft ou le cœur ou l'organe de la déglutition; (*c*) molécule opaque; (*d*) ovaire; (*e*) inteftin; (*f*) la queue; (*g*) les deux pointes de la queue.

45. VORTICELLA *canicula.*

V. cylindracea, apertura mutica, cauda brevi articulata bicufpi; tab. 22. fig. 28.

Locus natalis ejus fpeciei ignoratur.

Figura aucta; (*a*) extremitas anterior; (*b*) organum didymum, an cor an organum deglutorium? (*c*) molecula opaca; (*d*) ovarium; (*e*) inteftinum; (*f*) cauda; (*g*) binæ cufpides caudales.

46. VORTICELLE *plicatile*. Dict.

V. cylindracée, plissée, ouverture nue, queue très-courte relevée, terminée par deux pointes; pl. 22, fig. 29 - 32.
Se trouve dans les eaux marécageuses.

Figures grossies. (29) V. *plicatile*, dont la tête & la queue sont rentrées. (30) Autre dont la queue seule est sortie. (31, 32) V. *plicatiles* diversement situées dont la tête & la queue sont également développées; (*a*) extrémité antérieure ; (*b*) extrémité postérieure ; (*c*) la queue ; (*d*) les deux pointes de la queue ; (*e*) organe rotifère.

46. VORTICELLA *catulus*.

V. cylindracea, plicata, apertura mutica, cauda perbrevi reflexa, bicuspi; tab. 22, fig. 29 - 32.
Reperitur in aqua palustri.

Figuræ auctæ. (29) V. *catulus*, capite caudaque conditis. (30) Eadem, cauda tantùm exserta. (31, 32) V. *catuli* variè sitæ, capite caudaque exsertis; (*a*) extremitas anterior ; (*b*) extremitas posterior; (*c*) cauda ; (*d*) binæ cuspides caudæ ; (*e*) organum rotatorium.

47. VORTICELLE *chatte*. Dict.

V. cylindracée, ouverture nue marquée en avant d'un angle, queue composée de deux épines; pl. 23, fig. 1 - 5.
Se trouve dans l'eau où croît la *lenticule*.

Figures grossies. (1, 2, 3, 4) V. *chattes* étendues dans diverses positions. (5) La même raccourcie ; (*a*) organe rotifère ; (*b*) angle antérieur ; (*c*) endroits du corps qui sont rétrécis pendant le mouvement; (*d*) la queue ; (*e*) épines de la queue.

47. VORTICELLA *felis*.

V. cylindracea, apertura mutica antice angulata, spinis caudalibus binis; tab. 23, fig. 1 - 5.
Reperitur in aquis ubi *lemna* vegetat.

Figuræ auctæ. (1, 2, 3, 4) V. *feles* extensæ, diverso situ conspectæ.(5) Eadem contractæ; (*a*) organum rotatorium; (*b*) angulus anticus; (*c*) loci corporis contracti sub motu; (*d*) cauda; (*e*) spinæ caudales.

48. VORTICELLE *trompette*. Dict.

V. caudée (A), alongée en forme de trompette, limbe antérieur cilié; pl. 23 fig. 6 - 12.
Se trouve aux mêmes endroits que la précédente.

Figures grossies. (6) Trois V. *trompettes* implantées par leur queue dans de la mucosité. (7, 8, 9) Trois autres dans divers dégrés d'alongement, nageans. (10) Autre raccourcie en avant. (11) Autre présentant un coude sur sa partie antérieure. (12) Autre entièrement raccourcie ; (*a*) limbe antérieur cilié ; (*b*) cils peu élevés; (*c*) échancrure du limbe; (*d*) queue plus ou moins retrécie ; (*e*) mucosité sur laquelle ces animalcules sont fixés.

48. VORTICELLA *stentorea*.

V. caudata (A), elongata, tubæformis, limbo antice ciliato; tab. 23, fig. 6 - 12.
Reperitur iisdem locis quàm præcedens.

Figuræ auctæ. (6) Tres V. *stentorea* caudæ apice in muco affixæ. (7, 8, 9) Tres aliæ, diverso extensionis gradu, natantes. (10) Alia anticè correpta. (11) Alia parte antica in geniculum flexa. (12) Eadem omnino contracta ; (*a*) limbus anterior ciliatus ; (*b*) cilia vix protensa; (*c*) incisio limbi; (*d*) cauda plus minusve attenuata ; (*e*) mucus in quo affixa sunt hæ animalcula.

49. VORTICELLE *sociale*. Dict.

V. caudée, agrégée (B), en forme de massue, disque oblique ; pl. 23, fig. 13 - 15.
Se trouve dans les marais.

49. VORTICELLA *socialis*.

V. caudata, aggregata (B), clavata, disco obliquo ; tab. 23, fig. 13 - 15.
Reperitur in paludosis.

(A) *Caudée*, c'est-à-dire pourvue d'une queue.

(B) *agrégée*, ce mot doit s'entendre relativement aux vorticelles dans le même sens que Tournefort la dit pour les fleurs de quelques plantes, qu'il nomma des fleurs agrégées.

(A) *Caudata*, seu cauda munita.

(B) Verbum *aggregata* quoad vorticellas eo sensu intelligi debet, quo designavit Tournefortius flores plantarum quos flores agregatos dixit.

(13) V. *fociales* agrégées de grandeur naturelle. (14) Quatre individus de cette efpèce groffis. (15) V. *fociale* féparée confidérablement groffie ; (*a*) partie fupérieure du corps en forme de maffue ; (*b*) queue; (*c*) cils de l'organe rotifère.

(13) V. *fociales* aggregatæ , naturali magnitudine: (14) quatuor hujus fpeciei individua , magnitudine aucta. (15) V. *focialis* folitaria magnitudine valdè aucta ; (*a*) pars fuperior corporis clavata ; (*b*) cauda ; (*c*) cilia organi rotatorii.

50. VORTICELLE *flofculeufe*. Dict.

V. caudée , agrégée , oblongue-ovale, difque dilaté tranfparent ; pl. 23, fig. 16 - 20.
Se trouve comme la précédente dans les marais , & fixée fur les plantes aquatiques.

(16) V. *flofculeufe* agrégée , de grandeur naturelle, attachée à des folioles de *cératophylle*. (17) Rameau de *cératophylle* foutenant un groupe de V. *flofculeufes* un peu groffi. (18, 19) Deux V. *flofculeufes* diverfement fituées, très-groffies, nageant. (20) Autre dont la tête eft rentrée.

(*a*) Cératophylle ; (*b*) groupe de V. *fociales* ; (*c*) la tête ; (*d*) l'abdomen ; (*e*) les ovaires ; (*f*) la queue ridée ; (*g*) la queue liffe.

50. VORTICELLA *flofculofa*.

V. caudata, aggregata, oblongo-ovata , difco dilatato pellucido ; tab. 23 , fig. 16 - 20.
Reperitur ficut præcedens in aquis paludofis , fupra plantas aquaticas affixa.

(16) V. *flofculofa* aggregata , magnitudine naturali foliolis ceratophylli infidens. (17) ramulus *ceratophylli* cui adhæret acervus V. *flofculofæ* aliquantum auctus. (18, 19) Duo V. *flofculofæ* , diverfo fitu , valdè auctæ , liberè natantes. (20) Altera , capite retracto.

(*a*) Ceratophyllum; (*b*) acervus V. *focialium* ; (*c*) caput ; (*b*) abdomen ; (*e*) ovaria; (*f*) cauda rugofa ; (*g*) cauda lævis.

51. VORTICELLE *citrine*. Dict.

V. fimple , polymorphe , ouverture fufceptible de contraction, pedoncule (*) court ; pl. 23 , fig. 21 - 27.
Se trouve dans les eaux ftagnantes.

Figures groffies. (21) V. *citron* de forme cylindracée , nageant. (22, 23) La même en forme de poire. (24) La même ayant fon ouverture refférrée. (25) La même prefque orbiculaire. (26) La même épanouie , pédonculée.-(27) La même contractée , pédonculée; (*a*) cils étendus ; (*b*) cils rentrés ; (*c*) petites cornes de l'extrémité poftérieure ; (*d*) pédoncule ; (*e*) extrémité poftérieure obtufe.

51. VORTICELLA *citrina*.

V. fimplex , multiformis , orificio contractili , pedunculo (*) brevi ; tab. 23 , fig. 21 - 27.
Reperitur in aquis ftagnantibus.

Figuræ ampliatæ. (21) V. *citrina* cylindracea , natans. (22, 23) Eadem piriformis. (24) Eadem orificio contracto. (25) Eadem fuborbicularis. (26) Eadem extenfa, pedunculata. (27) Eadem contracta , pedunculata ; (*a*) cilia exferta ; (*b*) cilia conniventia ; (*c*) corniculaextremitatis pofticæ ; (*d*) pedonculus ; (*e*) extremitas poftica obtufa.

52. VORTICELLE *piriforme*. Dict.

V. fimple , obverfe - ovale pedoncule trèscourt, retractile.
Cette efpèce dont nous n'avons pas de figure , a été cependant gravée dans l'ouvrage de *Hill* , intitulé, *hift. anim. tab.* 1 , 2 , que nous n'avons pu nous procurer.
Fut trouvée attachée fur le têft de la *daphnie camufe*.

52. VORTICELLA *piriformis*.

V. fimplex , obovata, pedunculo minimo retractili.
Hæc fpecies cujus figuram non exhibemus , tamen fculpta citatur in opere domini *Hill*, fub titulo : *hift. animalium , tab.* 1 , 2 , quod emere, nec ullibi invenire potuimus.
Reperta fuit teftæ adhærens *daphniæ fimæ* mull.

53. VORTICELLE *tuberculeufe*. Dict.

V. fimple , turbinée , extremité antérieure garnie de deux tubercules; pl. 23, fig. 28 , 29.
Se trouve dans les eaux marécageufes.

53. VORTICELLA *tuberofa*.

V. fimplex turbinata , apice bituberculata ; tab. 23 , fig. 28 , 29.
Reperitur in aquis paludofis.

(*) La queue des *vorticelles* diffère de leur pédoncule , en ce que la queue fe rétrécit infenfiblement jufqu'à fa pointe , & que le pédoncule conferve la même groffeur fur toute fa longueur.

(*) Cauda *Vorticellarum* in eo præfertim à pedunculo differt , quod cauda fenfim attenuetur , pedunculus autem æqualem craffitiem utrinque habeat.

Figures groffies ; (a) corps turbiné de l'animalcule ; (b) pédoncule ; (c) tubercules ciliés ; (d) les mêmes plus élevés.

Figuræ auctæ ; (a) corpus animalculi turbinatum ; (b) pedunculus ; (c) tubercula ciliata ; (d) eadem elongata.

54. VORTICELLE calice. Dict.

V. fimple, obverfe-ovale, pedoncule très-court, ouverture fufceptible de contraction ; pl. 23, fig. 30.
Se trouve ordinairement attachée fur le corps des nayades.

(30) Trois V. calices groffies : (a) ouverture baillante ; (b) ouverture fermée ; (c) cils tournoyants ; (d) pédoncule ; (e) partie groffie d'une nayade.

54. VORTICELLA ringens.

V. fimplex, obovata, pedunculo minimo ; orificio contractili ; tab. 23, fig. 30.

Reperitur fæpius adhærens in corpora naidum.

(30) Tres V. ringentes aucta magnitudine ; (a) apertura hians ; (b) apertura claufa ; (c) cilia rotantia ; (d) pedunculus ; (e) pars aucta naidis.

55. VORTICELLE inclinée. Dict.

V. fimple, courbée, pedoncule court, tête retractile ; pl. 23, fig. 31.
Se trouve comme la précédente, attachée fur les nayades.

(31) Deux V. inclinées groffies ; (a) tête courbée ; (b) tête relevée ; (c) pédoncule ; (d) portion de nayade groffie.

55. VORTICELLA inclinans.

V. fimplex, deflexa, pedunculo brevi, capitulo retractili ; tab 23. fig. 31.
Reperitur cum præcedenti naidibus affixa.

(31) Duæ V. inclinantes auctæ ; (a) capitulum deflexum ; (b) erectum ; (c) pedunculus ; (d) pars aucta naidis.

56. VORTICELLE engainée. Dict.

V. fimple, droite, ovale tronquée, pedoncule fixé dans un fourreau ; pl. 23, fig 32.
Se trouve dans l'eau de mer.

Figures groffies ; (a) corps de l'animalcule tronqué en avant ; (b) bord tournoyant de l'ouverture ; (c) pédoncule ; (d) fourreau diaphane, fixé par fa bafe.

56. VORTICELLA vaginata.

V. fimplex, erecta, ovato-truncata, pedunculo vaginato ; tab. 23, fig. 32.
Reperitur in aqua marina.

Figuræ auctæ ; (a) corpus animalculi antice truncatum ; (b) margo aperturæ fluctuans ; (c) pedunculus ; (d) vagina hyalina, bafi adhærens.

57. VORTICELLE urnule. Dict.

V. fimple, en forme de taffe, pedoncule fe tortillant : pl. 24, fig. 1—5.
Se trouve dans l'eau de mer gardée longtems.

Figures groffies. (1, 2, 3, 4) V. urnules diverfement fituées nageant. (5) Deux autres fixées par leur pédoncule ; (a) ouverture à bord faillant ; (b) deux cils de chaque côté de l'ouverture ; (c) pédoncule tordu en fpirale ; (d) pédoncule droit ou courbé ; (e) pouffière fur laquelle les pédoncules font fixés ; (f) corps ventru de l'animalcule.

57. VORTICELLA cyathina.

V. fimplex, crateriformis, pedunculo retortili ; tab. 24, fig. 1—5.
Reperitur in aqua marina diù fervata.

Figuræ auctæ. (1, 2, 3, 4) V. cyathina diverfo fitu, natantes. (5) Duæ pedunculo affixæ ; (a) apertura margine protuberante ; (b) bina cilia utrinque in apertura ; (c) pedunculus fpiraliter tortus ; (d) pedunculus rectus aut curvatus ; (e) pulvifculus cui adhærent pedunculi ; (f) corpus ventricofum animalculi.

58. VORTICELLE puante. Dict.

V. fimple, ouverte fufceptible de contraction, pedoncule roide ; pl. 24, fig. 7—11.
Se trouve dans l'eau de mer la plus corrompue.

58. VORTICELLA putrina.

V. fimplex, apice retractili, pedunculo rigido ; tab. 24, fig. 7—11.
Reperitur in aquâ marina fetidiffima.

Figures très groffes. (7) V. *puante* nageant. (8)
Autre offrant deux animalcules pedicellés fur un pédoncule commun. (9) Deux autres fixées, dont l'une
eft mamelonée & l'autre globuleufe. (10, 11) Trois
autres, dont l'ouverture préfente divers degrés de
baillement; (*a*) le corps; (*b*) l'ouverture; (*c*) l'ouverture découpée; (*d*) l'ouverture fermée & relevée en
un mamelon; (*e*) le corps fphérique; (*f*) divifion du
pédoncule en deux animalcules diftincts; (*g*) le pédoncule; (*h*) corps, fur lefquels ces animalcules font fixés.

Figuræ valdè auctæ. (7) V. *putrina* natans. (8)
Alia oftendens animalcula bina pedicellata fupra pe-
dunculum communem. (9) Duæ affixæ, corpore pa-
pillato aut fphærico. (10, 11) Tres aliæ, apice
diverfimodè aperto & dilatato; (*a*) corpus; (*b*) apertura; (*c*) apertura fublaciniata; (*d*) apertura coarctata
papillaris; (*e*) corpus fphæricum; (*f*) divifio pedunculi in duo animalcula diftincta; (*g*) pedunculus; (*h*) objecta quibus adhærent animalcula.

59. VORTICELLE *parafol*. Dict.

V. fimple, en forme de patène, pedoncule
fe tortillant pl. 24, fig. 12—17.
Se trouve dans l'eau de mer, gardée longtems.

59. VORTICELLA *patellina*.

V. fimplex, patinæ formis pedunculo retortili; tab. 24, fig. 12—17.
Reperitur in aqua marina diù fervata.

Figures très-groffies. (12, 13, 14, 16, 17) V.
parafols vues en différentes fituations. (15) La même
nageant; (*a*) le corps de l'animalcule; (*b*) les cils
de l'ouverture; (*c*) pédoncule étendu; (*d*) pédoncule
tordu en fpirale; (*e*) les bords recourbés de l'ouverture.

Figuræ valdè auctæ. (12, 13, 14, 16, 17) V.
patellina vario fitu confpectæ; (15) Alia natans;
(*a*) corpus animalculi; (*b*) cilia rotatoria; (*c*) pedunculus extenfus; (*d*) pedunculus fpiraliter intortus;
(*e*) margines aperturæ reflexi.

60. VORTICELLE *globuleufe*. Dict.

V. fimple, fphérique, pedoncule fe tortillant; pl. 24, fig. 6.
Se trouve attaché au corps du *ciclope à quatre
cornes*.

60. VORTICELLA *globularia*.

V. fimplex, fphærica, pedunculo retortili;
tab. 24, fig. 6.
Reperitur adhærens fupra *cyclopem quadricor-
nem*; mull.

Figure groffie repréfentant quatre V. *globuleufes*,
fixées par leur pédoncule; (*a*) le corps ou la tête; (*b*)
le pédoncule, droit; (*c*) le pédoncule tortillé; (*d*)
fans cils vifibles.

Figura ampliata, oftendens quatuor V. *globularias*
pedunculo affixas; (*a*) corpus globofum; (*b*) pedunculus rectus; (*c*) pedunculus tortus; (*d*) apertura,
ciliis non apparentibus.

61. VORTICELLE *hemifphérique*. Dict.

V. fimple, hemifphérique, pedoncule fe
tortillant; pl. 24, fig. 18.
Se trouve dans l'eau avec la *lenticule commune*.

61. VORTICELLA *lunaris*.

V. fimplex, hemifphærica, pedunculo retortili; tab. 24, fig. 18.
Reperitur in aqua cum *lemna minori*.

Figure groffie repréfentant quatre V. *hémifphériques*
fixées en différentes pofitions; (*a*) petite tête baillante (*b*) fermée; (*c*) bords onduleux de l'ouverture;
(*d*) faifceaux de cils droits; (*e*) faifceaux de cils ho-
rifontaux; (*f*) pédoncule étendu; (*g*) pédoncule tortillé; (*h*) partie de *lenticule* fur laquelle ces animalcules font attachés.

Figura aucta repræfentans quatuor V. *lunares* vario
fitu affixas; (*a*) capitulum apertum; (*b*) claufum;
(*c*) margo aperturæ undatus; (*d*) fafciculi ciliorum
erect.; (*e*) fafciculi ciliorum horizontales; (*f*) pedunculus extenfus; (*g*) pedunculus tortus; (*h*) pars *lemna*
fupra quam affiguntur hæ animalcula.

62. VORTICELLE *muguet*. Dict.

V. fimple, campanulée, pedoncule fe tortillant; pl. 24, fig. 19.
Se trouve fouvent attachée aux plantes &
aux coquilles fluviatiles; fe rencontre auffi
dans l'eau de mer.

62. VORTICELLA *convallaria*.

V. fimplex, campanulata, pedunculo retortili; tab. 24, fig. 19.
Reperitur fæpe adhærens plantis & teftis fluviatilibus; in aqua marina quoque occurrit.

Figure groſſie repréſentant cinq de ces animalcules marins, fixés, & diverſement ſitués ; (*a*) tête ouverte ; (*b*) tête fermée ; '*c*) pédoncule alongé, droit ; (*d*) pédoncule raccourci tortillé.

Figura aucta repræſentans quinque V. *convallarias* marinas fixas, vario ſitu ; (*a*) capitulum apertum ; (*b*) capitulum clauſum ; (*c*) pedunculus elongatus, rectus ; (*d*) pedunculus retractus, tortus.

63. VORTICELLE *nutante.* Dict.

V. ſimple, courbée, en forme d'entonnoir, pedoncule ſe tortillant ; pl. 24, fig. 20.
Se trouve comme la précédente.

Figure repréſentant un groupe de V. *nutantes* fixées en diverſes poſitions ; (*a*) tête en forme d'entonnoir ; (*b*) pointes du bord de l'ouverture ; (*c*) pédoncule droit ; (*d*) pédoncule tortillé.

63. VORTICELLA *nutans.*

V. ſimplex, turbinata, nutans, pedunculo retortili ; tab. 24, fig. 20.
Reperitur ſicut præcedens.

Figura catervam V. *nutantium* pedunculo affixarum vario ſitu oſtendens ; (*a*) capitulum infundibuliforme ; (*b*) mucrones marginis ; (*c*) pedunculus rectus ; (*d*) pedunculus tortus.

64. VORTICELLE *nebuleuſe.* Dict.

V. ſimple, ovoïde, pedoncule ſe repliant vers le milieu ; pl. 24, fig. 21.
Se trouve dans la mer baltique ſur la *conſerve polymorphe.*

Obſ. Muller donne pour un caractère diſtinctif de cette eſpèce, que ſon pédoncule ſe recourbe vers le milieu, ſans jamais être tordu en ſpirale, & cependant ſa figure, ſi elle eſt exacte, ſemble démentir cette aſſertion.

Figure groſſie préſentant un groupe de V. *nebuleuſes* diverſement ſituées ; (*a*) tête ouverte avec des cils viſibles ; (*b*) tête un peu rétrécie ſans cils viſibles ; (*c*) tête fermée ; (*d*) pédoncule étendu ; (*e*) pédoncule recourbé, tortillé ?

64. VORTICELLA *nebulifera.*

V. ſimplex, ovata, pedunculo circa medium reflexili ; tab. 24, fig. 21.
Reperitur in mare balthico, ſupra *conſervam polymorpham.*

Obſ. Mullerus ham ſpeciem ab affinibus diſtinxit, eo quod in hac pedunculus circa medium reflectatur abſque ulla ſpira, attamen figura quam indicat ab illo caractere diſſentire videtur.

Figura ampliata, V. *nebuliferas* variè ſitas oſtendens ; (*a*) capitulum apertum ciliis conſpicuis ; (*b*) capitulum clauſum ciliis inconſpicuis ; (*c*) capitulum clauſum ; (*d*) pedunculus extenſus ; (*e*) pedunculus reflexus, tortus ?

65. VORTICELLE, *articulée* ; Dict.

V. ſimple, tronquée, pedoncule roide ſe tortillant au ſommet ; pl. 24, fig. 23, 24.
Se trouve ordinairement groupée ſur les coquilles fluviatiles.

(23) V. *articulées* de grandeur naturelle, attachées à la coquille du *planorbe contourné.* (24) Les mêmes groſſies ; (*a*) animalcule ; (*b*) planorbe ; (*c*) tête fermée ; (*d*) tête ouverte ; (*e*) pédoncule roide ; (*f*) extrémité ſupérieure du pédoncule, étendue ; (*g*) extrémité ſupérieure du pédoncule, tordue, paroiſſant articulée.

65. VORTICELLA *annularis.*

V. ſimplex, truncata, pedunculo rigido apice retortili ; tab. 24, fig. 23, 24.
Reperitur ſæpius coacervata ſupra teſtas fluviatiles.

(23) V. *annulares* magnitudine naturali ſupra teſtam *planorbis contorti* affixæ ; (*a*) animalcula ; (*b*) planorbis, (*c*) capitulum clauſum ; (*d*) capitulum apertum ; (*e*) pedunculus rigidus ; (*f*) extremitas ſuperior pedunculi extenſa ; (*g*) extremitas ſuperior pedunculi torta, quaſi annulata.

66. VORTICELLE *baie.* Dict.

V. ſimple ; globuleuſe, parſemée de grains noiratres, pedoncule roide ; pl. 24, fig. 22.
Se trouve dans les eaux ſtagnantes.

66. VORTICELLA *acinoſa.*

V. ſimplex, globoſa, granis nigricantibus, pedunculo rigido ; tab. 24, fig. 22.
Reperitur in aquis ſtagnantibus.

Figures groffies de quatre V. *bayes* ; (*a*) tête fermée ; (*b*) tête à demie-ouverte ; (*c*) tête très-ouverte ; (*d*) cils de l'organe rotifère ; (*e*) bafe de la tête ; (*f*) pédoncules fimples ; (*g*) pédoncule divifé au fommet & foutenant deux têtes.

Figuræ auctæ quatuor V. *acinofarum* ; (*a*) capitulum claufum ; (*b*) capitulum femiapertum ; (*c*) capitulum patentiffimum ; (*d*) cilia organi rotatorii ; (*e*) bafis capituli ; (*f*) pedunculi fimplices ; (*g*) pedunculus apice divifus, duo capitula gerens.

67. VORTICELLE *pelotonnée*. Dict.

V. fimple campanulée verte, bords de l'ouverture recourbés, pédoncule fe tortillant ; pl. 24, fig. 25, 26.
Se trouve au commencemeut du printems fur les *conferves* des rivières.

(25) Maffe verte de V. *pelotonnées*, comme elle fe préfente à l'œil nud. (26) La même groffie ; (*a*) petite tête ; (*b*) bord tranfparent de l'ouverture ; (*c*) organe rotifère ; (*d*) pédoncule étendu ; (*e*) pédoncule tordu.

67. VORTICELLA *fafciculata*.

V. fimplex campanulata viridis, margine reflexo, pedunculo retortili ; tab. 24, fig. 25, 26.
Reperitur primo vere fupra *confervas* fluviatiles.

(25) Maffa viridis V. *fafciculatarum*, ut nudo oculo confpicitur. (26) Eadem aucta ; (*a*) capitulum ; (*b*) margo pellucidus ; (*c*) organum rotatorium ; (*d*) pedunculus extenfus ; (*e*) pedunculus retortus.

68. VORTICELLE *bilobée*. Dict.

V. ovoïde, rétrécie en avant & bilobée, pédoncule court, fe tortillant ; pl. 24, fig. 29.
Se trouve dans le réfidu de diverfes infufions.

Figure groffie repréfentant trois V. *bilobées* groffies ; (*a*) tête alongée ; (*b*) tête raccourcie ; (*c*) extrémité antérieure fendue en deux lobes ; (*d*) pédoncules légérement tordus.

68. VORTICELLA *hians*.

V. ovata, apice attenuato bilobo, pedunculo brevi retortili ; tab. 24, fig. 29.
Reperitur in moleculis refiduis variarum infufionum.

Figura aucta tres V. *hiantes* repræfentans ; (*a*) capitulum extenfum ; (*b*) capitulum contractum ; (*c*) extremitas antica in duos lobos fiffa ; (*d*) pedunculi parum intorti.

69. VORTICELLE *paquerette*. Dict.

V. fimple hemifphérique, difque jaunâtre, bords de l'ouverture fufceptibles de contraction.
Se trouve dans l'eau des foffés.
Cette efpèce n'a pas encore été figurée.

69. VORTICELLA *bellis*.

V. fimplex hemifpherica, difco fubflavo, margine contractili.

Reperitur in aqua foffarum.
Hæc fpecies nondum fculpta fuit.

70. VORTICELLE *jumelle*. Dict.

V. fimple fphérique, pédoncule foutenant deux têtes ; pl. 24 fig. 27, 28.
Se trouve parmi les *conferves* marines, fouvent attachée au teft des *monocles*.

Figures groffies. (27) V. *jumelle* à une feule tête, telle qu'il paroit qu'on la trouve dans une faifon de l'année. (28) V. *jumelle* à deux têtes, plus commune ; (*a*) tête fermée ; (*b*) tête à demi-fermée ; (*c*) tête ouverte ; (*d*) entrailles protubérantes ; (*e*) bord de l'ouverture, recourbé ; (*f*) les cils ; (*g*) pédoncule étendu ; (*h*) pédoncule fe tortillant.

70. VORTICELLA *gemella*.

V. fimplex fphærica, pedunculo capitula bina ferente ; tab. 24, fig. 27, 28.
Reperitur inter *confervas* marinas, fæpius teftis *monoculorum* affixa.

Figuræ auctæ. (27) V. *gemella* capitulo fimplici, qualis reperiri videtur uno anni tempore. (28) V. *gemella* capitulo duplici, magis vulgaris ; (*a*) capitulum correptum ; (*b*) capitulum fere correptum ; (*c*) capitulum apertum ; (*d*) interanea protuberantia ; (*e*) margo aperturæ reflexus ; (*f*) cilia ; (*g*) pedunculus extenfus ; (*h*) pedunculus intortus.

71. VORTICELLE *conjugale.* Dict.

V. composée (*), en forme de cone renversé tronqué, pédoncule rameux; pl. 25, fig. 1-4.
Se trouve souvent fixée sur les tiges du *ceratophylle.*

Figures très-grossies. (1) V. *conjugale* presque cylindrique. (3) Variété de cette espèce dont le pédoncule est écailleux, & dont les têtes sont retrécies près du sommet. (2) Rameau de cette variété soutenant deux têtes sessiles. (4) Un animalcule solitaire de cette espèce muni de son pédicule; (*a*) la tête; (*b*) le pédoncule commun; (*c*) les pédicules; (*d*) les écailles.

72. VORTICELLE *rose de jéricho.* Dict.

V. composée, oblongue, sommet entier tronqué obliquement, pédoncule roide écailleux; pl. 25, fig. 5.
Se trouve fixée sur les animaux & sur les végétaux fluviatiles.

Figure grossie; (*a*) têtes réunies en ombelle; (*b*) pédoncule commun écailleux; (*c*) rameaux également écailleux; (*d*) support du pédoncule commun.

73. VORTICELLE *digitale.* Dict.

V. composée, cylindrique, cristalline, tronquée & fendue au sommet, pédoncule fistuleux rameux; pl. 25, fig. 6.
Fut trouvée adherente au *ciclope à quatre cornes.*

Figure grossie de la V. *digitale*; (*a*) têtes disposées en ombelle; (*b*) têtes tronquées & échancrées; (*c*) têtes contractées de forme ovoïde; (*d*) pédoncule commun; (*e*) rameaux;

74. VORTICELLE *polypine.* Dict.

V. composée, ovoïde, tronquée en avant, pédoncule très-branchu se tortillant; pl. 25, fig. 7—9.
Se trouve fréquemment dans la mer baltique, sur le *varec noduleux.*

(*) Les *Vorticelles composées* sont celles dont le pédoncule se divise en plusieurs plus petits, qui soutiennent autant de têtes ou d'animalcules distincts. On rencontre souvent des animalcules simples, appartenans à des *Vorticelles composées.*

71. VORTICELLA *pyraria.*

V. composita (*), inverse conica truncata, pedunculo ramoso; tab. 25, fig. 1-4.

Reperitur sæpius *ceratophyllo* affixa.

Figuræ valdè auctæ. (1) V. *pyraria* subcylindrica. (3) Varietas hujusce speciei, capitulis versus apicem utrinque angustatis, & stirpe squamulis sparsis. (2) Ramulus ejusdem capitula duo sessilia gerens. (4) Animalculum solitarium cum pedicello; (*a*) capitulum; (*b*) stirps seu pedunculus communis; (*c*) pediceli; (*d*) squamulæ.

72. VORTICELLA *anastatica.*

V. composita, oblonga, oblique truncata integra, pedunculo squamoso rigido; tab. 25, fig. 5.
Reperitur affixa animalibus aut vegetabilibus fluviatilibus.

Figura ampliata; (*a*) umbella capitulorum; (*b*) pedunculus communis seu stipes squamosa; (*c*) ramuli pariter squamosi; (*d*) basis stipitis.

73. VORTICELLA *digitalis.*

V. composita, cylindrica, crystallina, apice truncata fissaque, pedunculo fistuloso ramoso; tab. 25, fig. 6.
Reperta fuit adhærens in *cyclope quadricorni.*

(5) Figura aucta V. *digitalis*; (*a*) capitula in ombellam congesta; (*b*) capitula truncata incisaque; (*c*) capitula contracta ovata; (*a*) pedunculus communis; (*e*) ramuli.

74. VORTICELLA *polypina.*

V. composita ovato-truncata, pedunculo reflexu ramosissimo; tab. 25, fig. 7—9.

Reperitur frequenter supra *fucum nodosum* maris balthici.

(*) *Vorticella composita* dicuntur quarum pedunculi in plures alios minores dividuntur in apice capitula gerentes. *Vorticella composita* sæpe simplices occurrunt.

(7) V. *polypine* vue à travers une loupe. (8) La même plus groffie. (9) La même confidérablement groffie; (*a*) les pédoncules communs; (*b*) les rameaux; (*c*) les pédicules; (*d*) les têtes étendues montrant ou cachant les cils de l'organe rotifère; (*e*) les têtes contractées & réunies en un peloton globuleux; (*f*) les écailles du pédoncule commun & des rameaux; (*g*) le pédoncule commun fe tortillant.

(7) V. *polypina* lenti vitreæ infpecta. (8) Eadem magis aucta. (9) Eadem magnopere ampliata; (*a*) pedunculi communes; (*b*) ramuli; (*c*) pedicelli; (*d*) capitula extenfa, cum ciliis organi rotatorii exfertis, aut conditis; (*e*) capitula contracta & in globulum conglomerata; (*f*) fquamulæ pedunculo & ramulis adhærentes; (*g*) pedunculus communis intortus.

75. VORTICELLE *œuvée*. Dict.

V. compofée, en forme de cône renverfé, tronqué, pédoncule roide, fiftuleux vers le haut, rameaux ovifères fe pelotonnant; pl. 25, fig. 10—15, d'après *Spallanzani*.
Se trouve dans les eaux douces, ftagnantes.

Figures groffies. (10) V. *œuvée* développée avec fes têtes épanouïes. (11) La même après que fes têtes fe font détachées, ne confervant que des œufs. (12) Morceau d'un rameau foutenant deux têtes, très-groffi. (13) Bafe du pédoncule commun, très-groffie. (14) Sommité du pédoncule commun pendant la contraction de fes rameaux. (15) Œuf groffi ou ovaire.

(*a*) Pédoncule commun; (*b*) rameaux; (*c*) têtes épanouies; (*d*) pédicules; (*e*) portion des pédicules qui refte fur les rameaux, après que les têtes fe font détachées; (*f*) rameaux pendant leur contraction; (*g*) canal qu'on diftingue dans la partie fupérieure du pédoncule commun; (*h*) bafe élargie du pédoncule commun; (*i*) œufs; (*k*) embrion; (*l*) courbure du pédoncule commun, pendant la contraction des rameaux.

75. VORTICELLA *ovifera*.

V. compofita, inverfe conica truncata, pedunculo rigido fuperne fiftulofo, ramulis oviferis conglomerantibus; tab. 25, fig. 10-15. è *Spallanzanio*.
Reperitur in aquis dulcibus ftagnantibus.

Figuræ valdè auctæ. (10) V. *ovifera* extenfa cum capitulis exfertis. (11) Eadem poft projectiōnem capitulorum, ovis folis refiduis. (12) Portio ramuli cum capitulis binis pedicellatis magnopere auctis. (13) Bafis pedunculi communis maxime aucta. (14) Apex pedunculi communis, inftante contractione ramulorum. (15) Ovum ampliatum, feu ovarium.

(*a*) Pedunculus communis; (*b*) ramuli; (*c*) capitula exferta; (*d*) pedicelli; (*e*) pars pedicellorum, fupra ramulos poft capitulorum emiffionem fuperftes; (*f*) ramuli conglomerati; (*g*) canalis in parte fuperiori pedunculi communis confpicuus; (*h*) bafis dilatata pedunculi communis; (*i*) ovula; (*k*) embrio; (*l*) curvatura pedunculi communis, inftante correptione ramulorum.

76. VORTICELLE *en grappe*. Dict.

V. compofée, pédoncule roide, pédicules longs, divifés en grappe; pl. 25, fig. 16, 17.
Se trouve dans les eaux ftagnantes & dans les ruiffeaux.

(16) V. *en grappe* de grandeur naturelle. (17) La même groffie; (*a*) pédoncule commun, roide; (*b*) rameaux; (*c*) petites têtes développées; (*d*) rameau contracté, avec fon pédicule tortillé.

76. VORTICELLA *racemofa*.

V. compofita, pedunculo rigido, pedicellis longis racemofis; tab. 25, fig. 16, 17.
Reperitur in aquis ftagnantibus & in rivulis.

(16) V. *racemofa* magnitudine naturali. (17) Eadem aucta magnitudine; (*a*) pedunculus communis rigidus; (*b*) ramuli; (*c*) capitula extenfa; (*d*) ramulus in glomerem correptus, cum pedicello fpiraliter torto.

77. VORTICELLE *en ombelle*. Dict.

V. compofée, globuleufe, pédoncule divifé en ombelle; pl. 26, fig. 1-7, d'après *Roëfel*.
Se trouve, comme la précédente, dans les eaux ftagnantes.

(1) V. *en ombelle* de grandeur naturelle. (2) La même groffie. (3) Une tête féparée de fa tige, fermée & globuleufe. (4) Autre tête, ouverte, féparée de fa tige. (5) Animalcule fimple pourvu de fon pédicule. (6) Portion de plante aquatique foutenant de

77. VORTICELLA *umbellaria*.

V. compofita, globofa, pedunculo fubumbellato; tab. 26, fig. 1-7, è *Roefelio*.
Reperitur ficut præcedens in aquis ftagnantibus.

(1) V. *umbellaria* magnitudine naturali. (2) Eadem aucta. (3) capitulum a ftipite folutum, claufum globofum. (4) Alium Capitulum a ftipite feparatum patulum. (5) Animalculum fimplex pedicello donatum. (6) Pars plantæ cujufdam aquaticæ V. *umbella*-

ces animalcules simples & d'autres composés ; également grossis. (7) V. *en ombelle* très-grossie & très-
composée.

(*a*) Tête globuleuse ouverte, parsemée de points
noirs. (*b*) convexité de sa base par où elle adhère
à son pédicule; (*c*) organe rotifère vu presque en face;
(*a*) le même vu par derrière ; (*c*) pédoncule commun ; (*f*) tige dont les têtes se sont détachées ; (*g*)
têtes fermées presque en forme de poire ; (*h*) portion d'une plante aquatique sur laquelle ces animalcules sont attachés ; (*k*) tête se détachant de son pédicule.

rias simplices & compositas, æqualiter auctas susti-
nens. (7) V. *umbellaria* valdè aucta, magisque composita.

(*a*) Capitulum globosum apertum, punctis nigris
sparsis; (*b*) baseos convexitas, qua capitulum adhæret pedicello; (*c*) organum rotatorium obversum ;
(*a*) organum rotatorium aversum ; (*e*) pedunculus
communis; (*f*) truncus capitulis spoliatus; (*g*) capitula clausa subpyriformia; (*h*) pars plantæ aquaticæ
supra quam sedent animalcula; (*k*) capitulum in instante
divisione a pedicello.

78. VORTICELLE *berberine*. Dict.

V. composée, oblongue-ovale, pédicules élargis vers le haut; pl. 26, fig. 10-17, *d'après Roësel.*
Se trouve dans les ruisseaux & les fontaines.

Figures très-grossies. (10) V. *berberine* à pédicule
simple. (11) Autre à pédicule bifide. (12) Autre
à pédicule divisé en trois. (13) Groupe de V. *berberines* à pédicules plus composés. (14) Groupe de
V. *berberines*, dont les têtes se sont détachées en
partie, & dont les autres sont prêtes à se détacher.
(15) V. *berberine*, dont le pédicule est divisé en quatre
vers le haut. (17) Groupe de V. *berberines*, dont
les têtes sont entièrement détachées. (A) Cinq têtes
séparées de leurs pédicules, dont les lignes ponctuées
indiquent la direction.

(*a*) têtes marquées au milieu d'une tache blanchâtre ; (*b*) ouverture ; (*c*) pédicule simple ; (*d*) pédicule bifide ; (*e*) pédicules composés; (*f*) têtes détachées de leur pédicule; (*h*) extrémité supérieure
des pédicules, trois fois plus élargie que leur base ;
(*i*) extrémité inférieure des pédicules.

78. VORTICELLA *berberina*.

V. composita, oblongo-ovata, pedicellis superne dilatatis; tab. 26, fig. 10—17, *è Roeselio.*
Reperitur in fontibus & rivulis.

Figuræ valdè auctæ. (10) V. *berberina* pedicello simplici. (11) Alia pedicello bifido. (12) Alia pedicello
trifido. (13) Acervus V. *berberina*, pedicellis magis
compositis. (14) Acervus alter V. *berberina* capitulis
partim separatis, partim adhærentibus. (15) V. *berberina* pedicello ultra medium in quatuor minores partito.
(17) Acervus pedicellorum V. *berberina* capitulis omnibus deficientibus. (A) Quinque capitula à pedicellis
migrata, quorum lineæ punctatæ motus directionem
indicant.

(*a*) Capitula, versus medium macula albida notata; (*b*) apertura ; (*c*) pedicellus simplex ; (*d*) pedicellus bifidus ; (*e*) pedicelli compositi; (*f*) capitula à pedicellis separata ; (*h*) extremitas superior
pedicellorum, basi triplo magis dilatata ; (*i*) extremitas
inferior pedicellorum.

79. VORTICELLE *operculaire*. Dict.

V. composée, pédoncule articulé très-ra-
meux, têtes oblongues-ovales renfermant un
opercule cilié; pl. 26, fig. 8, 9, *d'après Roësel.*
Se trouve dans les étangs.

Obs. Cette espèce, tant à cause des articulations de sa tige, qu'à raison de la saillie de
son organe rotifère, paroît se rapprocher beaucoup des *sertulaires* marines, & indiquer
d'une manière sensible l'affinité naturelle qui
joint les *Vorticelles composées* & les Litho-
phytes polypeux de la mer.

(8) V. *operculaire* très-rameuse grossie. (9) Autre
moins composée très-grossie ; (*a*) têtes dont l'opercule est saillant hors de l'ouverture ; (*b*) opercules,
dont la circonférence est ciliée & le centre inférieur
pédicellé ; (*c*) têtes dont l'opercule est rentré, &
sur lesquelles on apperçoit le rebord de l'ouverture;

79. VORTICELLA *opercularia*.

V. composita, pedunculo articulato ramosissimo, capitulis oblongo-ovatis operculum
ciliatum exserentibus; tab. 26, fig. 8, 9.
Reperitur in stagnis, *è Roeselio.*

Obs. Hæc species tam propter stipitis arti-
culos quam ob organi rotatorii extra aperturam protrusionem, ad *sertularias* marinas plurimum accedit, affinitatemque naturalem qua
Vorticella composita & Lithophyta polypifera
junguntur, apprime indicare videtur.

(8) V. *opercularia* ramosissima aucta. (9) Alia minus
composita magnopere ampliata; (*a*) capitula, operculo extra aperturam exserto; (*b*) opercula exserta,
peripheria ciliata, centroque inferne pedicellato; (*c*)
capitula, operculo retracto, ore superne marginato;
(*d*) pedunculus communis capitulis utrinque denuda-

(*d*) pédoncule commun ; dont les têtes font détachées ; (*e*) pédicules articulés ; (*f*) tourbillon qui eft excité dans l'eau par le mouvement circulaire de l'opercule, que l'on doit confidérer comme l'organe rotifère de cette efpèce.

tus ; (*e*) pedicelli articulati ; (*f*) vortex in aquis excitatus motu circulari operculi , quod organum rotatorium hujus fpeciei, ab aliis tamen diverfum confiderare debemus.

17. BRACHION.

Caract. du genre.

Ver fufceptible de contraction, recouvert par un teft (*), pourvu en avant de cils tourbillonnans.

17. BRACHIONUS.

Charact. generis.

Vermis contractilis , tefta (*) tectus , antice munitus ciliis rotatoriis.

1. BRACHION *ftrié.* Dict. n°. 1.

B. teft univalve, ovoïde ftrié, armé de fix dents fur fon bord antérieur, bafe fimple fans queue ; pl. 27, fig. 1-3.
Se trouve dans l'eau de mer.

Figures groffies. (1) B. *ftrié* vu au dos. (2) Le même allongeant les poils de fon extrémité antérieure. (3) Le même vu fur la face du ventre ; (*a*) dents du teft ; (*b*) petites houppes de poils ; (*c*) piquans arqués du ventre ; (*d*) appendices crochus ; (*e*) organe de la déglutition.

1. **BRACHIONUS** *ftriatus.*

B. univalvis , tefta ovata ftriata , apice fexdentata, bafi integra ecaudata ; tab. 27 , fig. 1-3.

Reperitur in aqua marina.

Figuræ ampliatæ. (1) B. *ftriatus* pronus. (2) Idem pilos fafciculatos extremitatis anticæ exferens. (3) Idem fupinus ; (*a*) dentes teftæ ; (*b*) fafciculi pilorum exferti ; (*c*) cufpides arcuati ventrales ; (*d*) mucrones uncinati ; (*e*) organum deglutorium.

2. BRACHION *écaille.* Dict. n°. 2.

B. teft univalve, orbiculaire, tronqué en avant, & armé de quatre dents , bafe fimple fans queue , pl. 27, fig. 4-7.
Se trouve dans les marais, où croît la *lenticule commune.*

Figures également groffies. (4, 7) B. *écailles* vus au dos. (5) Autre vu de côté. (6) Autre préfentant le ventre ; (*a*) quatre dents antérieures du teft ; (*b*) deux petits denticules placés entre les dents latérales ; (*c*) cils de l'extrémité antérieure ; (*d*) machoires fermées ; (*e*) œufs.

2. **BRACHIONUS** *fquamula.*

B. univalvis, tefta orbiculari apice truncata quadridentata, bafi integra ecaudata ; tab. 27, fig. 4-7.
Reperitur in paludofis ubi crefcit *lemna minor.*

Figuræ æqualiter auctæ. (4, 7) B. *fquamula* à dorfo vifi. (5) Alius à latere confpectus. (6) Alter à ventre confpicuus ; (*a*) teftæ quatuor dentes antici ; (*b*) bini denticuli dentibus lateralibus interpofiti ; (*c*) cilia extremitatis anterioris ; (*d*) maxillæ conniventes ; (*e*) ova.

3. BRACHION *pèle.* Dict. n°. 3.

B. teft univalve, oblong, concave en-def-

3. **BRACHIONUS** *pala.*

B. univalvis , tefta oblonga infernè excavata ;

(*) Le teft des *Brachions* eft roide & membraneux ; on le nomme *univalve*, lorfqu'il n'eft compofé que d'une feule pièce qui recouvre en tout ou en partie le dos de l'animalcule ; *bivalve* quand il eft divifé fur toute fa longueur en deux pièces égales rapprochées, & *capfulaire* lorfqu'étant d'une feule pièce, il enveloppe le corps de l'animalcule comme un fourreau.

(*) Tefta *Brachionorum* rigida eft & membranacea ; *univalvis* dicitur, quando unica componitur valvula quæ animalculi dorfum integre aut partialiter tegit ; *bivalvis* dum in duas valvulas longitudinaliter cohærentes dividitur , tandem *capfularis* quando corpus animalculi , ficut vagina univalvi incluium, undique obtegit.

ſous, armé en avant de quatre dents, baſe
ſimple ſans queue; pl. 27, fig. 8, 9.
Se trouve dans l'eau des marais.

Figures groſſies. (8) B. *pêle* préſentant le ventre.
(9) Le même préſentant le dos; (*a*) organes rotifères;
(*b*) élévation conique, dont le bout eſt garni de poils;
(*c*) machoire bilobée; (*d*) dents antérieures du teſt;
(*e*) ovaire ſuſpendu à ſon extrémité poſtérieure.

4. BRACHION *bêche*. B. *bipale*. Dict. n°. 4.

B. teſt univalve, oblong, replié en-deſſous,
bord antérieur armé de dix dents, baſe ſimple
ſans queue; pl. 27, fig. 10 - 12.
Se trouve dans l'eau de mer.

Figures groſſies. (10) B. *bêche* vu ſur la face du ventre, avec les cils tournoyants de ſon extrémité antérieure développés. (11) Autre préſenté ſur la même face
dont les cils ſont rentrés. (12) Le même vu au dos;
(*a*) dents du teſt diſpoſées ſur deux rangs; (*b*) ſoyes
menues; (*c*) organe rotifère; (*d*) trois élévations en forme de crête; (*e*) organe de la déglutition.

5. BRACHION *patène*. Dict. n°. 5.

B. teſt univalve, orbiculaire ſimple, queue
nue; pl. 27, fig. 13-17.
Se trouve dans les eaux ſtagnantes, parmi la
lenticule commune.

Figures groſſies. B. *patene* vu en deſſous, ayant ſes
organes rotifères étendus. (14) Le même vu au dos.
(15) Le même vu en deſſous, ayant ſes organes rotifères retirés. (16) Autre vu dans la même poſition,
dont tous les organes ſont contractés. (17) Organe de
la déglutition très-groſſi; (*a*) organe rotifère double,
ſaillant; (*b*) le même rentré ou en contraction; (*c*)
grands lobes; (*d*) petits lobes; (*e*) languettes pointues; (*f*) queue; (*g*) membrane crènelée; (*h*) organe de la déglutition; (*i*) le même, avec les mâchoires ouvertes; (*k*) le même, avec les mâchoires
fermées.

6. BRACHION *bouclier*. Dict. n°. 6.

B. teſt univalve, oblong, échancré en avant,
baſe ſimple, queue nue; pl. 27, fig. 18-21.

Se trouve dans l'eau de mer.

Figures groſſies. (18) B. *bouclier* vu au dos, avec
ſon organe rotifère développé. (19) Le même préſentant le ventre. (20) Autre vu de côté. (21) Autre
dont l'organe rotifère eſt rentré; (*a*) poils des côtés;
(*b*) cils; (*c*) crochets antérieurs; (*d*) organe de la
déglutition; (*e*) queue; (*f*) partie antérieure du teſt,
échancrée, & couverte par une membrane.

quadridentata, baſi integra ecaudata; tab. 27,
fig. 8, 9.
Reperitur in aqua paluſtri.

Figuræ auctæ. (8) B. *pala* ſupinus. (9) Idem pronus organis rotatoriis retractis; (*a*) organa rotatoria;
(*b*) colliculus conicus apice piloſus; (*c*) maxilla didy-
ma; (*d*) dentes anteriores teſtæ; (*e*) ovarium poſtice ſuſpenſum.

4. BRACHIONUS *bipalium.*

B. univalvis, teſta oblonga inflexa, apice decem dentata, baſi integra ecaudata; tab. 27,
fig. 10-12.
Reperitur in aqua marina.

Figuræ auctæ. (10) B. *bipalium*, ciliis rotatoriis extremitatis anticæ exſertis, è ventre conſpectus. (11) Alter eadem facie viſus, ciliis retractis. (12) Idem è dorſo conſpicuus; (*a*) dentes teſtæ duplici ſerie ordinatæ;
(*b*) ſetæ ſtrictæ laterum; (*c*) organum rotatorium;
(*d*) colliculi tres antici in formam criſtæ extenſi; (*e*)
organum deg'utorium.

5. BRACHIONUS *patina.*

B. univalvis, teſta orbiculari integra, cauda
mutica; tab. 27, fig. 13--17.
Reperitur in aquis ſtagnantibus inter *lemnam
minorem.*

Figuræ ampliatæ. (13) B. *patina* ſupinus, organis
rotatoriis exſertis. (14) Idem pronus. (15) Idem ſupinus, organis rotatoriis retractis. (16) Alter quoque
ſupinus, organis omnibus retractis. (17) Organum
deglutorium valdè auctum, ſeu maxillæ; (*a*) Organum rotatorium duplex exſertum; (*b*) idem retractum;
(*c*) lobuli majores; (*d*) lobuli minores; (*e*) ſpicula
acuminata; (*f*) cauda; (*g*) membrana crenulata; (*h*) organum deglutorium, (*i*) organi deglutorii maxillæ aper-
tæ; (*k*) maxillæ clauſæ.

6. BRACHIONUS *clypeatus.*

B. univalvis, teſta oblonga, apice emarginata, baſi integra, cauda mutica; tab. 27,
fig. 18-21.
Reperitur in aqua marina.

Figuræ auctæ. (18) B. *clypeatus* pronus, organo
rotatorio exſerto. (19) Idem ſupinus. (20) Idem à
latere conſpectus. (21) Alter organo rotatorio retracto; (*a*) pili laterales; (*b*) cilia; (*c*) hami anteriores; (*d*) organum deglutorium; (*e*) cauda; (*f*)
pars anterior teſtæ emarginata, cum membrana ſub-
jacente.

7. BRACHION *lamellé*. Diſt. n°. 7.

B. teſt univalve, oblong, face antérieure simple, baſe tricorne, queue terminée par deux poils; pl. 27, fig. 22-25.
Se trouve dans l'eau des marais.

Figures également groſſies. (22) B. *lamellé* préſentant le dos, ayant ſa tête ſaillante. (23) Le même dont la tête eſt rentrée. (24) Autre vu de côté, ayant la tête rentrée. (25) Autre vu en deſſous dont la tête eſt très-ſaillante; (*a*) lame antérieure orbiculaire; (*b*) cone de la tête; (*c*) mamelons des côtés; (*d*) petites cornes; (*e*) lame de l'extrémité poſtérieure du teſt tridentée; (*f*), le tronc; (*g*) petits corps ovales; (*h*) quéue compoſée de deux articulations; (*i*) deux poils qui la terminent; (*k*) les deux poils de la queue recourbés.

7. BRACHIONUS *lamellaris*.

B. univalvis, teſta produſta apice integra; baſi tricorni, cauda bipili; tab. 27, fig. 22-25.
Reperitur in aqua paluſtri.

Figuræ æqualiter auſtæ. (22) B. *lamellaris* dorſum oſtendens & caput produſtum. (23) Idem capite retraſto. (24) Alter capite retraſto à latere conſpicuus. (25) Alter ſupinus, capite valdè produſto; (*a*) lamella antica orbicularis; (*b*) conus capitis; (*c*) papillæ laterales; (*d*) cornicula; (*e*) lamella extremitatis poſticæ teſtæ tridentata; (*f*) truncus; (*g*) corpuſcula ovalia; (*h*) cauda articulis binis compoſita; (*i*) pili duo caudales; (*k*) pili caudales reflexi.

8. BRACHION *patelle*. Diſt. n°. 8.

B. teſt univalve, ovoïde, bidenté en avant, échancré en arrière, queue terminée par deux ſoyes; pl. 27, fig. 26-30.
Se trouve avec le précédent.

Figures groſſies. (26) B. *patelle* dont la tête eſt rentrée. (27) Autre dont la tête n'eſt pas tout-à-fait rentrée ſous le teſt. (28) Autre dont la tête eſt ſaillante au dehors. (29) Autre, vu ſur la face du ventre, dont la tête eſt ſaillante & ciliée. (30) Autre préſentant le dos, dont la tête eſt également ciliee.

(*a*) Dents antérieures du teſt; (*b*) la tête; (*c*) les cils de l'organe rotifère; (*d*) le tronc; (*e*) l'extrémité poſtérieure du teſt, échancrée; (*f*) la queue; (*g*) les deux poils du bout de la queue.

8. BRACHIONUS *patella*.

B. univalvis, teſta ovata, apice bidentata, baſi emarginata, cauda biſeta; tab. 27, fig. 26-30.
Reperitur cum præcedenti.

Figuræ ampliatæ. (26) B. *patella*, capite retraſto. (27) Idem capite intra teſtam ferè retraſto. (28) Alter capite exſerto non ciliato. (29) Alter è ventre conſpectus, capite valdè exſerto & ciliato. (30) Idem dorſum exhibens caputque exſertum ciliatum.

(*a*) Dentes anteriores teſtæ; (*b*) caput; (*c*) cilia organi rotatorii; (*d*) truncus; (*e*) extremitas poſterior teſtæ emarginata; (*f*) cauda; (*g*) pili bini caudales.

9. BRACHION *braſtée*. Diſt. n°. 9.

B. teſt univalve, preſque orbiculaire, échancré en avant en forme de croiſſant, ſimple en arrière, queue terminée par deux épines; pl. 27, fig. 31, 32.
On ne connoît pas le lieu natal de cette eſpèce.

Figures groſſies. (31) B. *braſtée* vu au dos, avec ſa tête étendue. (32) Le même vu du côté du ventre, avec ſa tête rentrée; (*a*) teſt en forme de braſtée, ou de lame; (*b*) la tête; (*c*) l'organe de la déglutition; (*d*) deux crochets de la face poſtérieure; (*e*) la queue; (*f*) les deux épines de la queue; (*g*) l'extrémité antérieure du teſt, échancrée en forme de croſſant; (*h*) pli du teſt; (*i*) viſcères blanchâtres; (*k*) l'ovaire.

9. BRACHIONUS *braſtea*.

B. univalvis, teſta ſuborbiculari, apice lunata, baſi integra, cauda ſpina dupliçi; tab. 27, fig. 31, 32.
Locus natalis hujus ſpeciei ignoratur.

Figuræ auſtæ. (31) B. *braſtea* è dorſo conſpectus, capite exſerto. (32) Idem è ventre conſpectus, capite retraſto; (*a*) teſta in formam braſteæ aut laminæ; (*b*) caput; (*c*) organum deglutorium; (*d*) uncinuli bini faciei poſterioris; (*e*) cauda; (*f*) ſpinulæ duo caudales; (*g*) extremitas anterior teſtæ in formam lunulæ emarginata; (*h*) plica ſeu inflexio teſtæ; (*i*) vaſcula albicantia; (*k*) ovarium.

10. BRACHION *pliſſé*. Diſt. n°. 10.

B. teſt univalve oblong, crenelé en avant,

10. BRACHIONUS *plicatilis*.

B. univalvis, teſta oblonga, apice acuminata,

échancré en arrière, queue longue, terminée par deux pointes ; pl. 27, fig. 33--40.
Se trouve dans l'eau de mer.

Figures groſſies. (33) B. *pliſſé* couché fur le dos,
avec les organes de ſon extrémité antérieure develop-
pés. (34) Le même couché fur le ventre, dont les
organes de la tête ſont rentrés. (35) Autre vu de
côté. (36, 37, 38) Extrémité antérieure de l'animalcule préſentée dans des états différens. (39, 40)
Organe de la déglutition très-groſſi ; (*a*) tubercule intermédiaire de la tête, velu ; (*b*) tubercules latéraux
inclinés & velus ; (*c*) poils pendans, ſitués au bas de
la tête ; (*d*) bord antérieur du teſt crenelé ; (*e*) ſecond
rang de crenelures du bord antérieur du teſt ; (*f*)
organe de la déglutition ; (*g*) bords latéraux du teſt
repliés vers le ventre ; (*h*) la queue ; (*i*) pointes de la
queue ; (*k*) véſicules intérieures ; (*l*) œuf fuſpendu à
la naiſſance de la queue ; (*m*) mâchoires fermées ; (*n*)
mâchoires écartées ; (*o*) centre noir ; (*p*) Deux points
qu'on diſtingue pendant l'écartement des mâchoires.

11. BRACHION *ovale*. Dict. n°. 11.

B. teſt bivalve aplati, échancré aux deux
bouts, queue terminée par deux cirres ;
pl. 28, fig. 1-3.
Se trouve parmi les *conferves* des marais.

Figures groſſies. (1) B. *ovale* nageant, ayant les
cils des côtés ployés. (2) Le même pendant le repos,
ayant ſes cils dreſſés. (3) Autre dont les cils ſont
rentrés ; (*a*) pointes antérieures du teſt ; (*b*) échancrure poſtérieure du teſt ; (*c*) cils inclinés ou ployés ;
(*d*) cils droits ; (*e*) organe de la déglutition ; (*f*)
membranes qui entourent le corps ; (*g*) queue ; (*h*)
appendices linéaires ; (*i*) cirres de la queue ; (*k*)
cils ſaillans de l'extrémité antérieure ; (*l*) maſſe ovale
qui eſt peut-être l'ovaire.

12. BRACHION *tricorne*. Dict. n°. 12.

B. teſt bivalve ventru, bord antérieur ſimple,
baſe tricorne, queue munie de deux épines ;
pl. 28, fig. 4, 5.
Se trouve dans l'eau des marais.

Figures groſſies repréſentant le *Brachion tricorne* ?
en deux différentes poſitions ; (*a*) cils des côtés réunis
en faiſceau ; (*b*) appendicules de l'extrémité antérieure ; (*c*) organe de la déglutition ; (*d*) maſſe opaque
des entrailles ; (*e*) épines de l'extrémité poſtérieure ;
(*f*) pointe poſtérieure du teſt ; (*g*) ſoyes de la queue ;
(*h*) cils du double organe rotifère.

13. BRACHION *denté*. Dict. n°. 13.

B. teſt bivalve arqué, muni de deux dents

---

baſi emarginata, cauda longa bicuſpi ; tab.
27 ; fig. 33--40.
Reperitur in aqua marina.

Figuræ ampliatæ. (33) B. *plicatilis* ſupinus, organis cunctis extremitatis anterioris exſertis. (34) Idem
pronus, organis capitis retractis. (35) Alter a latere
conſpectus, capite exſerto. (36, 37, 38) Extremitas
anterior animalculi, ſubdiverſo ſitu & ſtatu. (39, 40)
Organum deglutorium maxime ampliatum ; (*a*) colliculus capitis piloſus intermedius ; (*b*) colliculi laterales ſubconniventes piloſi ; (*c*) pili baſeos capitis ex-
trorſum procumbentes ; (*d*) margo anterior teſtæ crenulatus ; (*e*) ſecunda ſeries crenularum marginis anterioris teſtæ ; (*f*) organum deglutorium ; (*g*) margines
teſtæ introrſum plicati ; (*h*) cauda ; (*i*) cuſpides caudæ ; (*k*) veſiculæ interiores ; (*l*) ovulum baſi caudæ
adhærens ; (*m*) maxillæ conniventes ; (*n*) maxillæ
ſecedentes ; (*o*) centrum nigrum ; (*p*) puncta duo
inter hiatum maxillarum conſpicua.

11. BRACHIONUS *ovalis*.

B. bivalvis, teſta depreſſa extremitatibus
emarginata, cauda cirro duplici ; tab. 28,
fig. 1--3.
Reperitur in paludoſis inter *confervas*.

Figuræ auctæ. (1) B. *ovalis* natans, ciliis lateralibus
deflexis. (2) Idem quieſcens, ciliis omnibus porrectis. (3) Alter ciliis omnibus conditis ; (*a*) mucrones
teſtæ antici ; (*b*) inciſura poſtica teſtæ ; (*c*) cilia incli-
nata aut deflexa ; (*d*) cilia ſtricta ; (*e*) organum deglutorium ; (*f*) membranulæ truncum cingentes ;
(*g*) cauda ; (*h*) appendiculæ lineares ; (*i*) cirri caudales ; (*k*) cilia extremitatis anterioris porrecta ; (*l*)
maſſa ovalis, quæ forte ovarium.

12. BRACHIONUS *tripos*.

B. bivalvis, teſta ventroſa, apice mutica, baſi
tricorni, cauda ſpina duplici ; tab. 28, fig.
4, 5.
Reperitur in aquâ paluſtri.

(4, 5) Figuræ auctæ *Brachionum tripodem* ? duplici ſitu repræſentantes ; (*a*) cilia lateralia faſciculata ;
(*b*) appendiculæ extremitatis anterioris, ſeu ligulæ ;
(*c*) organum deglutorium ; (*d*) maſſa opaca interaneorum ; (*e*) ſpinæ extremitatis poſticæ ; (*f*) mucro
teſtæ poſticus ; (*g*) ſetæ caudales ; (*h*) cilia organi
rotatorii duplicis.

13. BRACHIONUS *dentatus*.

B. bivalvis, teſta arcuata, apice & baſi utrin-

à

à chaque bout, queue armée de deux épines ; pl. 28, fig. 6, 7.
Se trouve dans les eaux où croît la *lenticule*.

(6,7) Figures représentant le B. *denté* grossi sous deux différens aspects ; (*a*) valves du test écartées ; (*b*) les deux dents antérieures du test ; (*c*) les doubles dents postérieures du test ; (*d*) queue ; (*e*) épines de la queue ; (*f*) petites soyes flexibles, dont les épines de la queue sont terminées ; (*g*) cils brillans ; (*h*) cils tournoyans ; (*i*) valves du test, rapprochées ; (*k*) organe de la déglutition ; (*l*) masse opaque des viscères.

14. BRACHION *armé*. Dict. n°. 14.

B. test bivalve presque carré, muni de deux dents pointues à chaque bout, queue armée de deux épines ; pl. 28, fig. 8, 9.
Se trouve dans les marais.

Figures grossies. (8) B. *armé* vu au dos, ayant ses cils rentrés. (9) Le même nageant vu sur le côté, ayant ses cils saillans ; (*a*) dents pointues de l'extrémité antérieure du test ; (*b*) dents de l'extrémité postérieure du test ; (*c*) épines de la queue ; (*d*) organe de la déglutition ; (*e*) masse oblongue des entrailles ; (*f*) cils tournoyans ; (*g*) intestins.

15. BRACHION *crochet*. Dict. n°. 15.

B. test bivalve ovale, simple en avant, pointu en arrière, queue ridée terminée par deux soyes ; pl. 28, fig. 10-12.
Se trouve dans l'eau de mer & dans l'eau douce des fossés.

Figures également grossies. (10) B. *crochet* présentant le dos. (11, 12) Deux autres nageant, vus sur le côté ; (*a*) les deux valvules jointes longitudinalement ; (*b*) les mêmes baillantes vers la queue ; (*c*) extrémité postérieure du test, pointue ; (*d*) corps de l'animalcule ; (*e*) crochet de l'extrémité antérieure de l'animalcule, saillant hors du test ; (*f*) le même rentré sous le test ; (*g*) organe rotifère placé sur les côtés de l'extrémité antérieure ; (*h*) la queue ; (*i*) soyes terminant la queue.

16. BRACHION *cirreux*. Dict. n°. 16.

B. test capsulaire, prolongé en avant, tronqué & armé de deux cornes en arrière, queue terminée par deux soyes ; pl. 28, fig. 13.
Se trouve dans les eaux douces.

(13) B. *cirreux* grossi ; (*a*) la tête ; (*b*) demi-cercle environnant la tête ; (*c*) cils de l'organe rotifère ; (*d*) le col ; (*e*) test capsulaire recouvrant le corps de l'ani-

---

que dentata, cauda spina duplici ; tab. 28, fig. 10, 11.
Reperitur in aquis ubi *lemna vegetat*.

(6,7) Figuræ representantes B. *dentatum* auctum duplici situ variantem ; (*a*) valvulæ testæ dimotæ ; (*b*) duo dentes antici testæ ; (*c*) bini dentes testæ postici ; (*d*) cauda ; (*e*) spinæ caudales ; (*f*) setulæ binæ, caudæ spinas terminantes, quas unguiculos nominavit Mullerus ; (*g*) cilia micantia ; (*h*) cilia rotantia ; (*i*) valvulæ testæ, sibi arcte incumbentes ; (*k*) organum deglutorium ; (*l*) massa opaca interaneorum.

14. BRACHIONUS *mucronatus*.

B. bivalvis, testa subquadrata, apice & basi utrinque mucronata, cauda spina duplici ; tab. 28, fig. 8, 9.
Reperitur in paludibus.

Figuræ auctæ. (8) B. *mucronatus* à dorso inspectus, ciliis conditis. (9) Idem innatans à latere visus, ciliis exsertis ; (*a*) dentes mucronati extremitatis anterioris testæ ; (*b*) dentes extremitatis posterioris testæ ; (*c*) spinæ caudales ; (*d*) organum deglutorium ; (*e*) massa interaneorum oblonga ; (*f*) cilia micantia ; (*g*) intestinula.

15. BRACHIONUS *uncinatus*.

B. bivalvis, testa ovali, apice integra, basi mucronata, cauda rugosa biseta ; tab. 28, fig. 10-12.
Reperitur in aqua marina, & in foveis aqua dulci inundatis.

Figuræ æqualiter auctæ. (10) B. *uncinatus* dorsum ostendens. (11, 12) Duo B. *uncinati* natantes è latere visi ; (*a*) valvulæ testæ longitudinaliter connexæ ; (*b*) eædem versus caudam hiantes ; (*c*) extremitas postica testæ mucronata ; (*d*) corpus animalculi ; (*e*) uncus extra testam porrectus ; (*f*) uncus ejusdem extremitatis anterioris animalculi, intra testam retractus ; (*g*) organum rotatorium collaterale ; (*h*) cauda ; (*i*) setæ caudam terminantes.

16. BRACHIONUS *cirratus*.

B. capsularis, testa apice producta, basi curta bicorni, cauda biseta ; tab. 28, fig. 13.

Reperitur in aquis dulcibus.

(13) B. *cirratus* auctus ; (*a*) caput ; (*b*) semi-circulus caput ambiens ; (*c*) cilia organi rotatorii ; (*d*) collum ; (*e*) testa capsularis, corpus animalculi ves-

malcule; (*f*) petites cornes de l'extrémité postérieure du teſt; (*g*) lobe de la queue ; (*h*) queue articulée ; (*i*) les deux ſoyes de la queue.

tiens ; (*f*) cornicula extremitatis poſterioris teſtæ ;
(*g*) lobus caudalis ; (*h*) cauda articulata ; (*i*) ſetæ
binæ caudales.

17. BRACHION *cornet*. Dict. n°. 17.

B. teſt capſulaire, cylindracé, muni à ſon
bord antérieur de deux cirres pendants, terminé en arrière par un cil ; pl. 28. fig. 14—16.
Se trouve dans les bourbiers les plus ſales.

Figures groſſies. (14) B. *cornet* rentré dans ſon teſt,
ayant ſes deux cirres droits & écartés. (15) Le même
avec ſa tête ſaillante hors du teſt, & ſes deux cirres
pendans. (16) Le même, avec ſa tête ſortie hors du
teſt & ſes deux cirres étendus & rapprochés; (*a*) partie tranſparente du teſt; (*b*) le corps de l'animalcule
rentré; (*c*) cirres frontaux; (*d*) ſoye de la queue;
(*e*) cils de l'organe rotifère; (*f*) organe de la déglutition.

17. BRACHIONUS *paſſus*.

B. capſularis, teſta cylindracea, frontis cirris
binis pendulis, ſetaque caudali unica ; tab.
28, fig. 14—16.
Reperitur in vadis ſordidis.

Figuræ auctæ. (14) B. *paſſus* intra teſtam retractus,
cirris binis exſertis patulis. (15) Idem, capite exſerto, cirriſque pendulis ; (16) Idem, capite exſerto,
cirris recta extenſis approximatis; (*a*) pars teſtæ pellucida; (*b*) corpuſculum animalculi retractum;
(*c*) cirri frontales; (*d*) ſeta caudalis; (*e*) cilia organi rotatorii; (*f*) organum deglutorium.

18. BRACHION *carré*. Dict. n°. 18.

B. teſt capſulaire, quadrangulaire, bidenté
en avant, baſe bicorne ſans queue; pl. 28,
fig. 17, 18.
Se trouve dans l'eau des marais.

Figures groſſies. (17) B. *carré* dont les organes rotifères ſont développés. (18) Autre, dont les cils des
organes rotifères ſont pendans; (*a*) organes rotifères;
(*b*) cornes de l'extrémité poſtérieure du teſt; (*c*) dents
antérieures du teſt; (*d*) cils pendants des organes
rotifères; (*e*) partie arrondie de l'extrémité poſtérieure de l'animalcule.

18. BRACHIONUS *quadratus*.

B. capſularis, teſta quadrangula apice bidentata, baſi bicorni, cauda nulla; tab. 28, fig.
17, 18.
Reperitur in aquis paluſtribus.

Figuræ auctæ. (17) B. *quadratus* organis rotatoriis
exſertis. (18) Alter, cujus cilia organorum utrinque
deflectuntur; (*a*) organa rotatoria; (*b*) cornicula
extremitatis poſterioris teſtæ; (*c*) dentes anteriores
teſtæ; (*d*) cilia deflexa organorum rotatoriorum; (*e*)
pars rotundata poſtica animalculi.

19. BRACHION *gibecière*. Dict. n°. 19.

B. teſt capſulaire, quadrangulaire, ſimple &
& tronqué en avant, arrondi & échancré en
arrière, queue onduleuſe; pl. 28, fig. 19—21.
Se trouve dans les eaux ſtagnantes.

Figures groſſies. (19) B. *gibecière* droit, ayant ſes
organes rotifères développés. (20) Le même, dont les
organes rotifères ſont rentrés. (21) Autre nageant,
vu de côté; (*a*) organes rotifères; (*b*) membrane diaphane de l'extrémité antérieure; (*c*) rétréciſſement du
corps; (*d*) la queue; (*e*) l'organe de la déglutition.

19. BRACHIONUS *impreſſus*.

B. capſularis, teſta quadrangula apice integra, baſi obtuſe emarginata, cauda flexuoſa.
tab. 28, fig. 19—21.
Reperitur in aquis ſtagnantibus.

Figuræ auctæ. (19) B. *impreſſus* erectus, organis rotatoriis exſertis. (20) Idem, organis rotatoriis retractis. (21) Alter natans à latere conſpectus; (*a*) organa
rotatoria; (*b*) membrana hyalina extremitatis anterioris; (*c*) coarctatio corporis; (*d*) cauda; (*e*) organum
deglutorium.

20. BRACHION *grenade*. Dict. no. 20.

B. teſt capſulaire, ovoïde, garni de ſix dents
en avant, échancré en arrière, queue longue
terminée par deux pointes; pl. 28, fig.
22.-28.
Se trouve dans les eaux ſtagnantes.

20. BRACHIONUS *urceolaris*.

B. capſularis, teſta ovata apice ſexdentata,
baſi inciſa, cauda longa bicuſpi; tab. 28,
fig. 22—28.

Reperitur in aquis ſtagnantibus.

Figures groffies. (22) B. *grenade* droit, ayant les organes rotifères développés, & les dents de son teft peu prononcées. (23) Autre nageant, vu de côté; (24) Le même, ayant son extrémité antérieure bordée de cils. (25) Autre dont les organes rotifères font rentrés, qui a les dents du teft très-faillantes & un ovaire fufpendu à la naiffance de la queue. (26) Autre nageant, offrant outre les organes déjà défignés, un cirre droit au-deffus de son extrémité fupérieure. (27) Autre, vu pendant le repos, fans cirre ni ovaire. (28) Jeune individu très-groffi, qui ne fait que d'éclore.

(*a*) Organes rotifères; (*b*) dents du teft; (*c*) cils; (*d*) organe de la déglutition; (*e*) cirre de l'extrémité antérieure; (*f*) œufs ou ovaires renfermés dans le corps de l'animalcule; (*g*) grand œuf ou ovaire fufpendu extérieurement à la naiffance de la queue; (*h*) échancrure poftérieure du teft, (*i*) queue droite; (*k*) les deux pointes de la queue; (*l*) queue du jeune individu.

21. BRACHION *de Baker*. Dict. n°. 21.

B. teft capfulaire, ventru, armé de quatre dents en avant, & de deux cornes en arrière, queue longue, terminée par deux pointes; pl. 28, fig. 29-31.
Se trouve dans les eaux douces, parmi la *lenticule*.

Figures groffies. (29) B. *de baker*, ayant fes organes rotifères développés. (30) Autre, dont les organes font rentrées dans la cavité du teft. (31) Autre qui paroit une variété de cette efpèce, dont les tentacules coincident; (*a*) organes rotifères; (*b*) trompe terminée par un globule cilié; (*c*) tentacules; (*d*) petits corps orbiculaires ciliés des côtés; (*e*) dents du teft; (*f*) double rang tranfverfal de cils; (*g*) organe de la déglutition; (*h*) cornes poftérieures du teft; (*i*) pointes de la queue; (*l*) l'inteftin; (*m*) l'ovaire fufpendu extérieurement à la naiffance de la queue. (31 *c*) Les deux tentacules coincidant.

22. BRACHION *baillant*. Dict. n°. 22.

B. teft capfulaire, ventru, armé de huit dents en avant, échancré & quadricorne en arrière, queue courte terminée par deux pointes; pl. 28, fig. 32, 33.
Se trouve dans l'eau des marais.

Figures groffies. (32) B. *baillant*, dont les organes rotifères font rentrés dans l'intérieur du teft. (33) Autre, dont les organes rotifères font développés; (*a*) organes rotifères; (*b*) dents du teft; (*c*) organe de la déglutition; (*d*) les quatre cornes poftérieures du teft; (*e*) la queue terminée par deux pointes.

Figuræ ampliatæ. (22) B. *urceolaris* erectus, organis rotatoriis exfertis, dentibusque teftæ vix confpicuis. (23) Alter natans è latere confpectus. (24) Idem ciliis exfertis marginem anticum occupantibus. (25) Idem organis rotatoriis retractis, dentibus teftæ valdè porrectis, ovarioque in ipfa caudæ origine adhærente. (26) Alius natans, offerens ultrà organa jam memorata, cirrum erectum in parte fuperiori extremitatis anticæ. (27) Alter quiefcens abfque cirro & ovario. (28) B. *urceolaris* pullus valdè auctus, paulo poft ejectionem.

(*a*) Organa rotatoria; (*b*) dentes teftæ; (*c*) cilia; (*d*) organum deglutorium; (*e*) cirrus extremitatis anterioris; (*f*) ova aut ovaria intra corpus animalculi contenta; (*g*) ovum magnum feu ovarium, extra corpus, caudæ origini fufpenfum; (*h*) incifura teftæ poftica; (*i*) cauda recta; (*k*) binæ caudæ cufpides; (*l*) cauda pulli.

21. BRACHIONUS *Bakeri*.

B. capfularis, tefta ventricofa apice quadridentata, bafi bicorni, cauda longa bicufpi; tab. 28, fig. 29--31.

Reperitur in aqua dulci, inter *lemnam*.

Figuræ auctæ. (29) B. *bakeri* organis rotatoriis plenè exfertis. (30) Alter, organis rotatoriis intra teftæ cavitatem retractis. (31) Alter, forfan varietas ejufce fpeciei, cujus tentacula paululum connivent; (*a*) organa rotatoria; (*b*) ligula intermedia globulo ciliato terminata; (*c*) tentacula; (*d*) orbicula lateralia ciliata; (*e*) dentes teftæ; (*f*) feries duplex tranfverfalis ciliorum; (*g*) organum deglutorium; (*h*) cornua poftoriora teftæ; (*i*) cauda; (*k*) cufpides caudales; (*l*) inteftinum; (*m*) ovarium externe caudæ bafi fufpenfum. (31 *c*) Tentacula duo conniventia.

22. BRACHIONUS *patulus*.

B. capfularis, tefta ventrofa apice octo dentata, bafi lunata quadricorni, cauda brevi bicufpi; tab. 28, fig. 32, 33.

Reperitur in aqua paluftri.

Figuræ auctæ. (32) B. *patulus*, organis rotatoriis intra capfulam retractis. (33) Alter, organis rotatoriis exfertis; (*a*) organa rotatoria; (*b*) dentes anteriores teftæ; (*c*) organum deglutorium; (*d*) cornua quatuor poftoriora teftæ; (*e*) cauda apice bicufpidata.

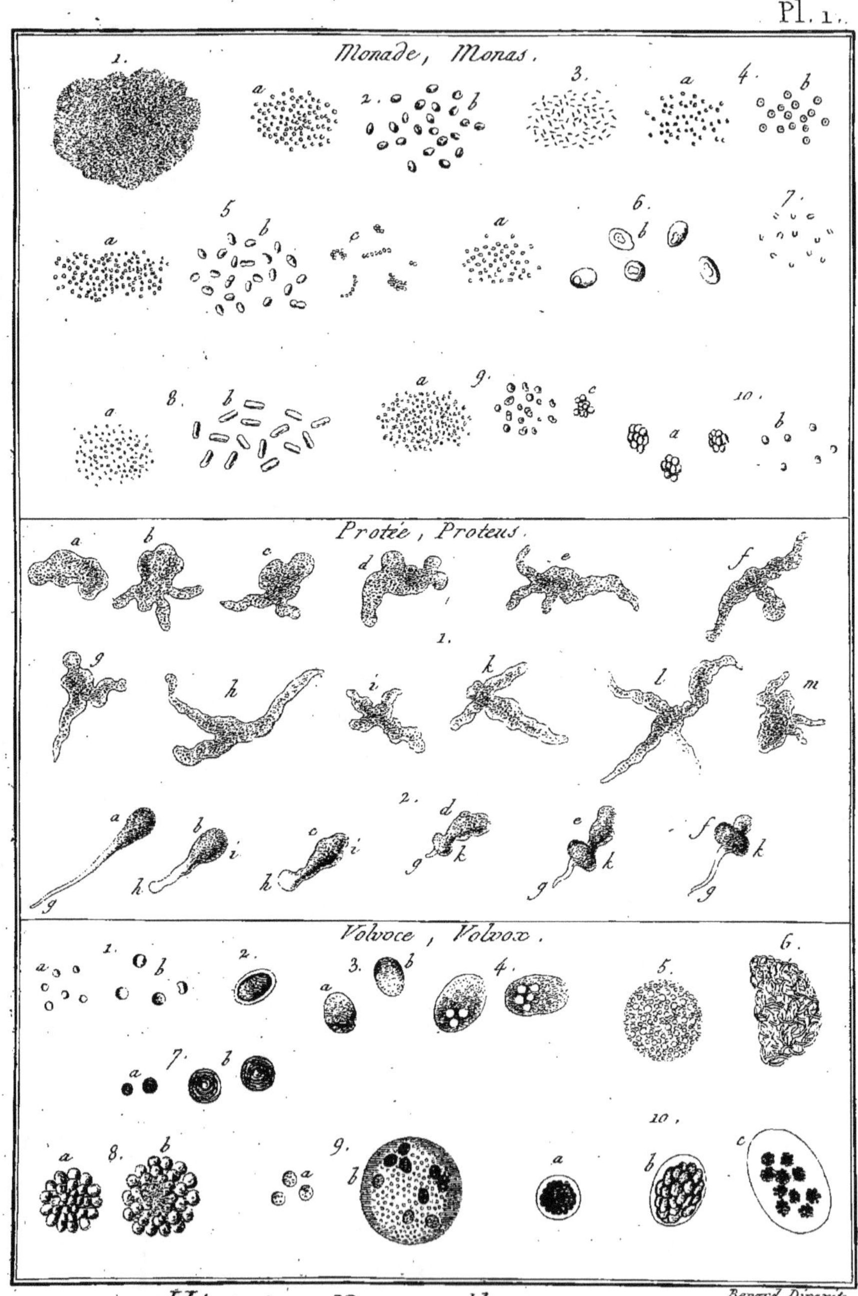

Histoire Naturelle, Vers infusoires.

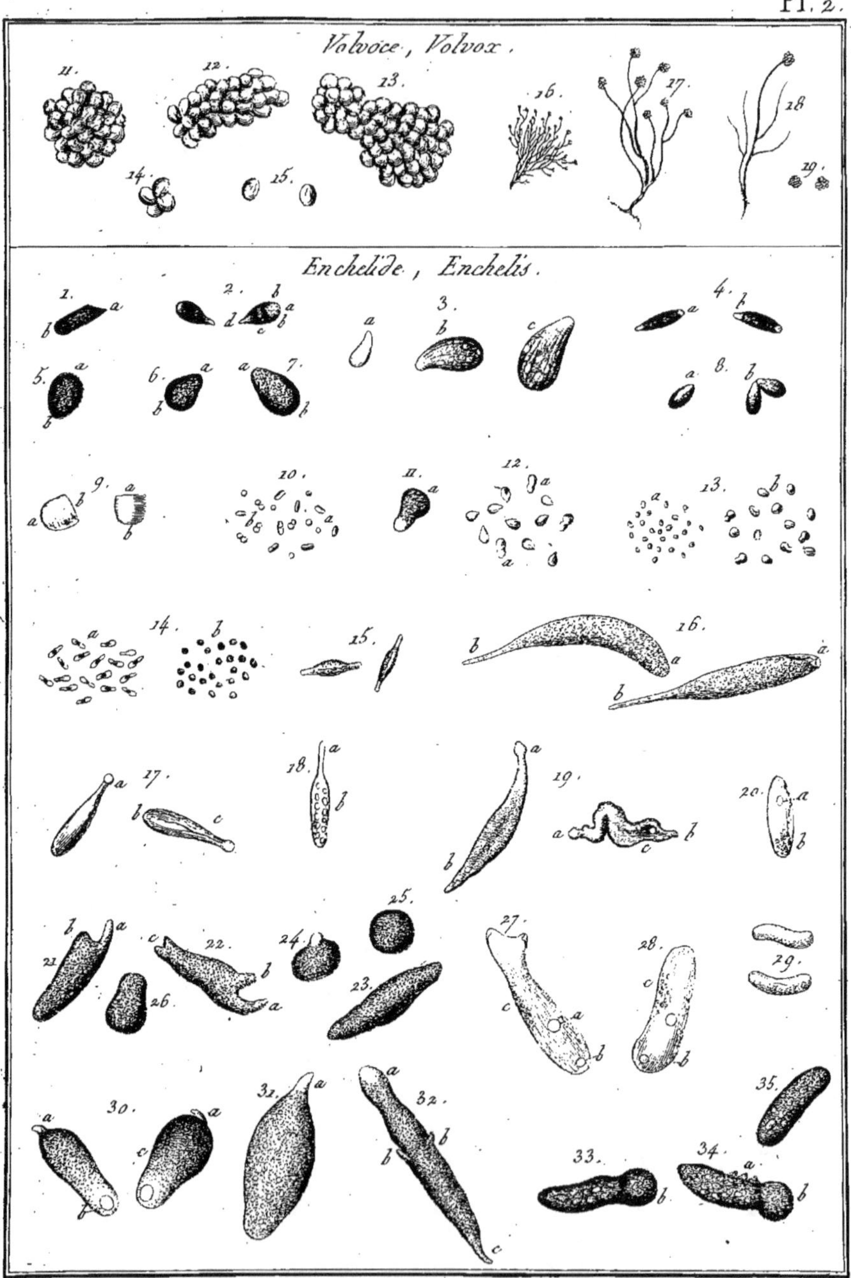

Histoire Naturélle, Vers infusoires.

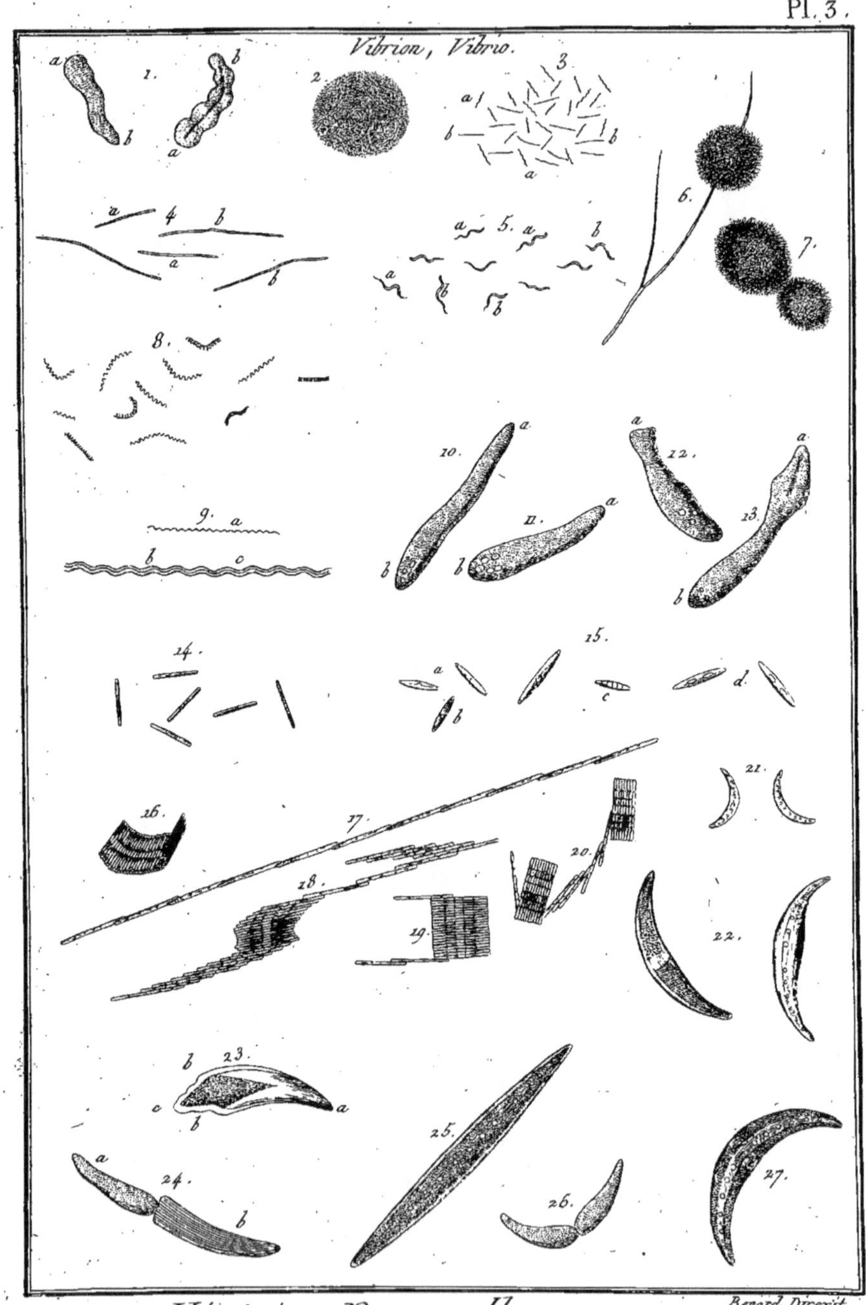

Histoire Naturelle, Vers infusoires.

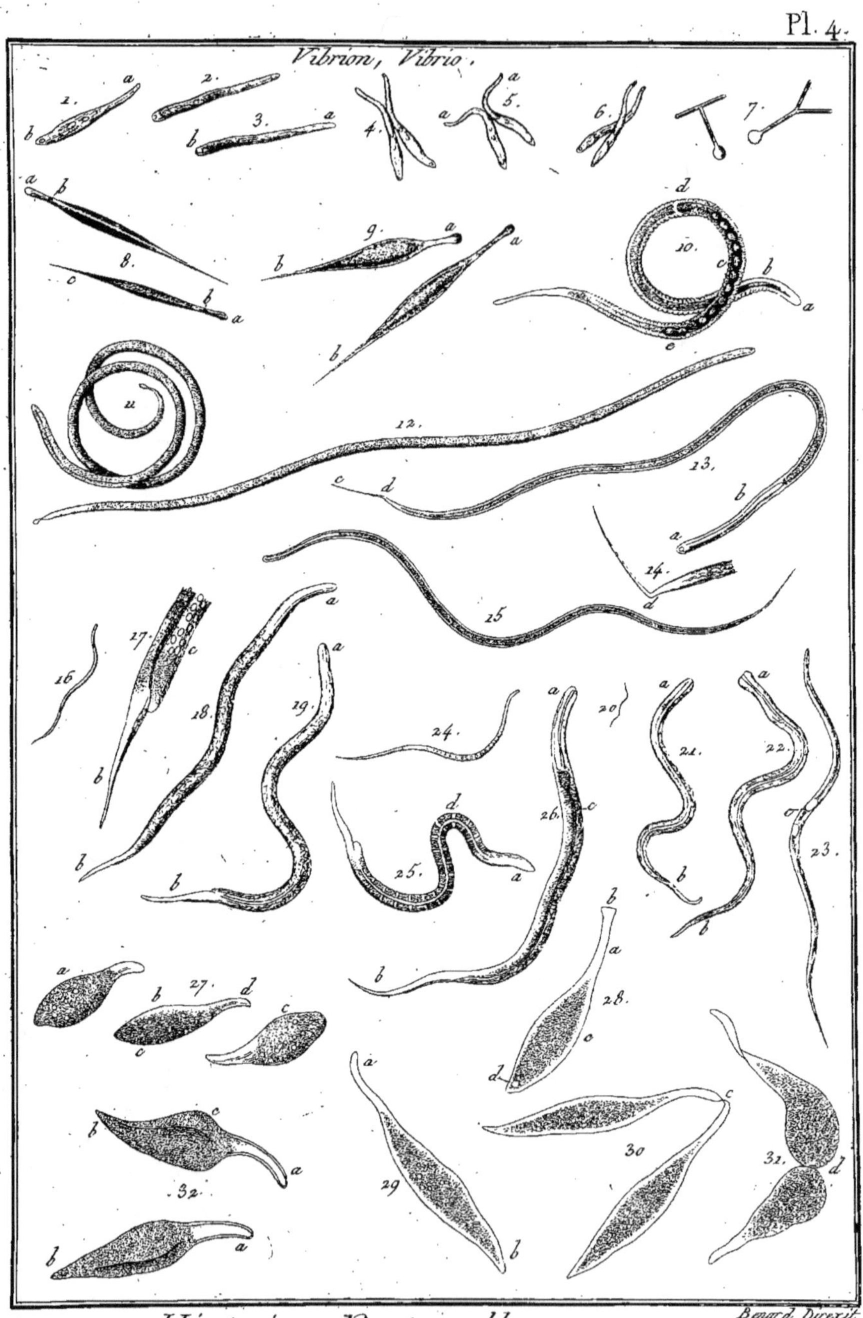

Histoire Naturelle, Vers infusoires.

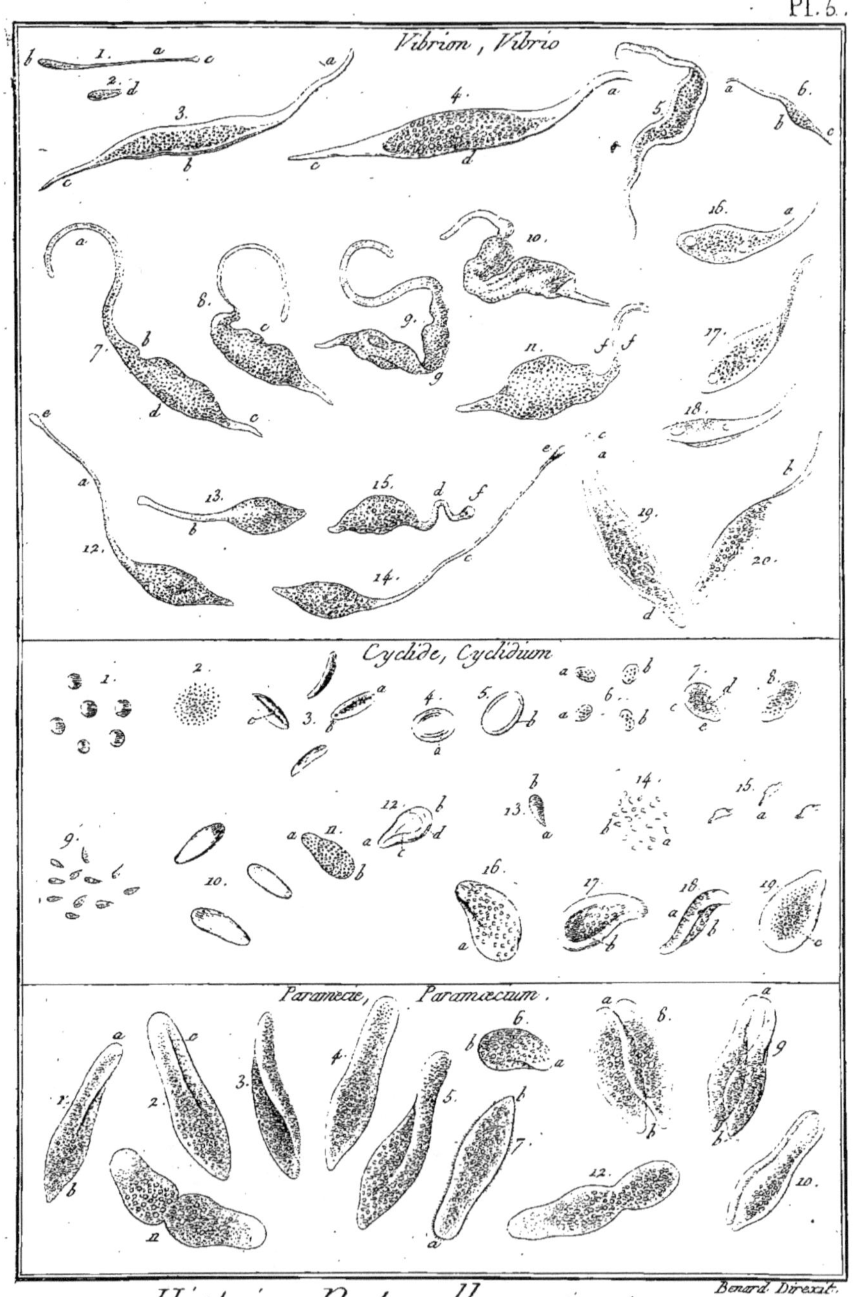

Histoire Naturelle, Vers infusoires.

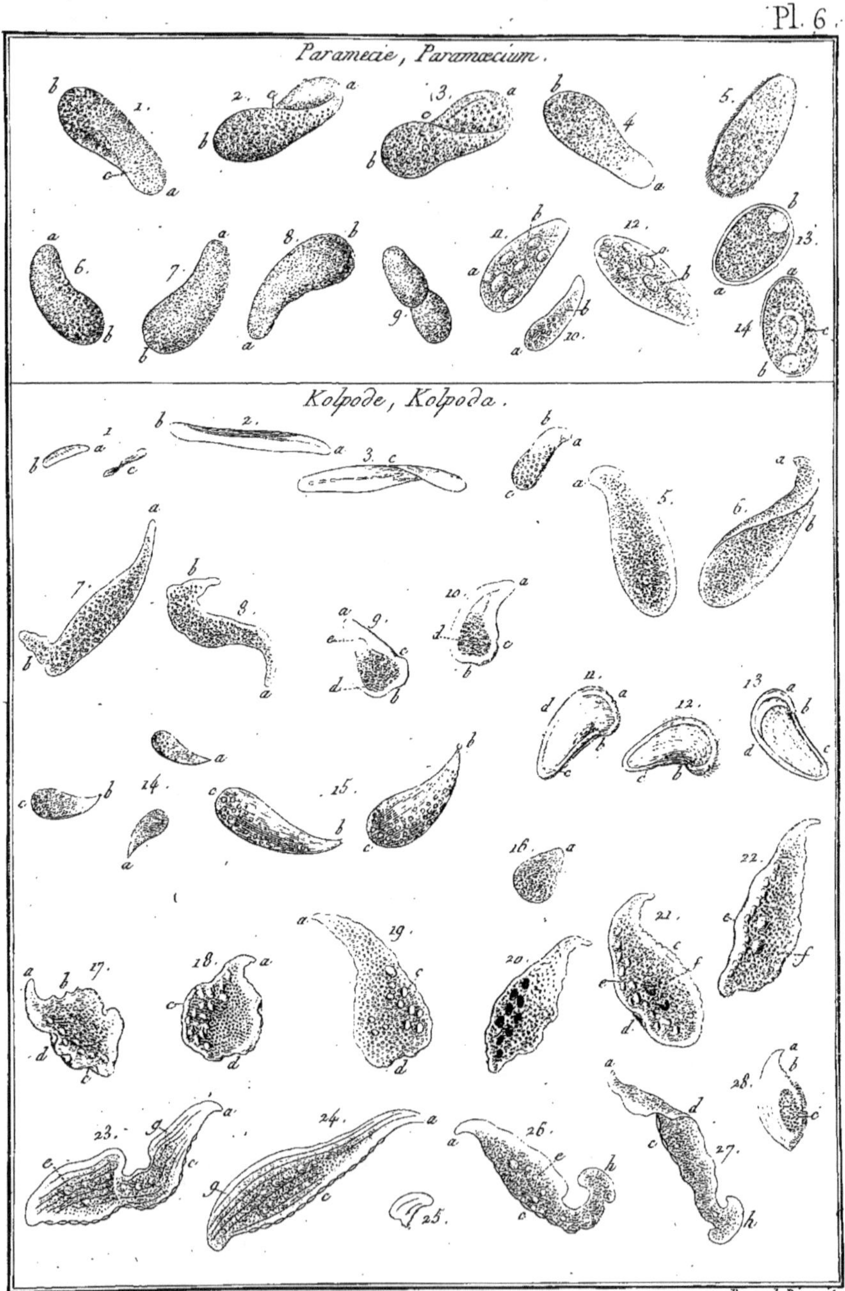

Histoire Naturelle, Vers infusoires.

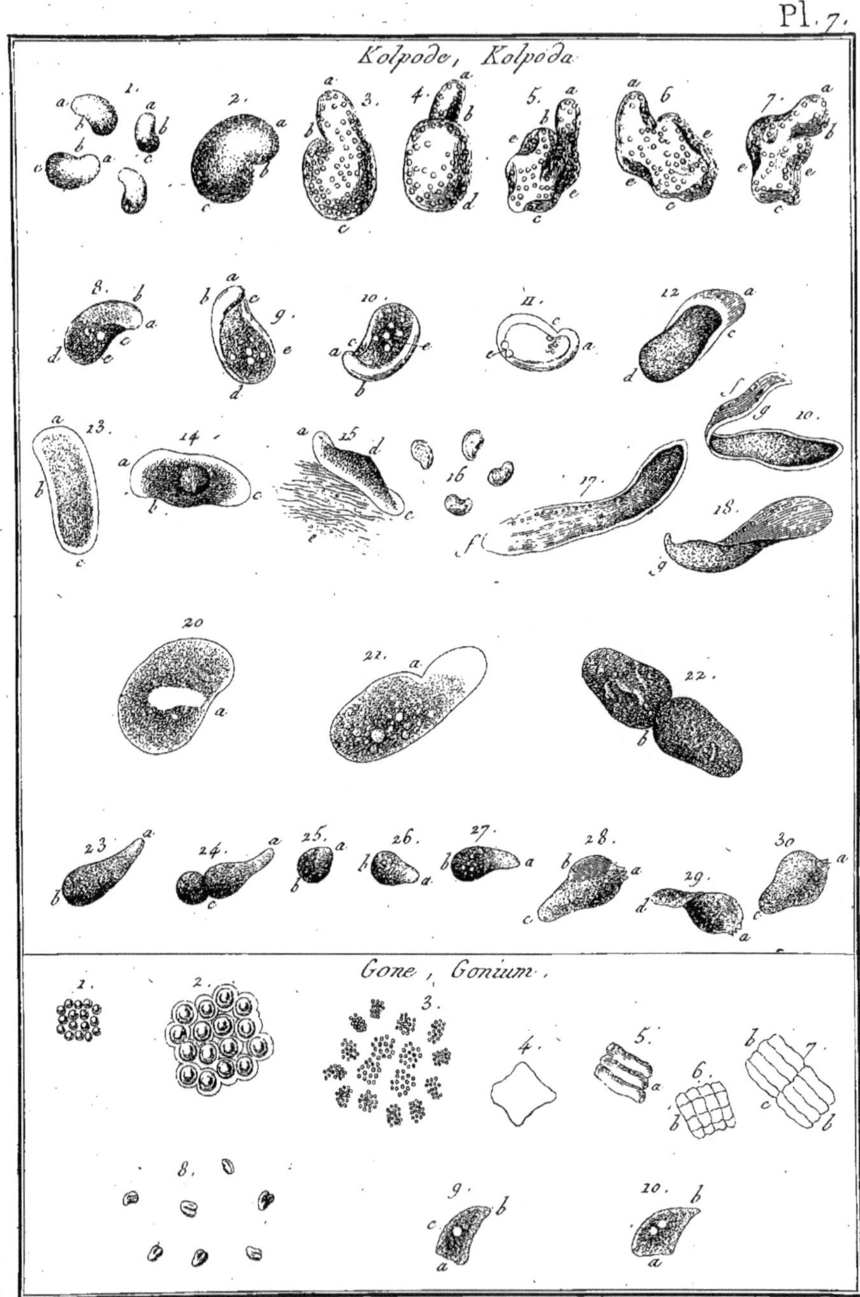

Histoire Naturelle, Vers infusoires.

Benard Direxit.

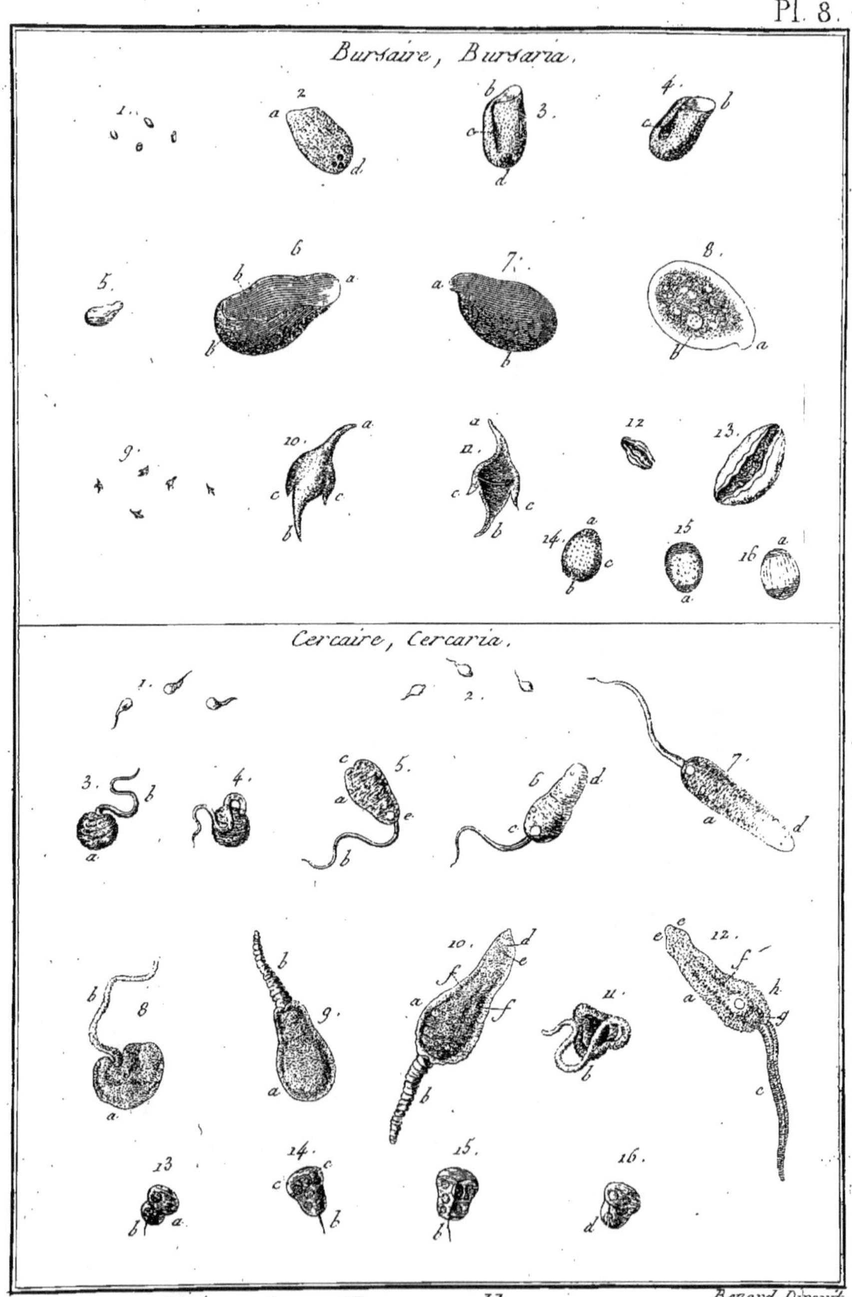

Histoire Naturelle, Vers infusoires.

Benard Direxit.

4

Cercaire, Cercaria.

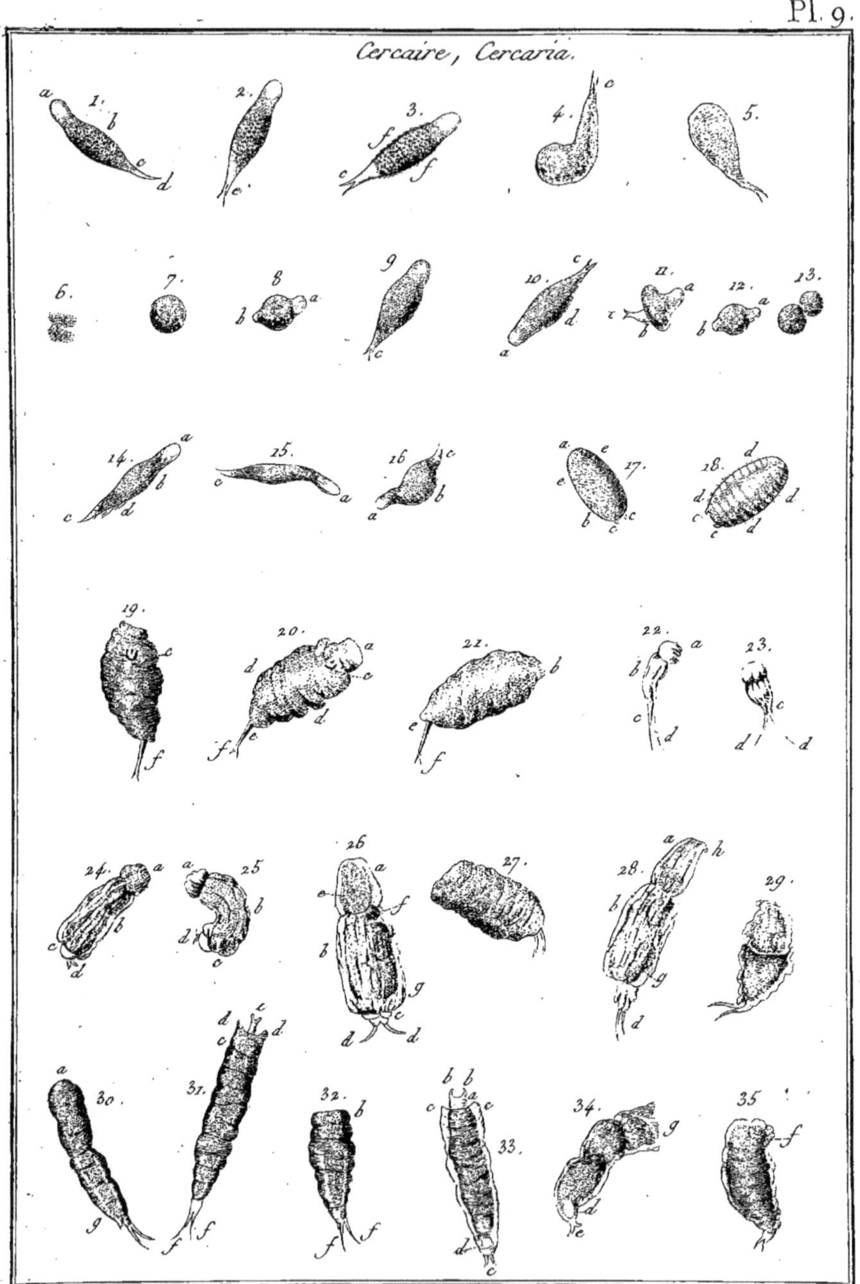

Histoire Naturelle, Vers infusoires.

Benard Direxit.

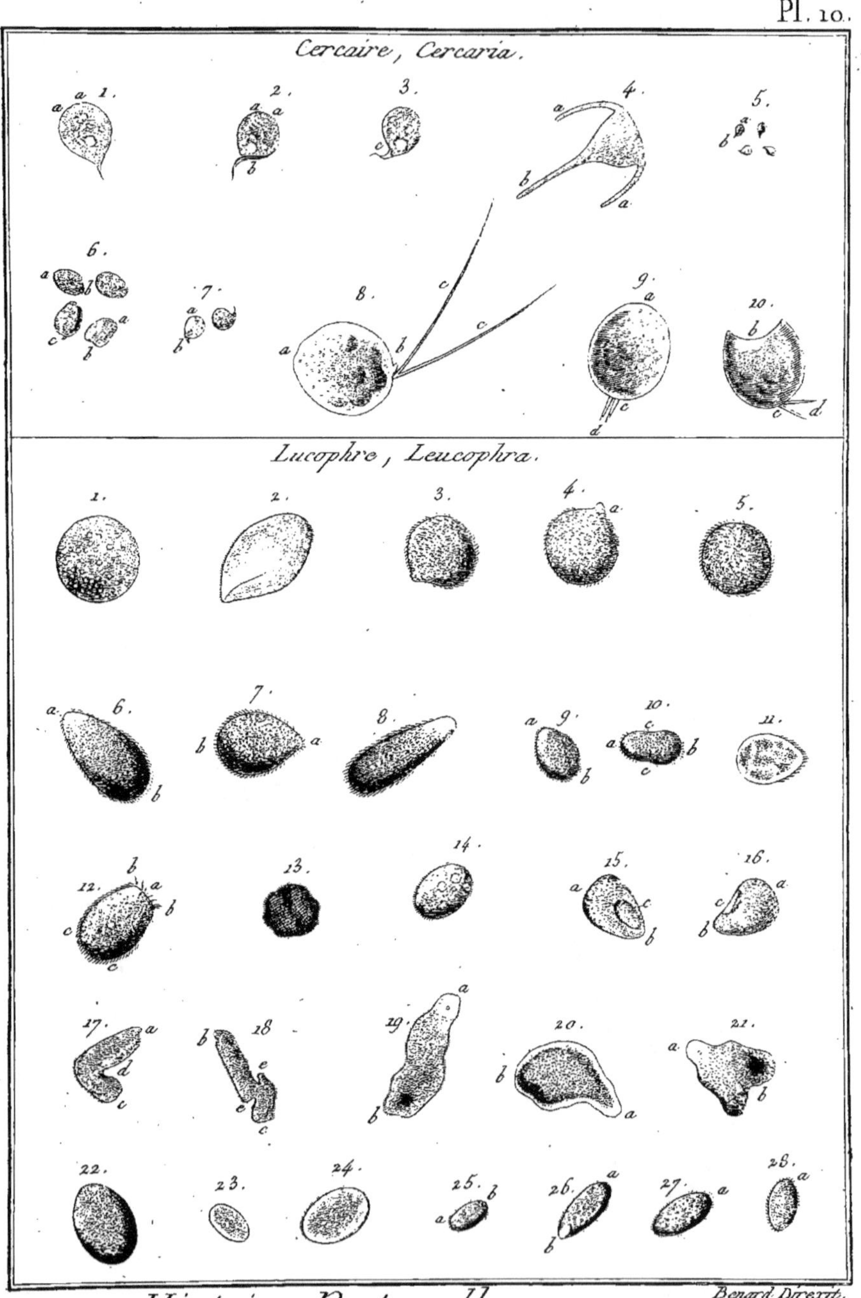
Cercaire, Cercaria.
Lucophre, Leucophra.

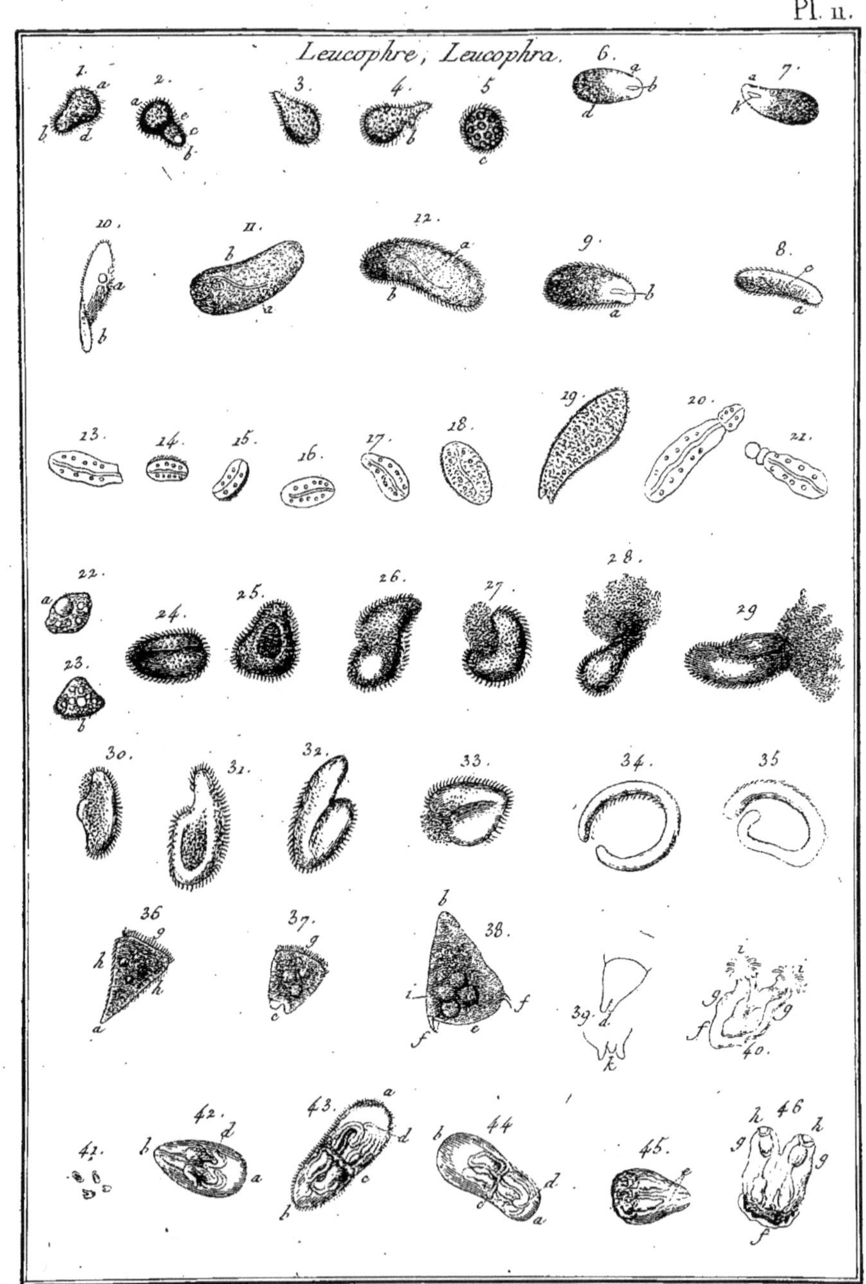

Histoire Naturelle, Vers infusoires.

Tricode, Trichoda.

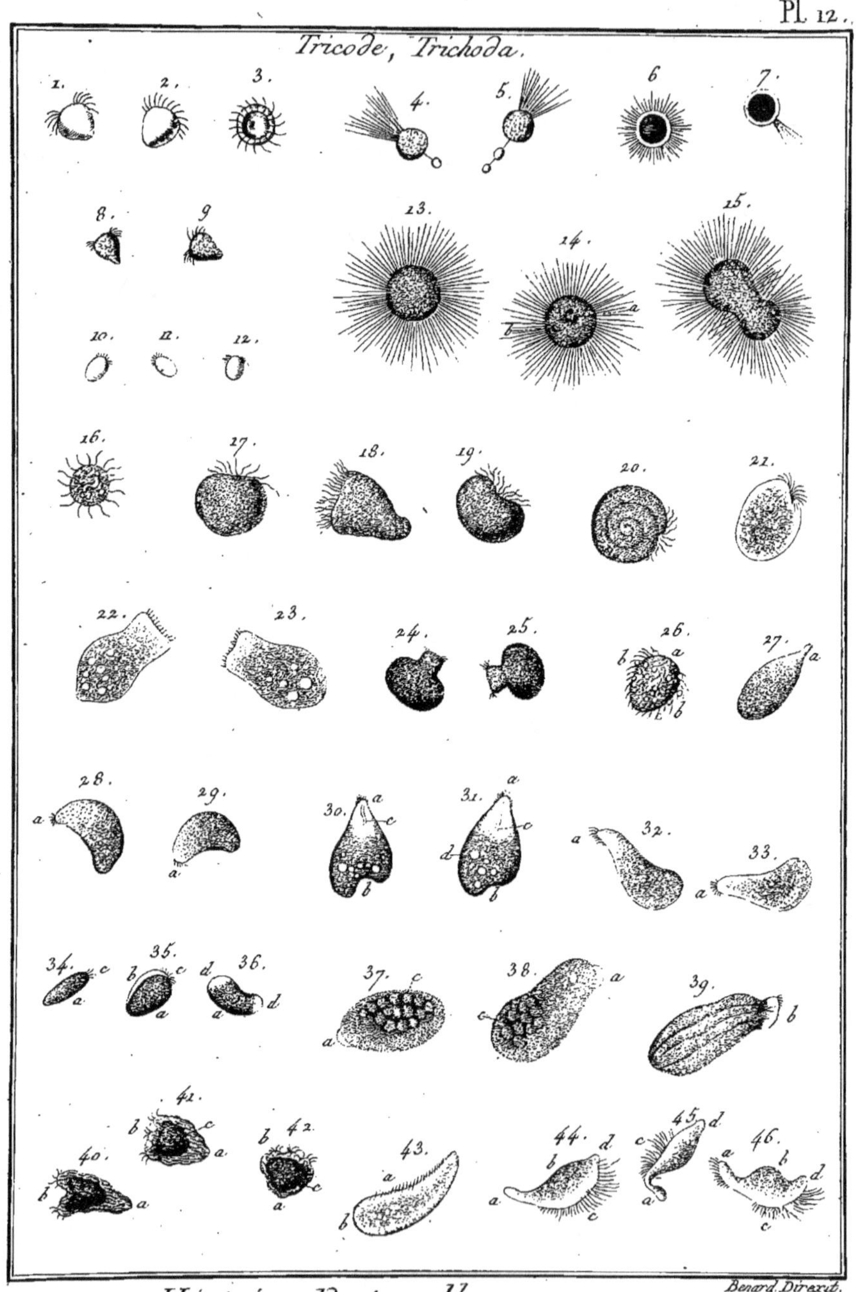

Histoire Naturelle; Vers infusoires.

Benard. Direxit.

6.

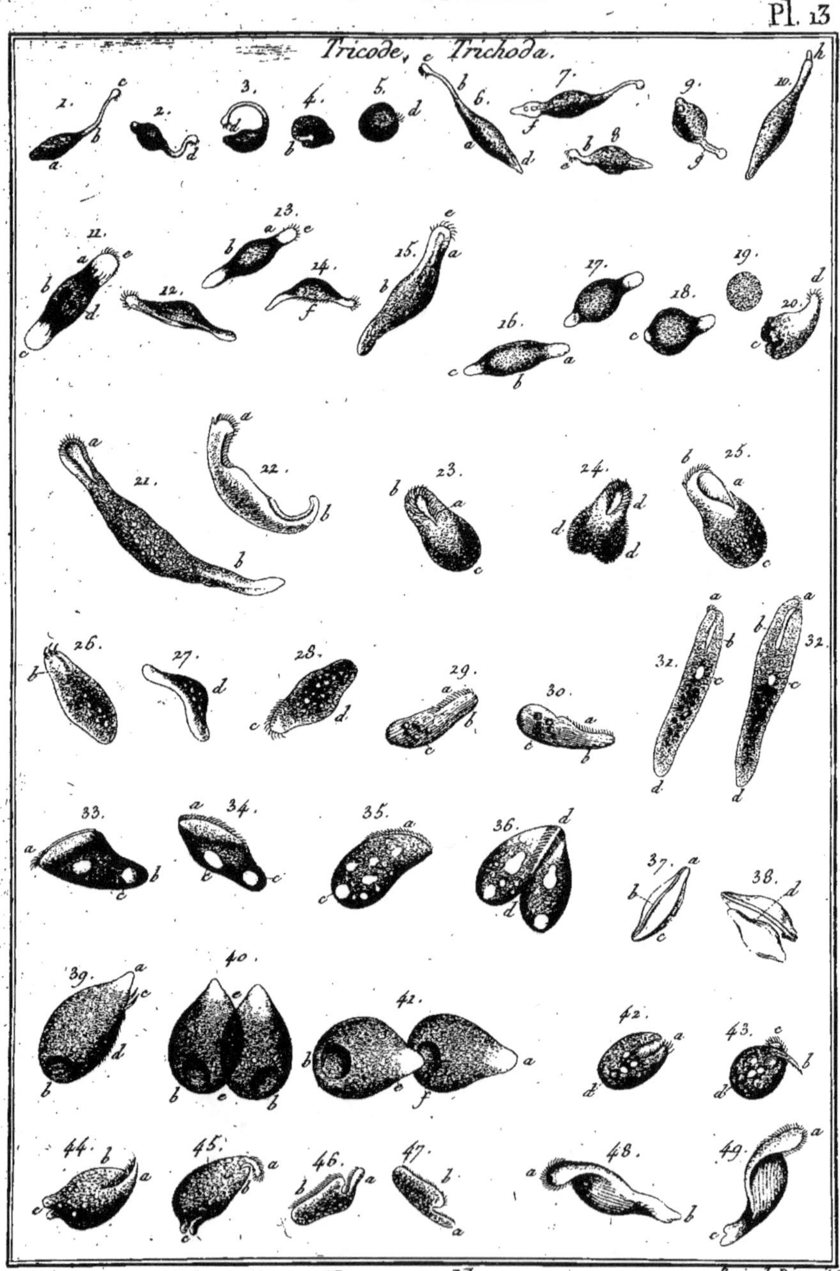

Histoire Naturelle, Vers infusoires.

Tricode, Trichoda.

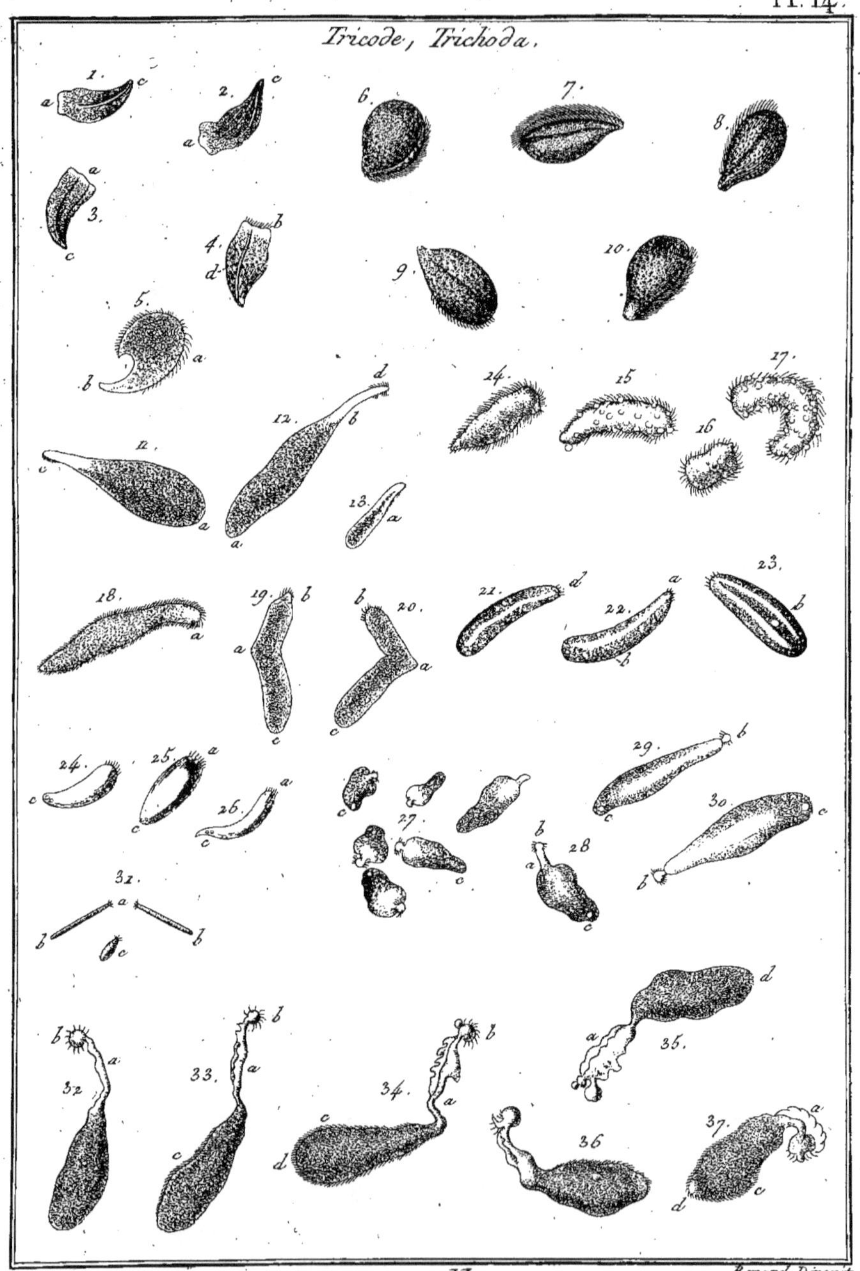

Benard Direxit.

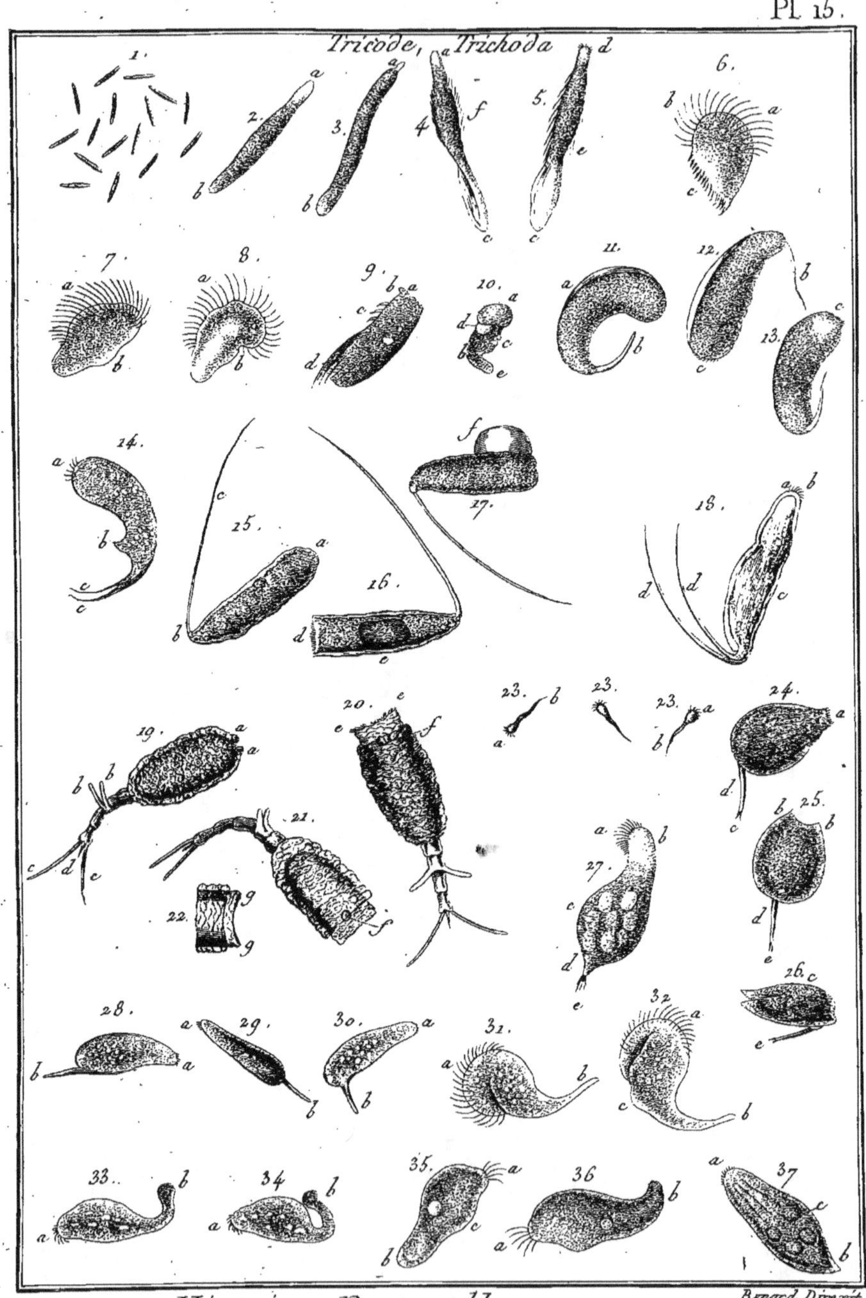

Benard Direxit

Tricode, Trichoda.

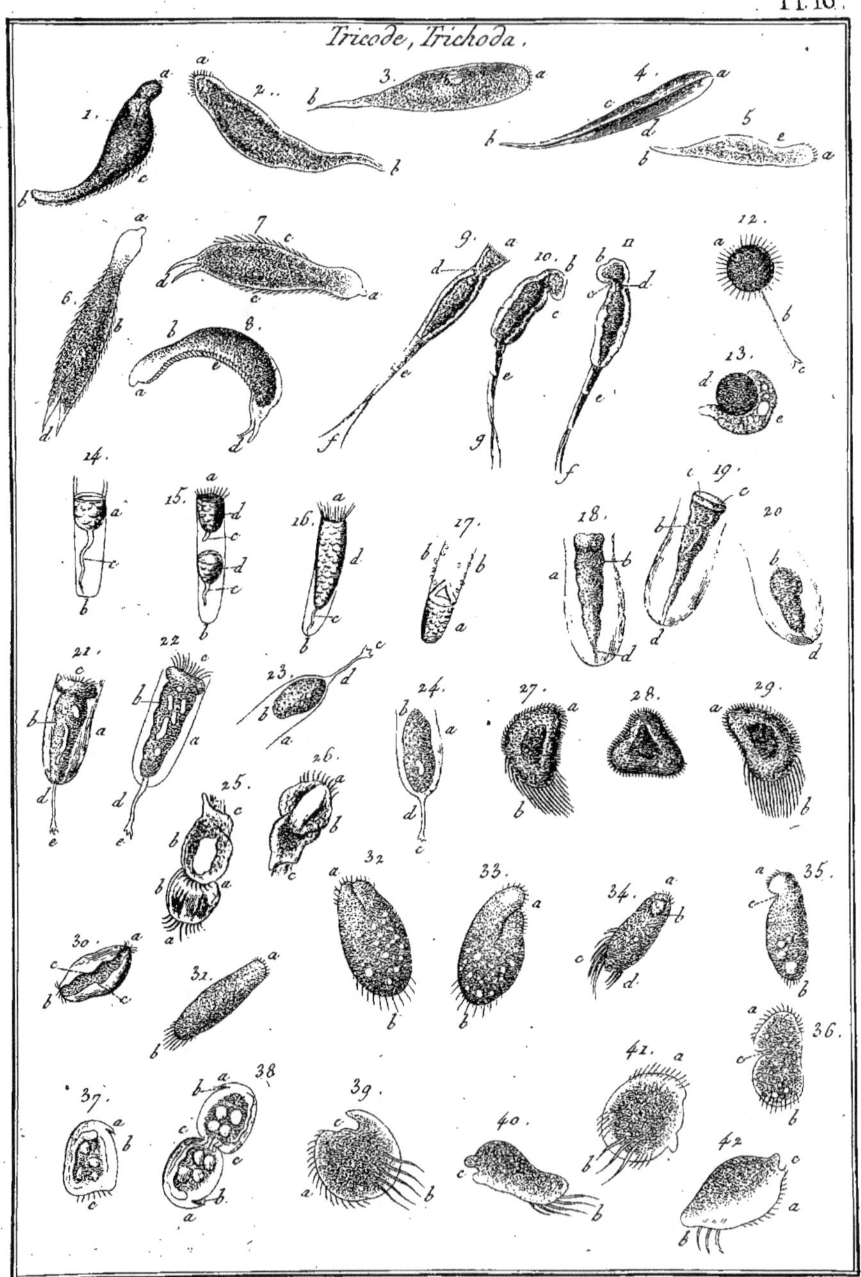

Histoire Naturelle, Vers infusoires.

Benard Direxit

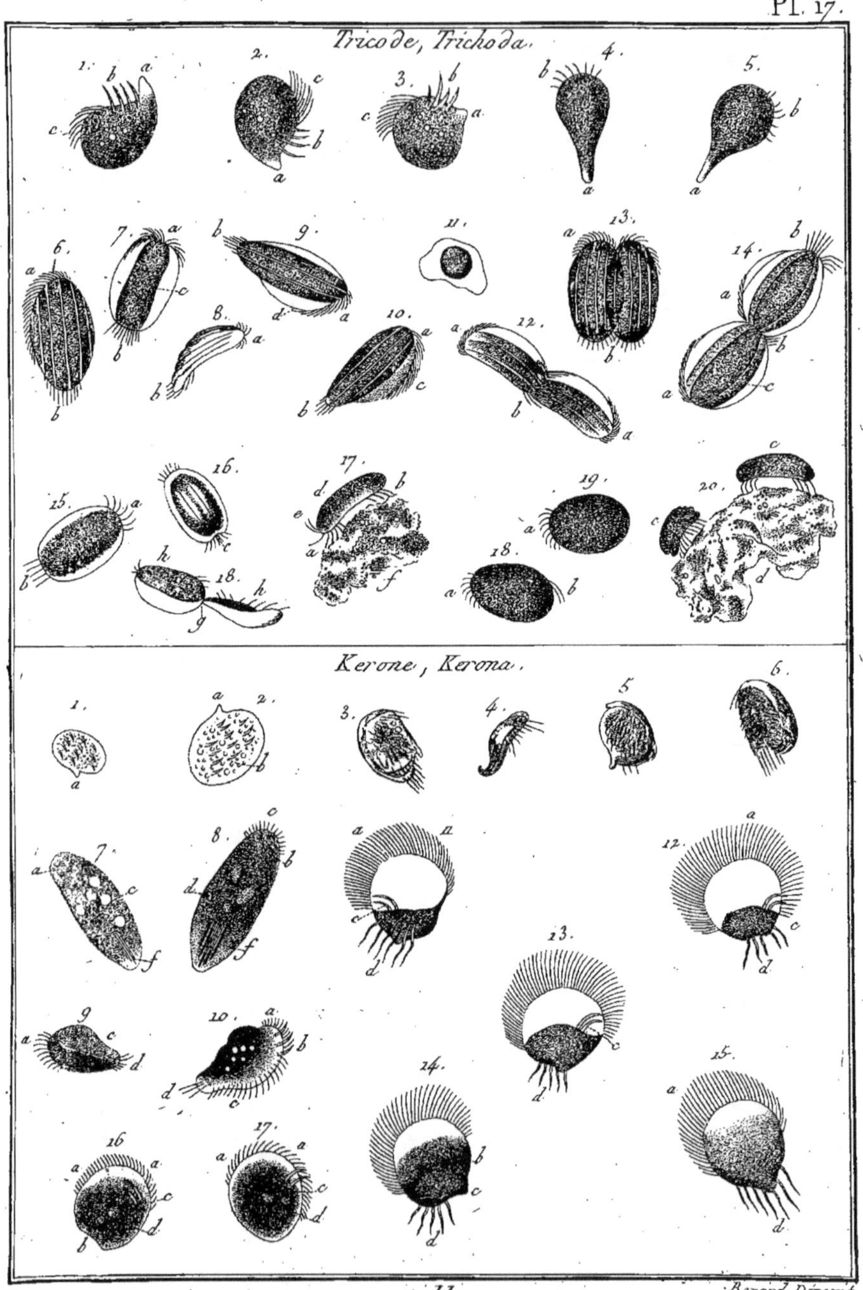

Histoire Naturelle, Vers infusoires.

Benard Direxit

Histoire Naturelle, Vers infusoires.

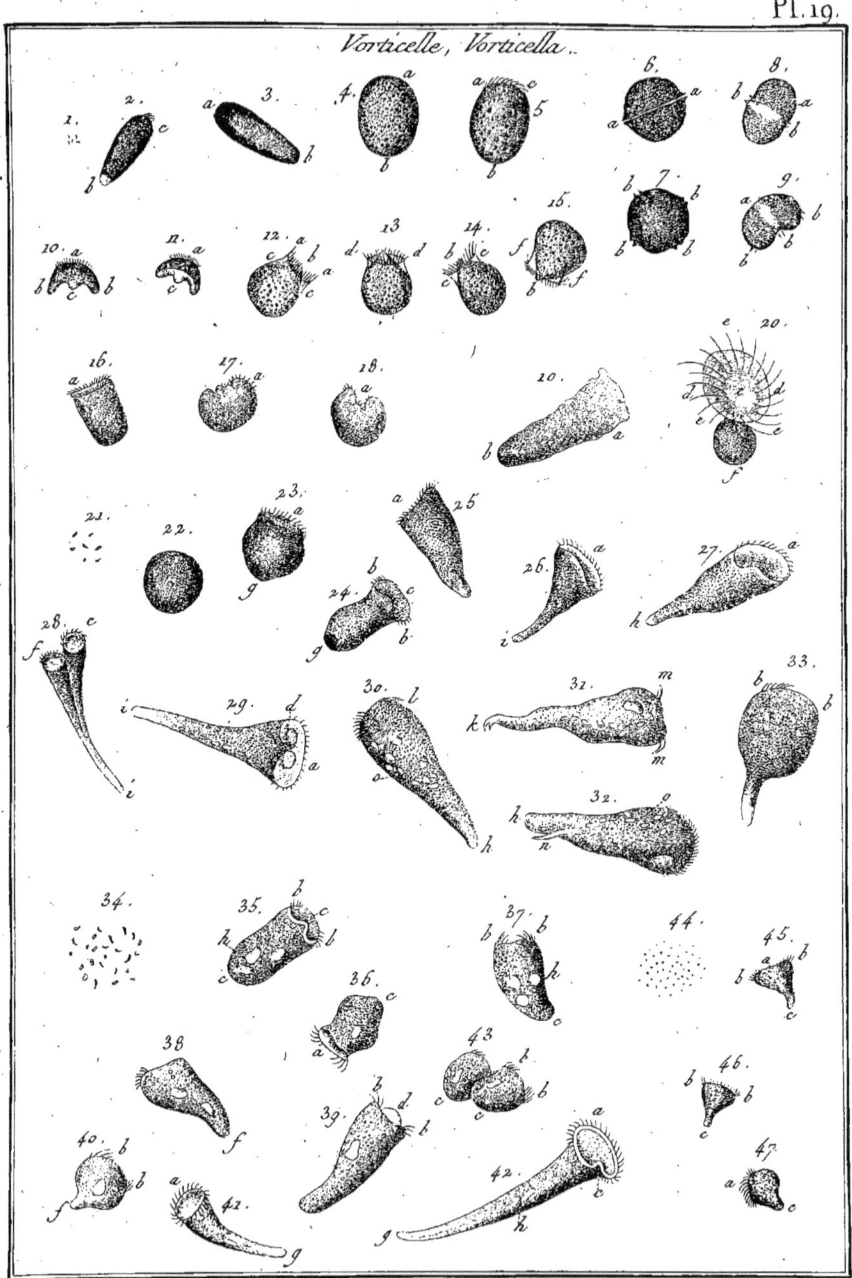

Histoire Naturelle, Vers infusoires.

Vorticelle, *Vorticella*.

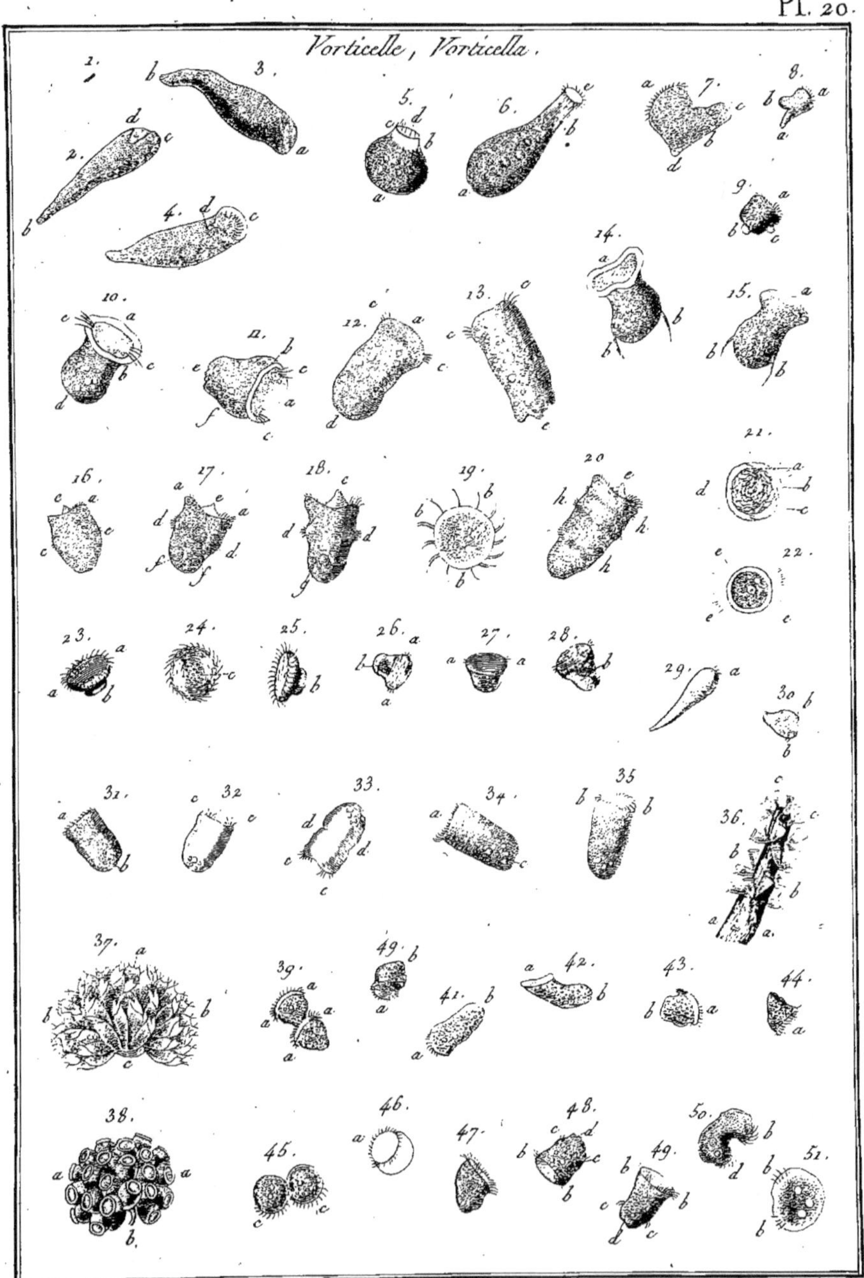

Histoire Naturelle, *Vers infusoires.*

Benard Direxit

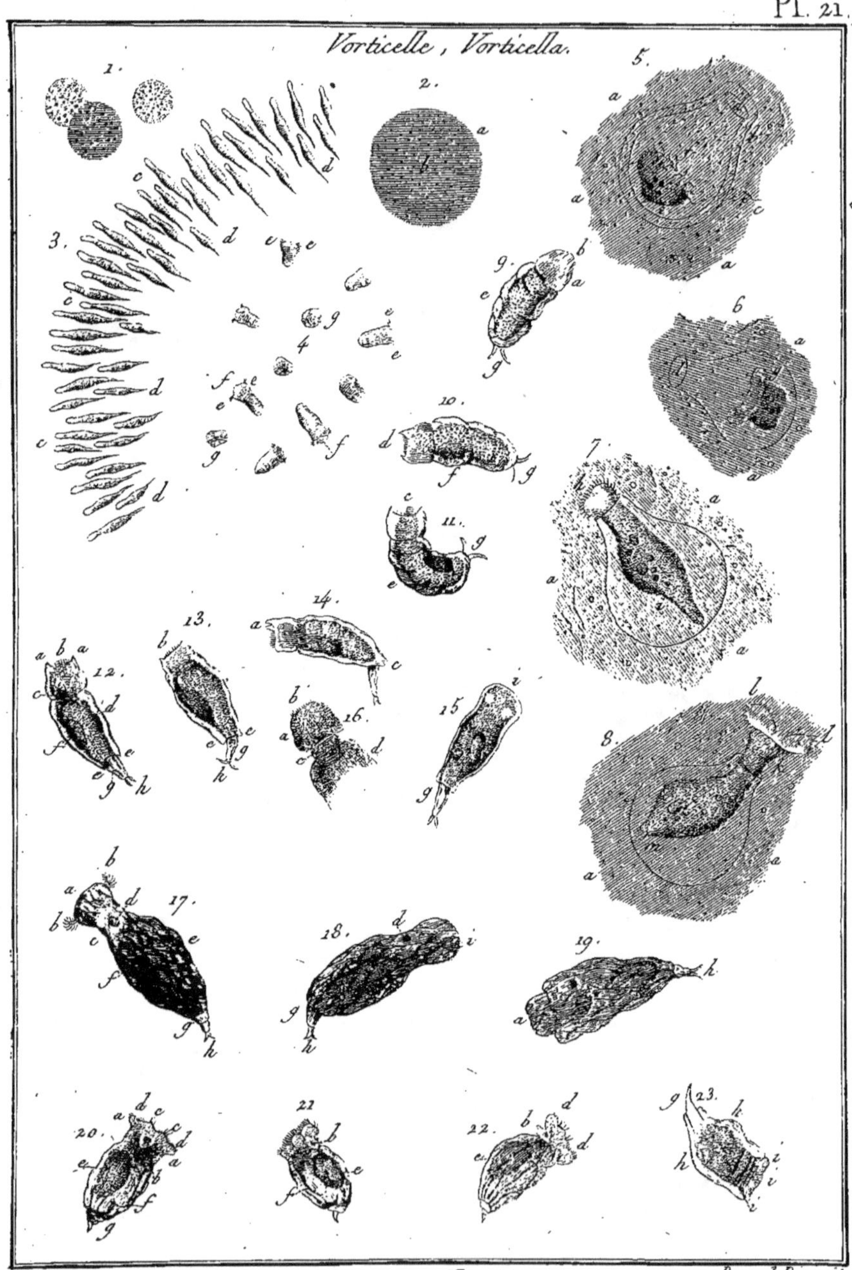

Histoire Naturelle, Vers infusoires.

Benard Direxit.

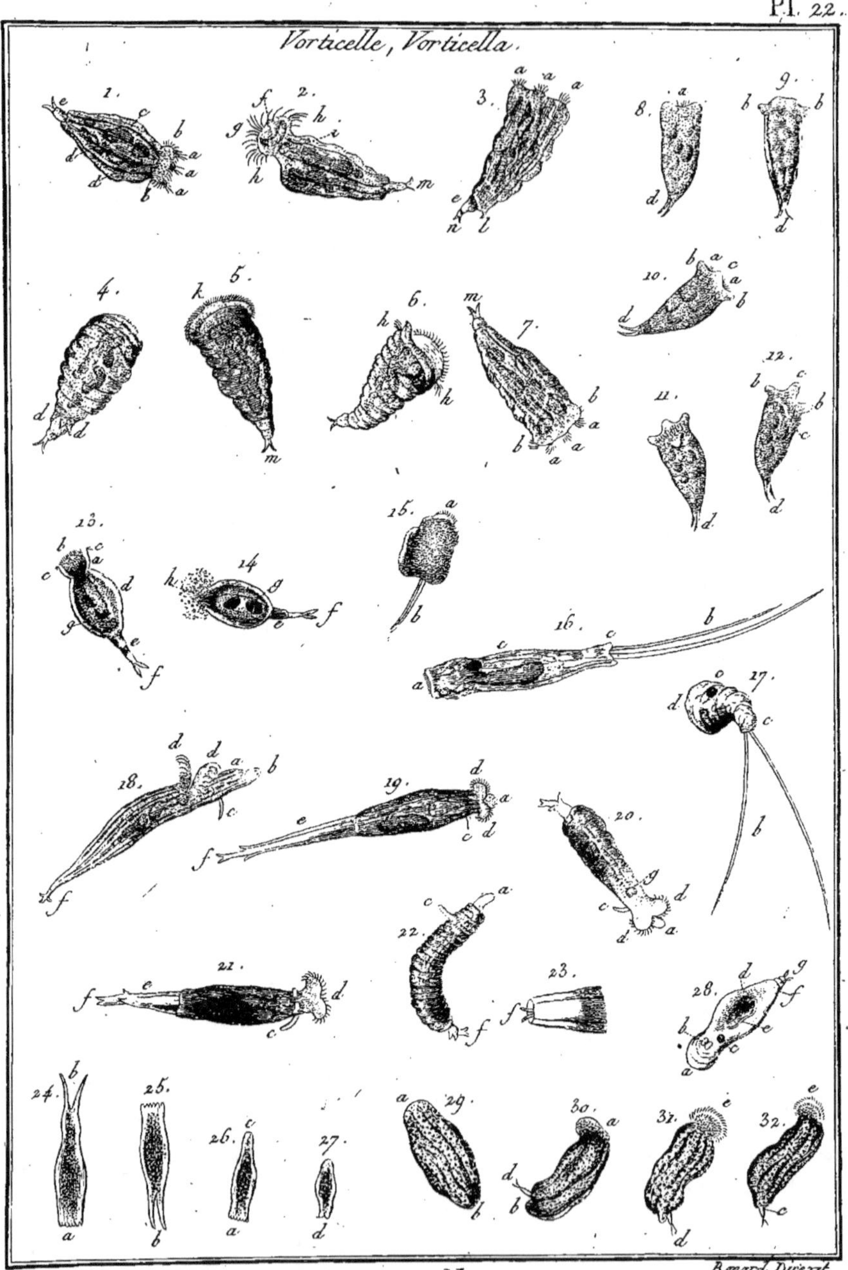

Histoire Naturelle, Vers infusoires.

Vorticelle, Vorticella.

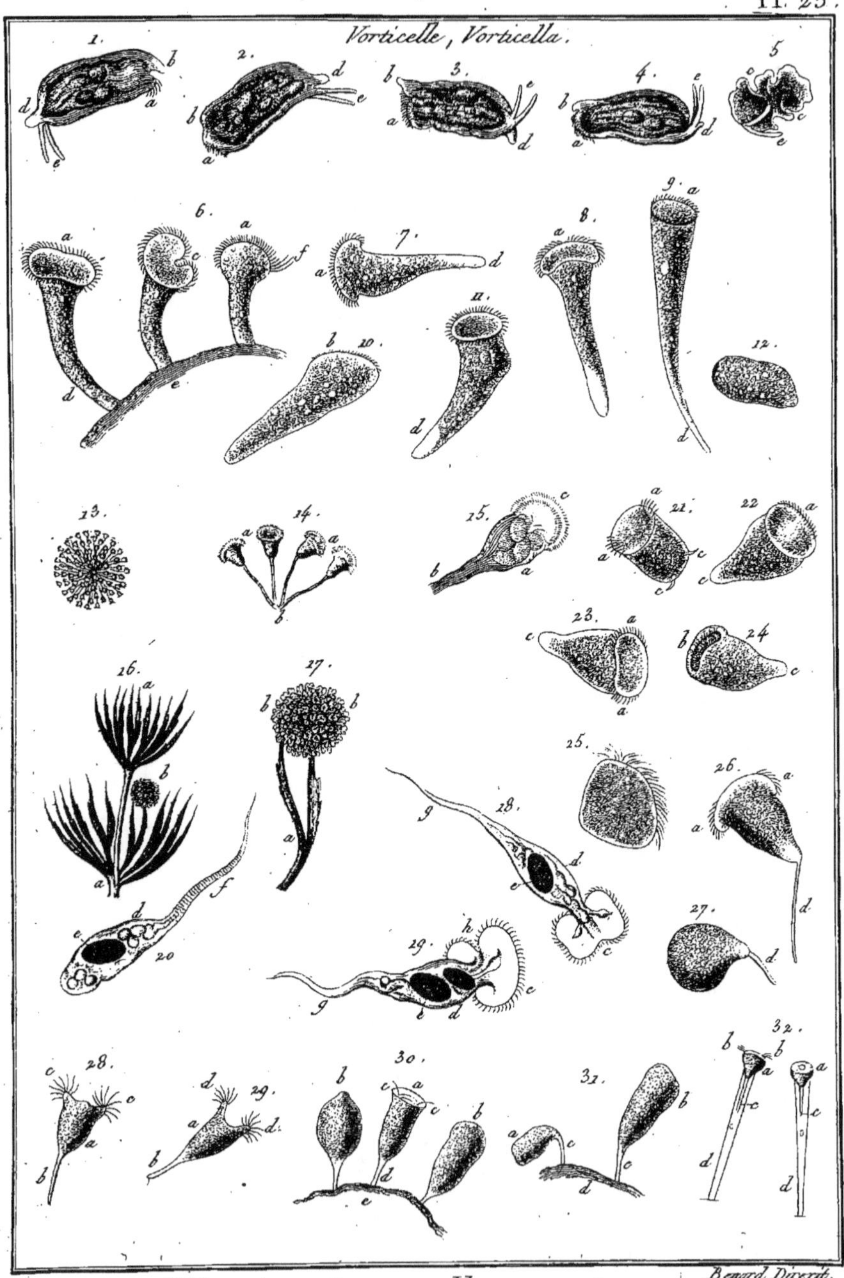

Histoire Naturelle, Vers infusoires.

Benard Direxit.

Histoire Naturelle, Vers infusoires.

Histoire Naturelle, Vers infusoires.

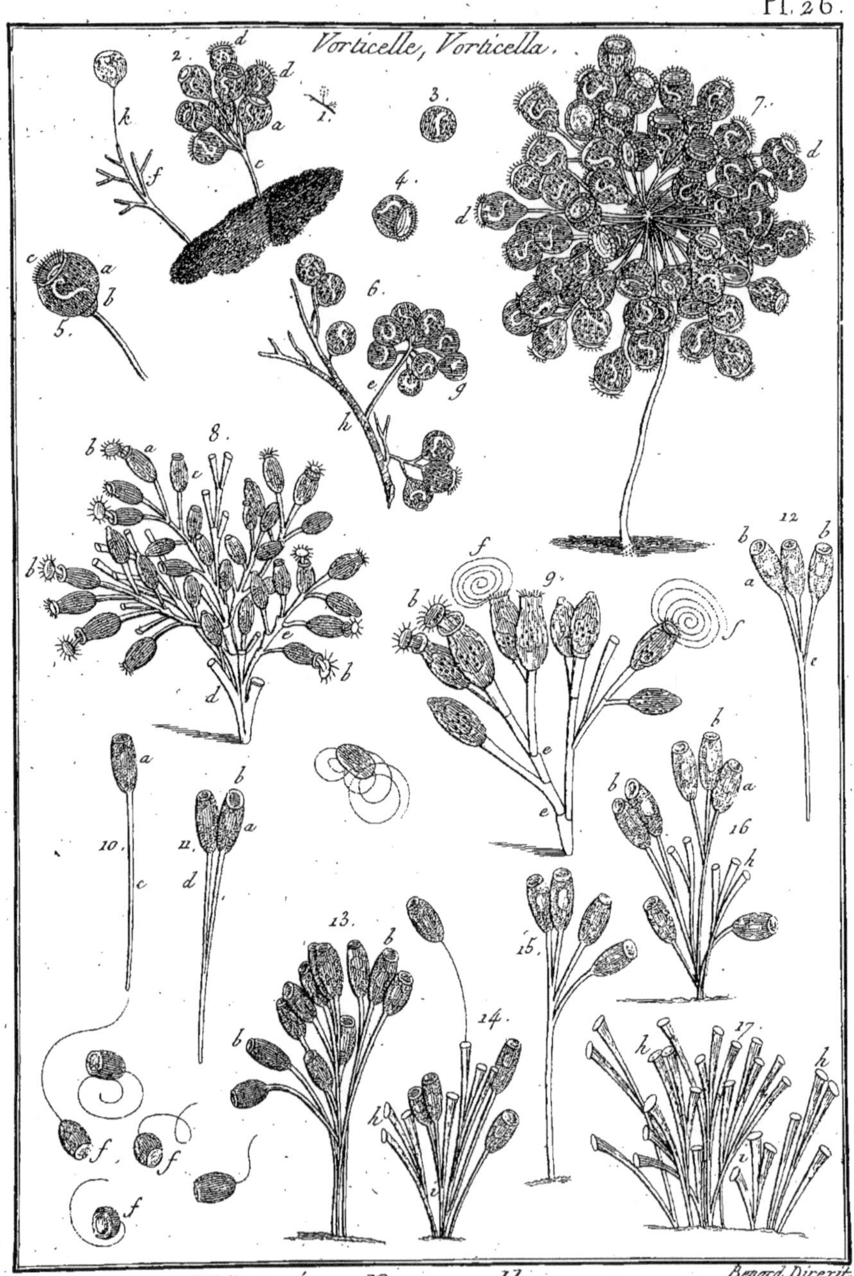
Vorticelle, Vorticella.

Brachion, Brachionus.

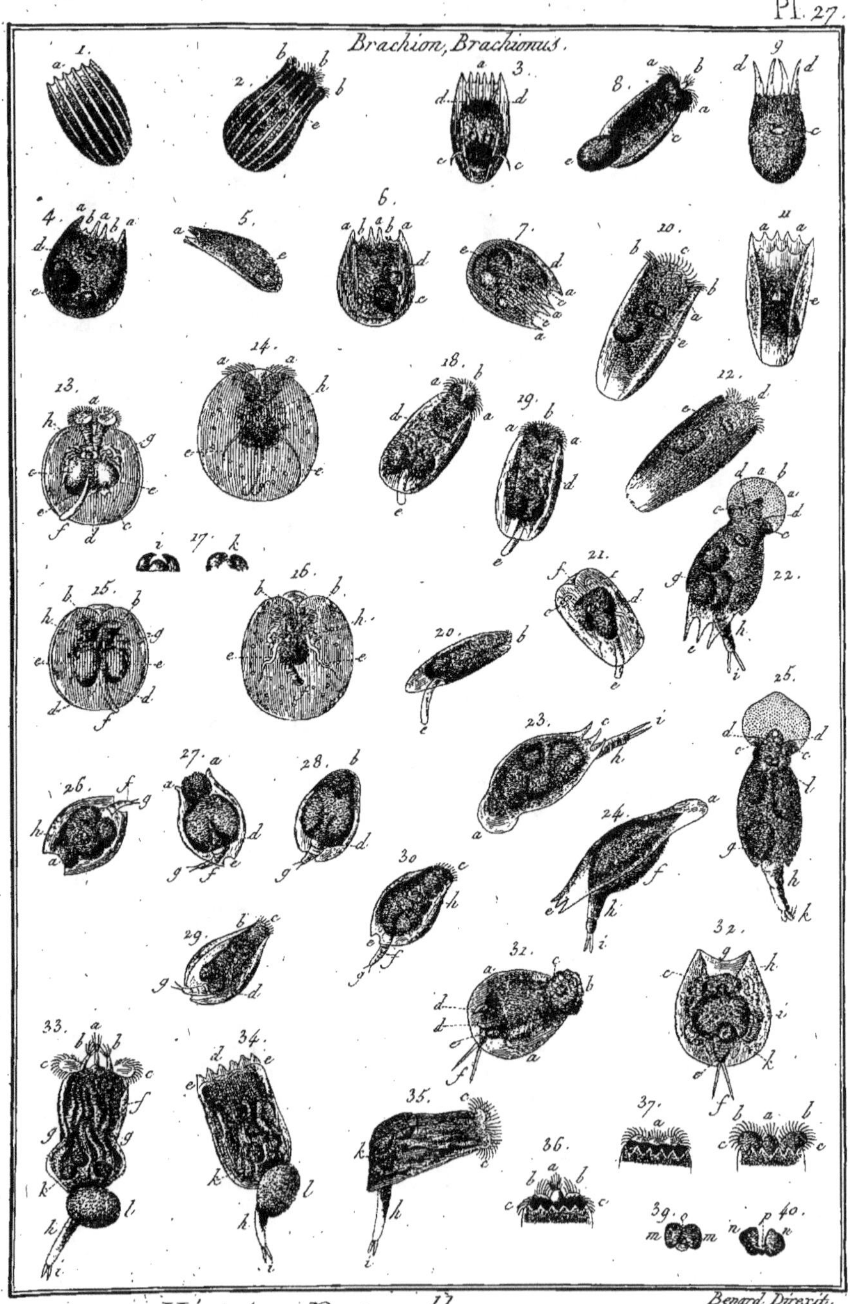

Histoire Naturelle, Vers infusoires.

Brachion, Brachionus.

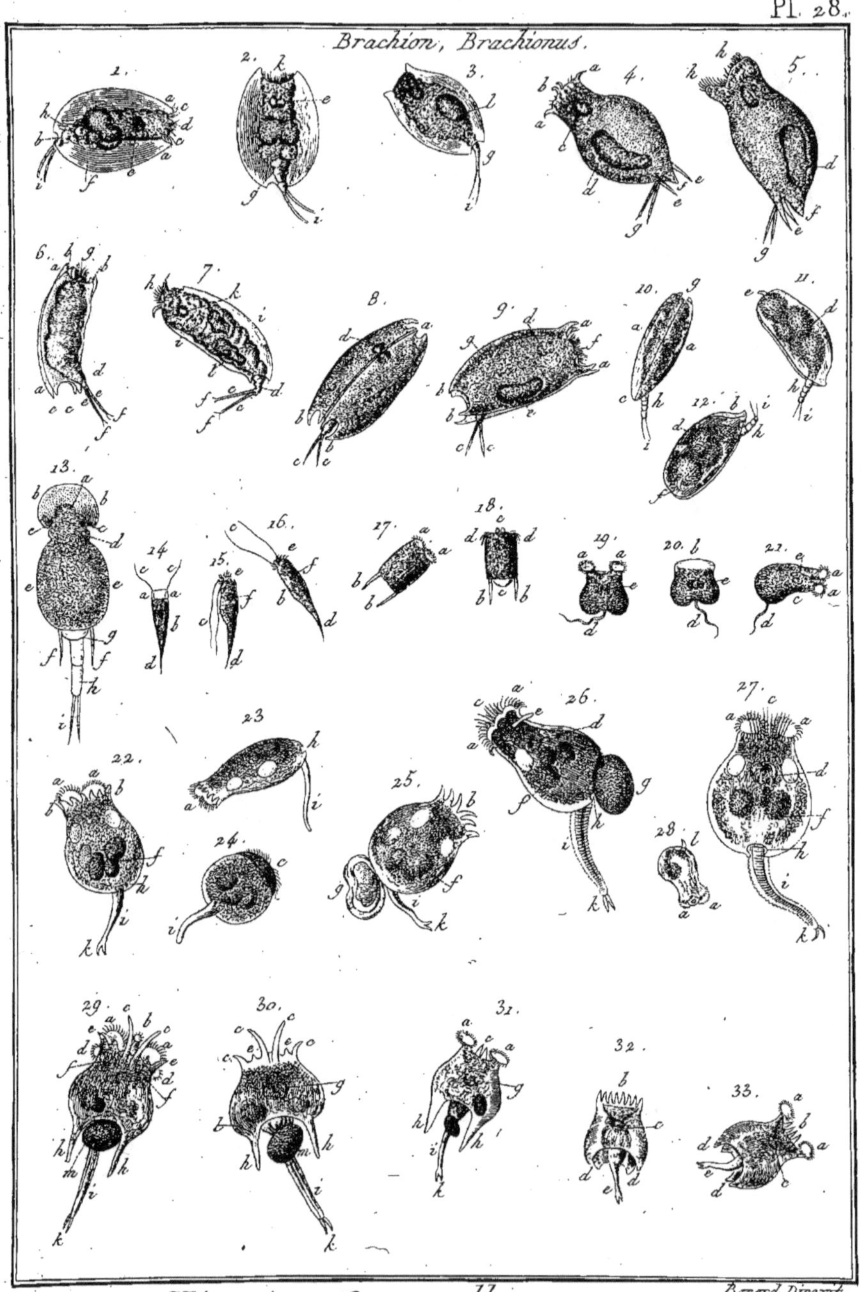

Histoire Naturelle, Vers infusoires.

Benard Direxit.

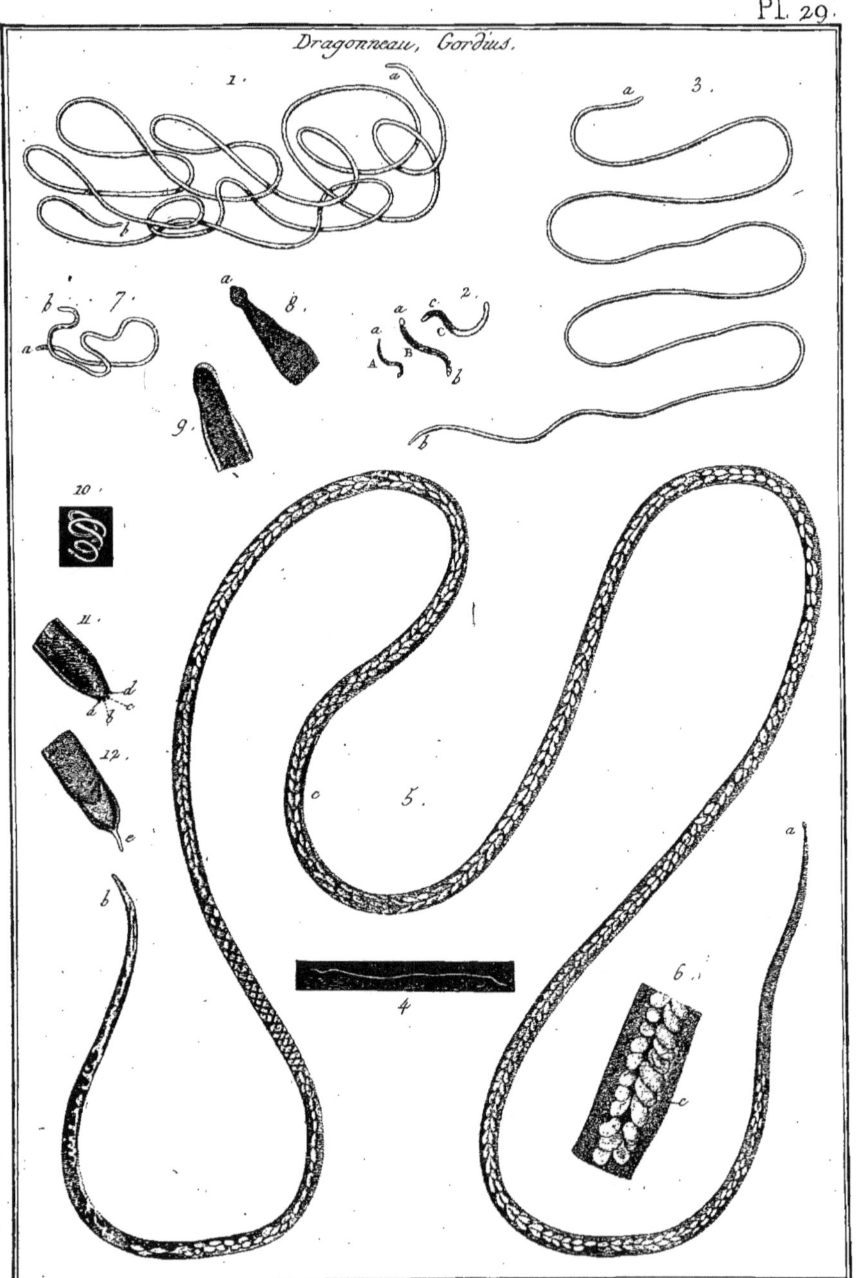

Histoire Naturelle, Vers intestins.

Benard Direxit.

Ascaride, Ascaris.

Histoire Naturelle, Vers intestins.

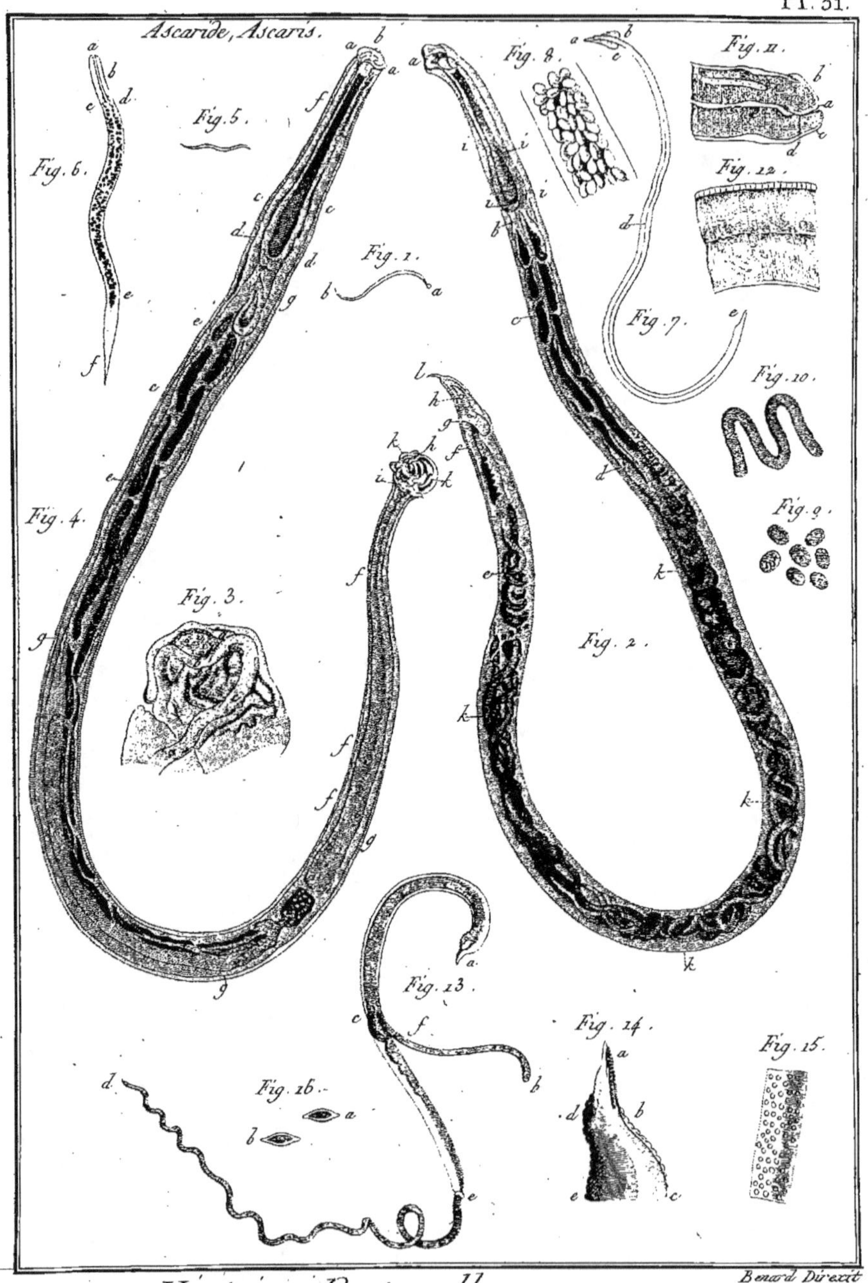

Histoire Naturelle, Vers intestins.

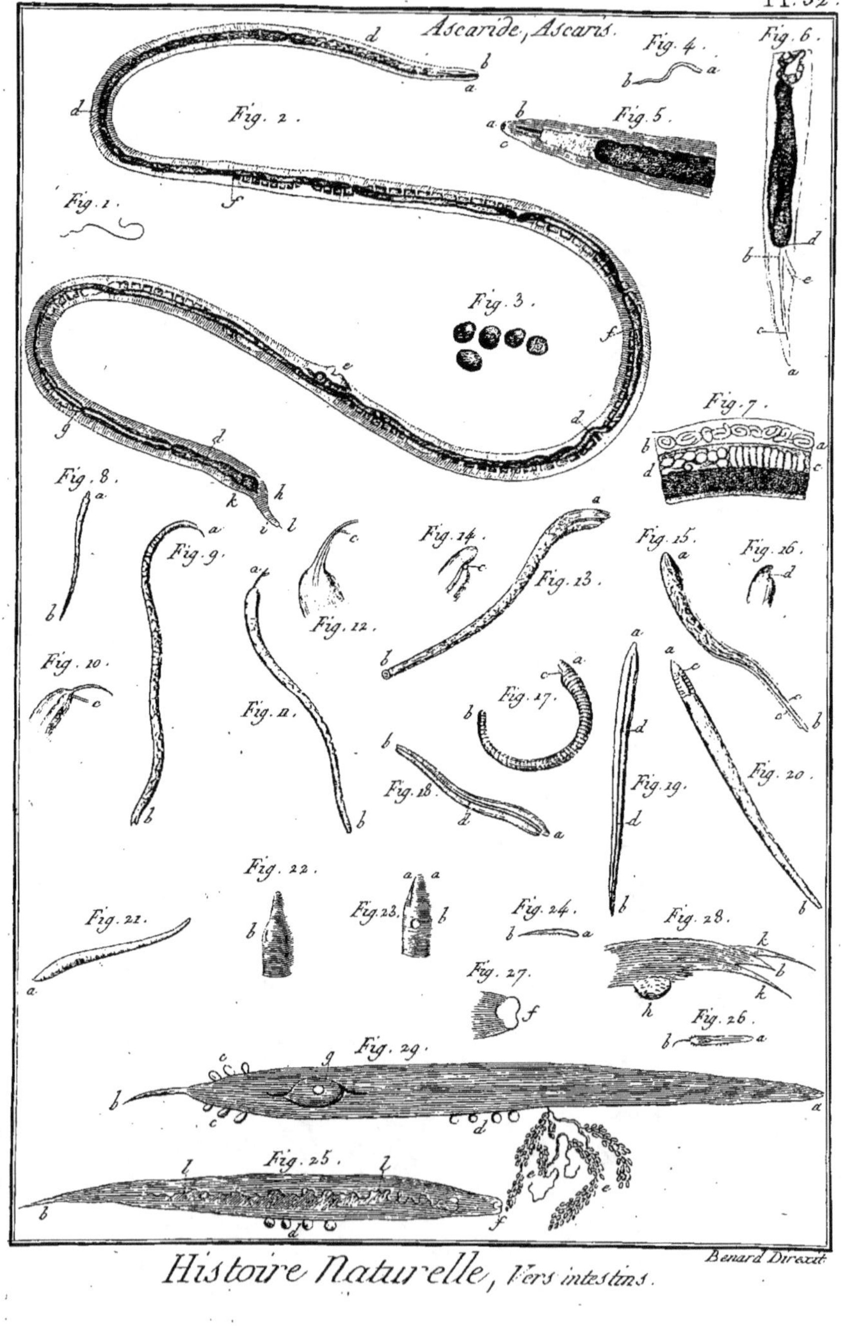

Benard Direxit.

Histoire Naturelle, Vers intestins.

Trichuride, Trichuris.

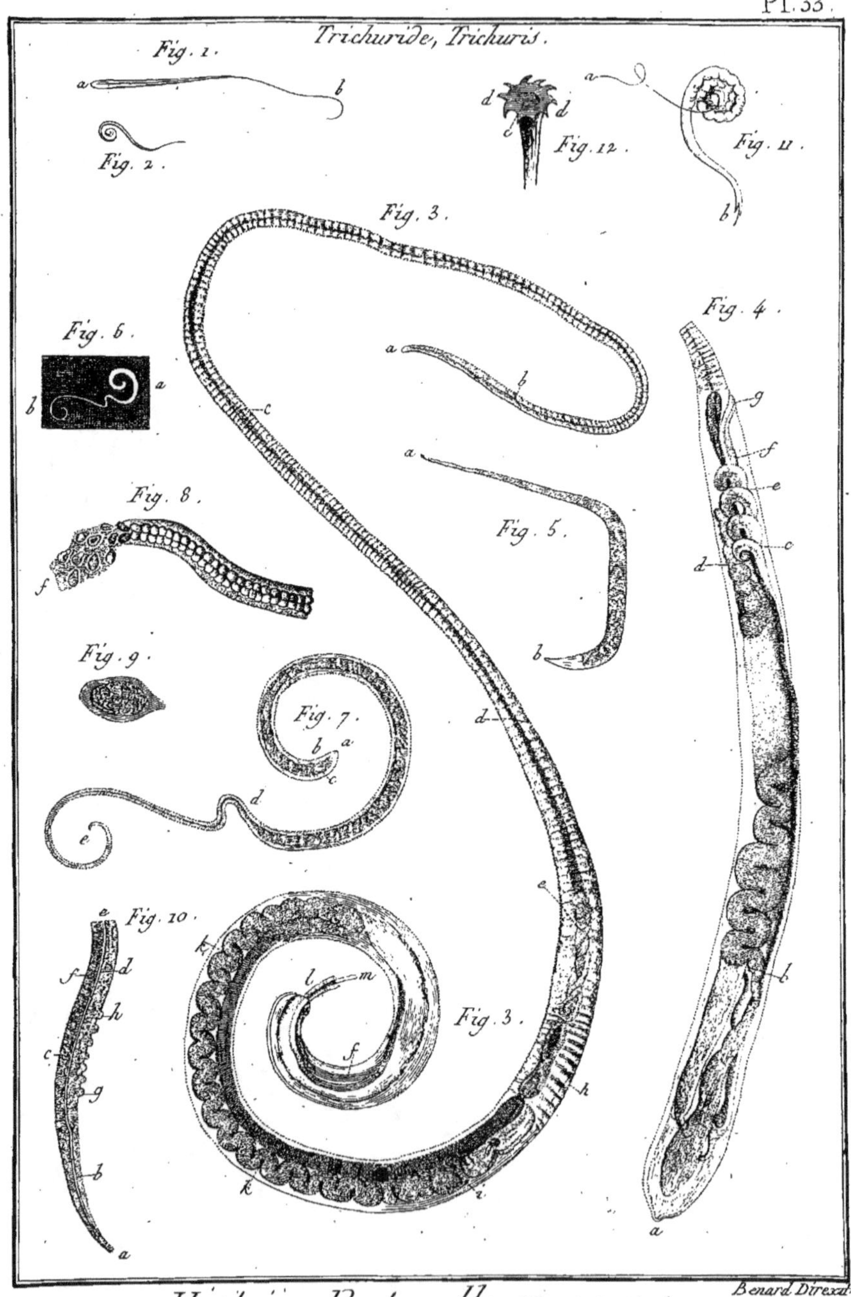

Histoire Naturelle, Vers intestins.

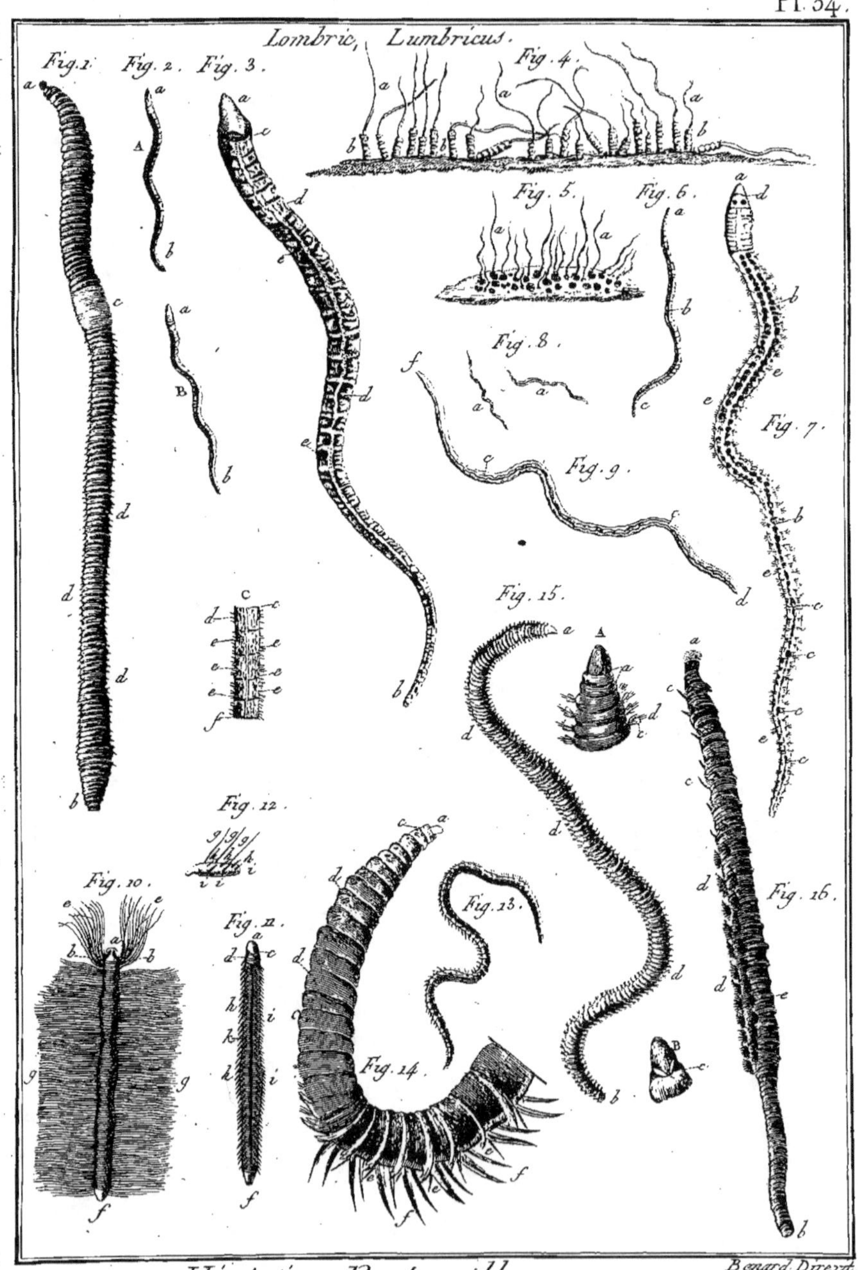

Histoire Naturelle, Vers intestins.

Benard Direxit.

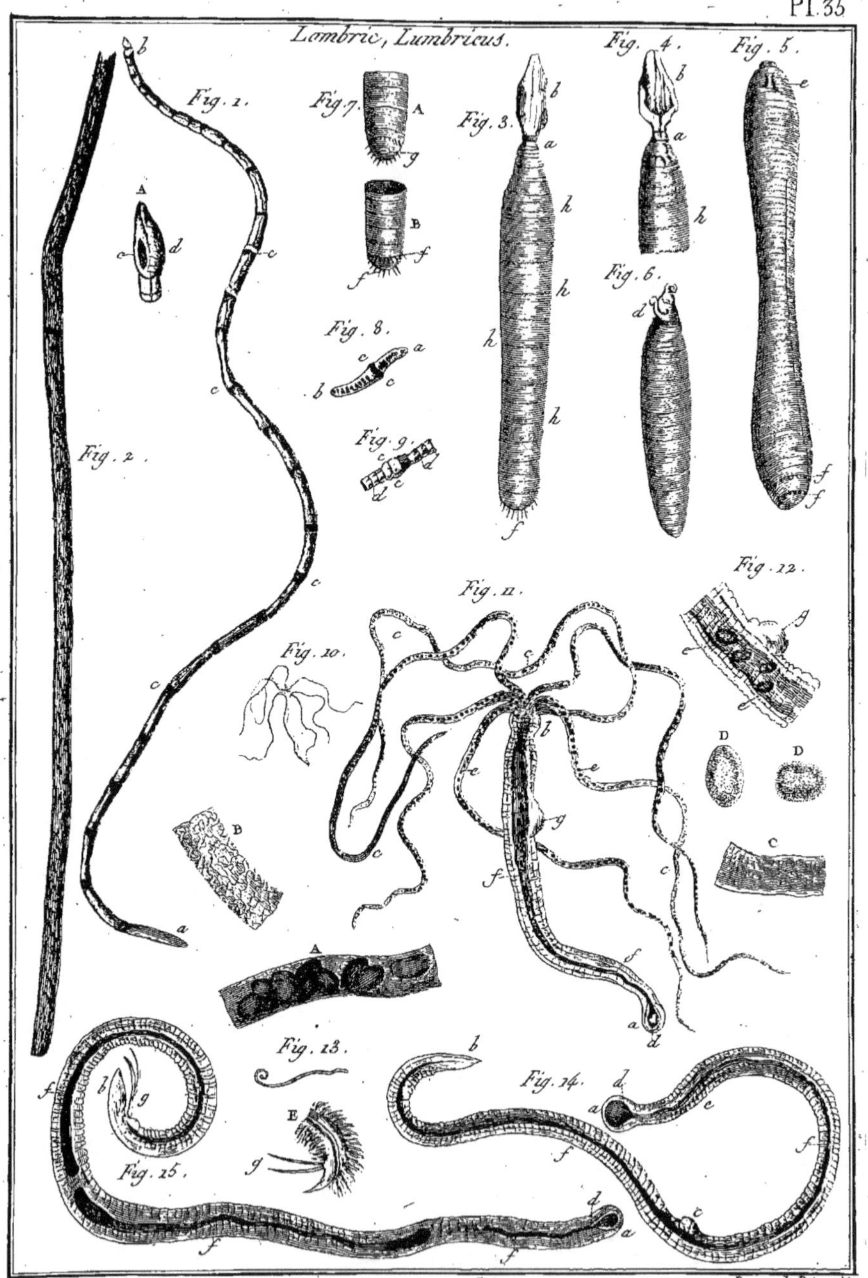

Histoire Naturelle, Vers intestins.

Benard Direxit.

17

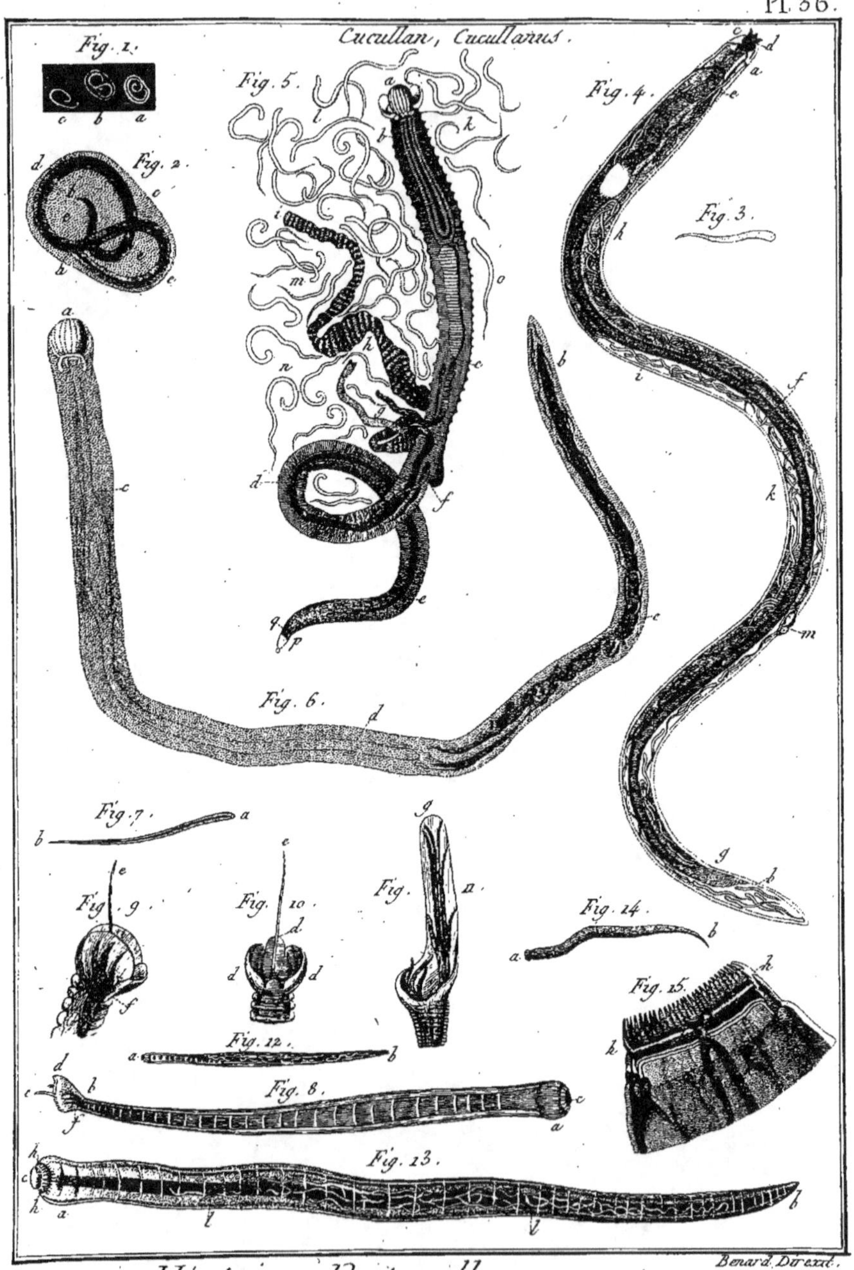

Histoire Naturelle, Vers intestins.

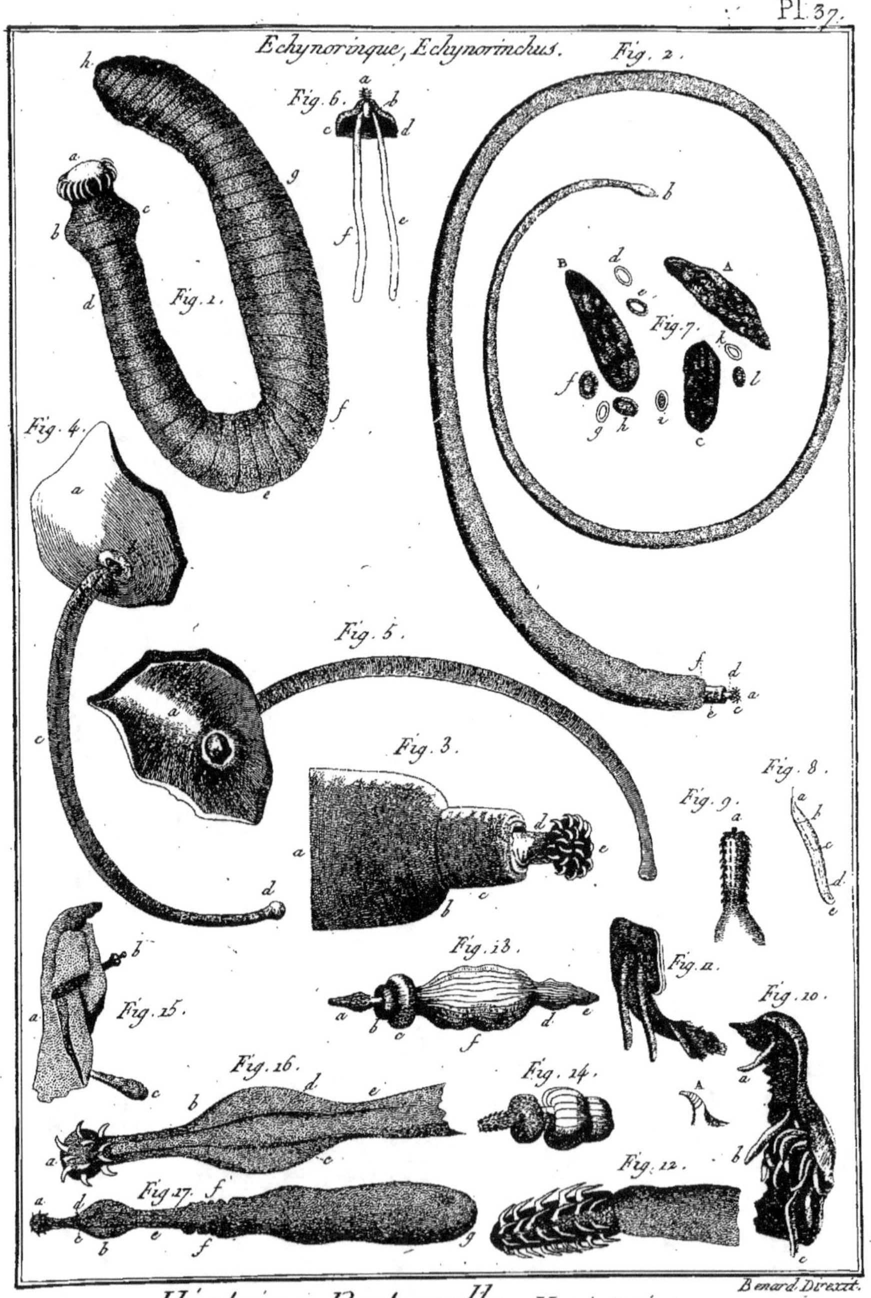

Histoire Naturelle, Vers intestins.

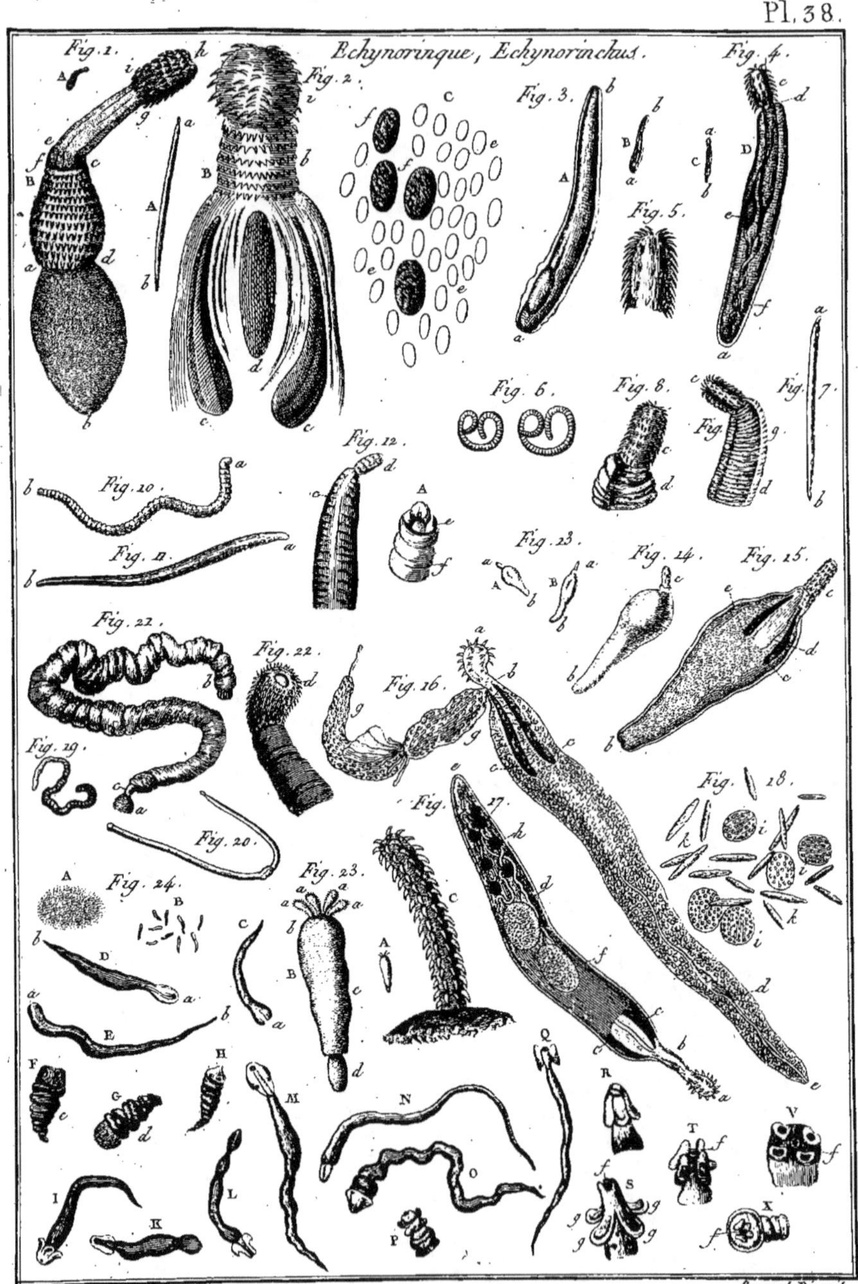

Histoire Naturelle, Vers intestins.

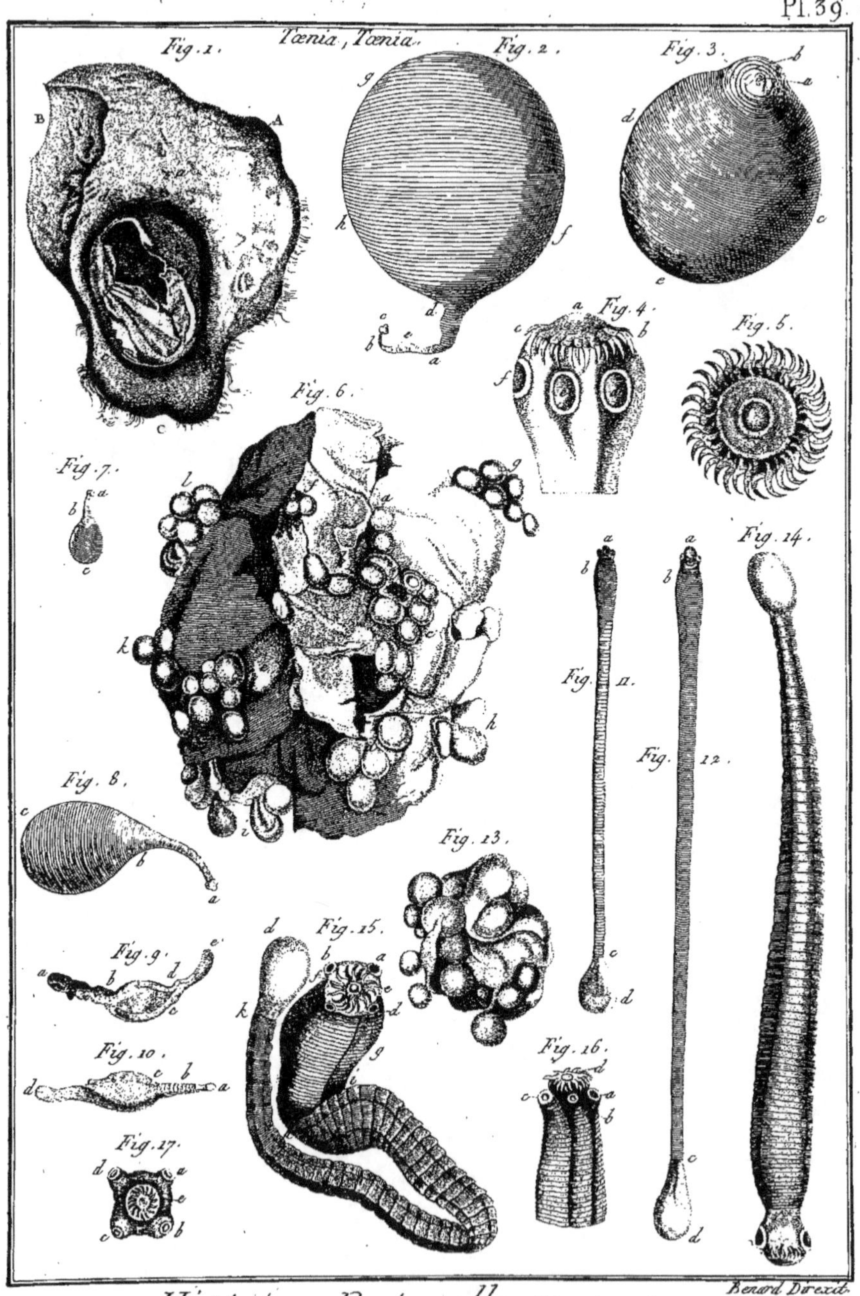
Fig. 1.
Tænia, Tænia.
Fig. 2.
Fig. 3.
Fig. 4.
Fig. 5.
Fig. 6.
Fig. 7.
Fig. 8.
Fig. 9.
Fig. 10.
Fig. 13.
Fig. 14.
Fig. 11.
Fig. 12.
Fig. 15.
Fig. 16.
Fig. 17.
Benard Direxit.

Histoire Naturelle, Vers intestins.

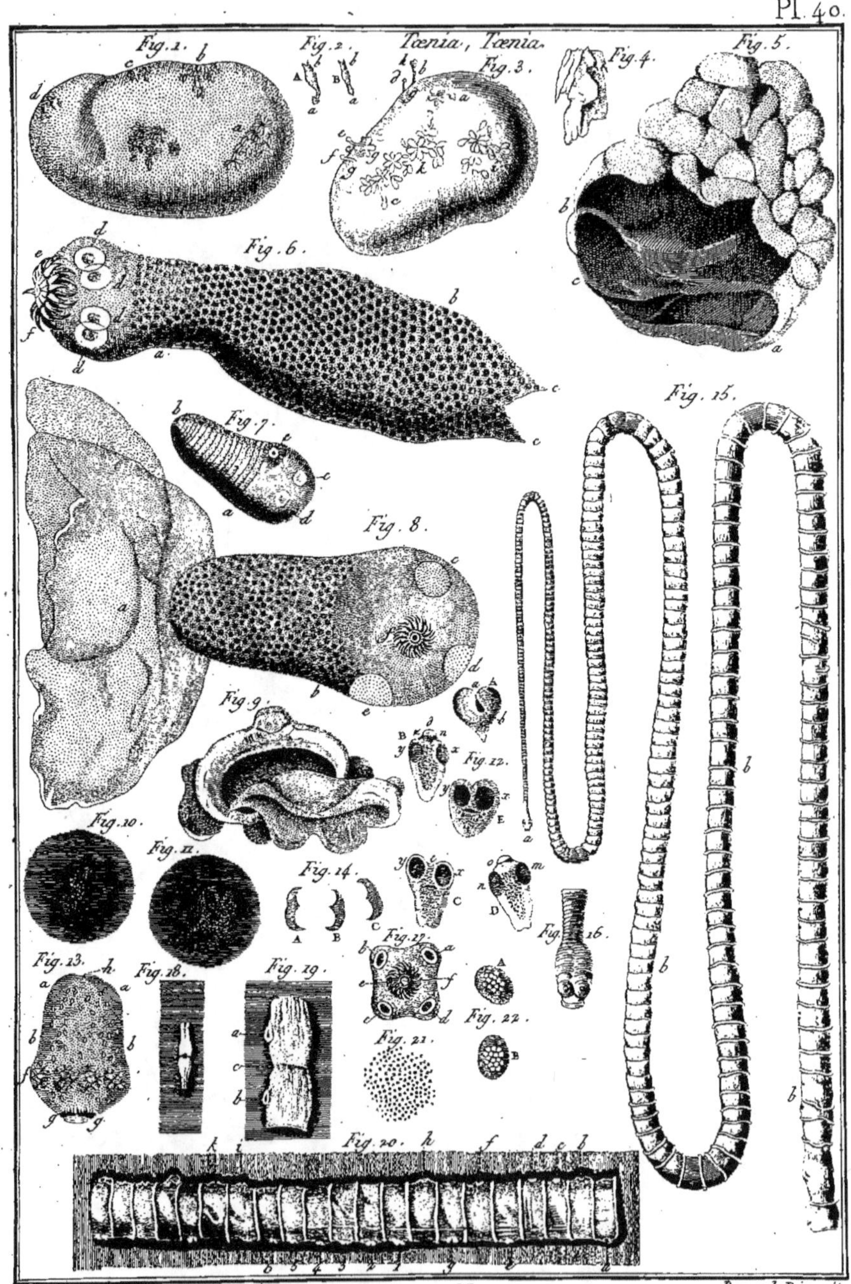

Histoire Naturelle, Vers intestins.

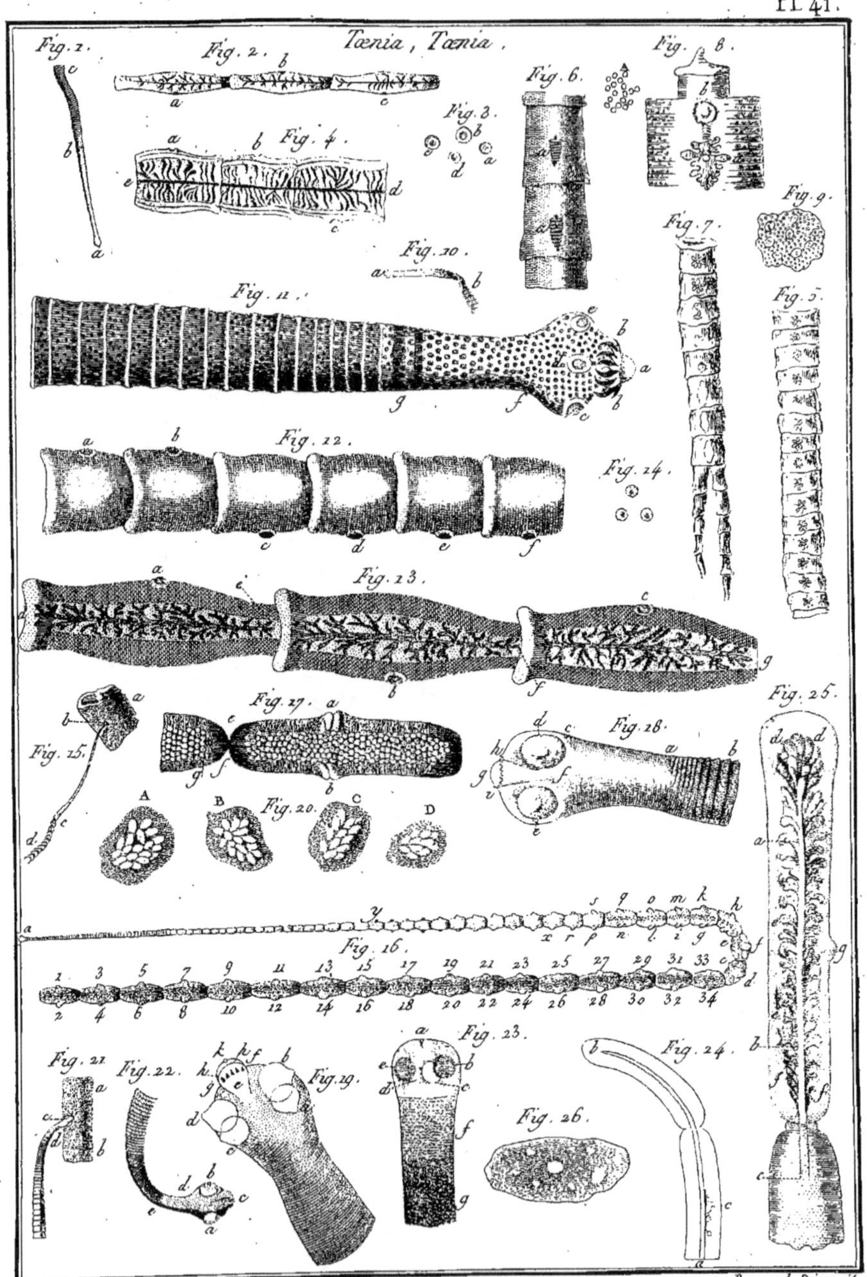

Benard Direxit

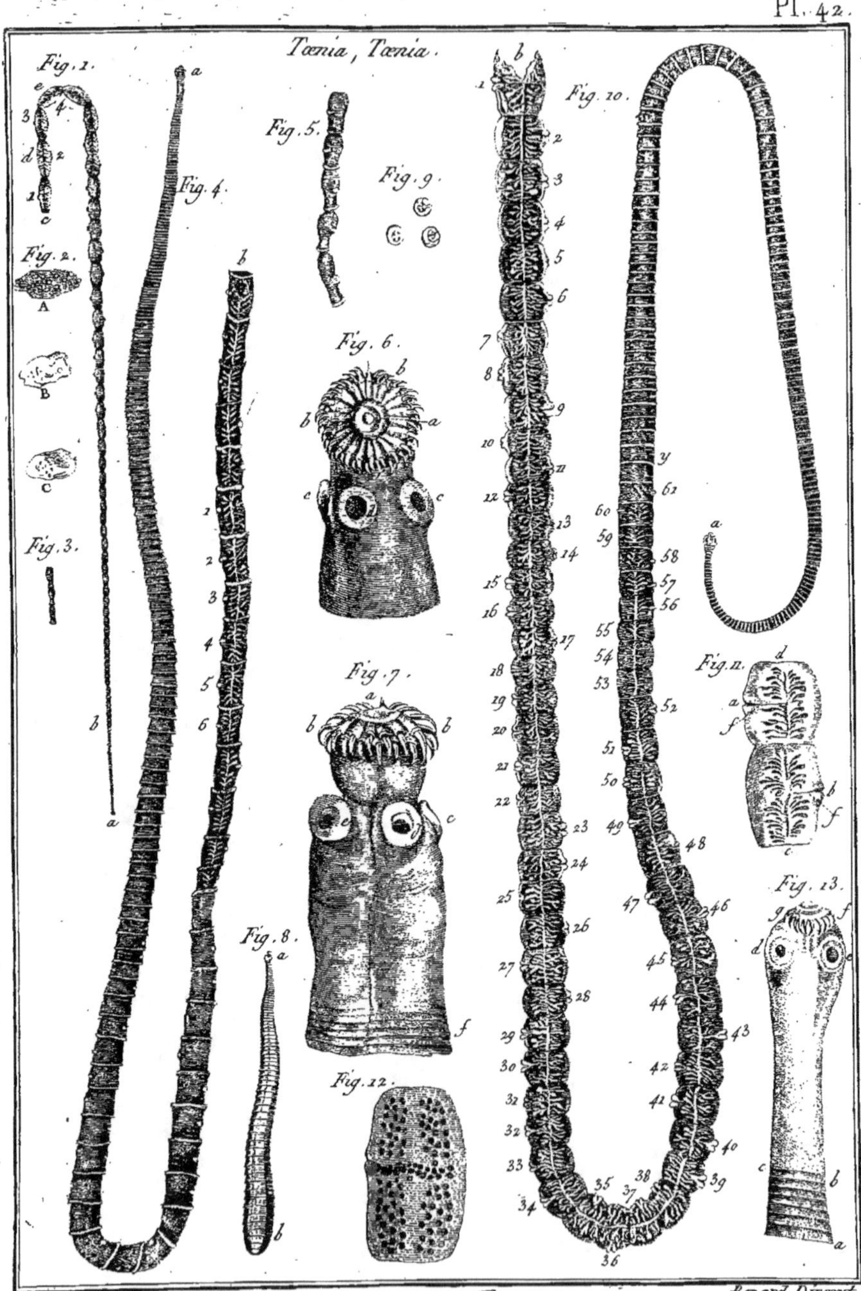

Histoire Naturelle, Vers intestins.

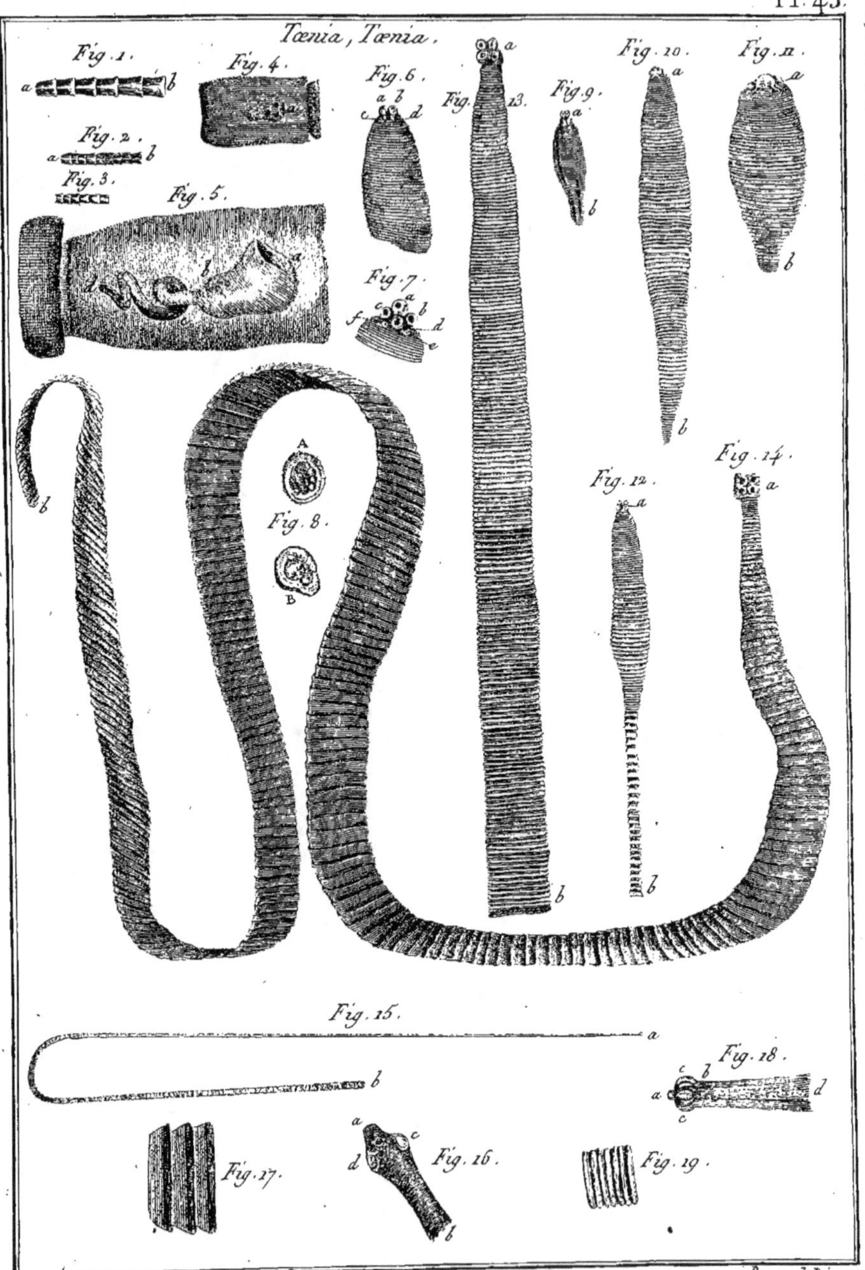

Histoire Naturelle, Vers intestins.

Benard Direx.

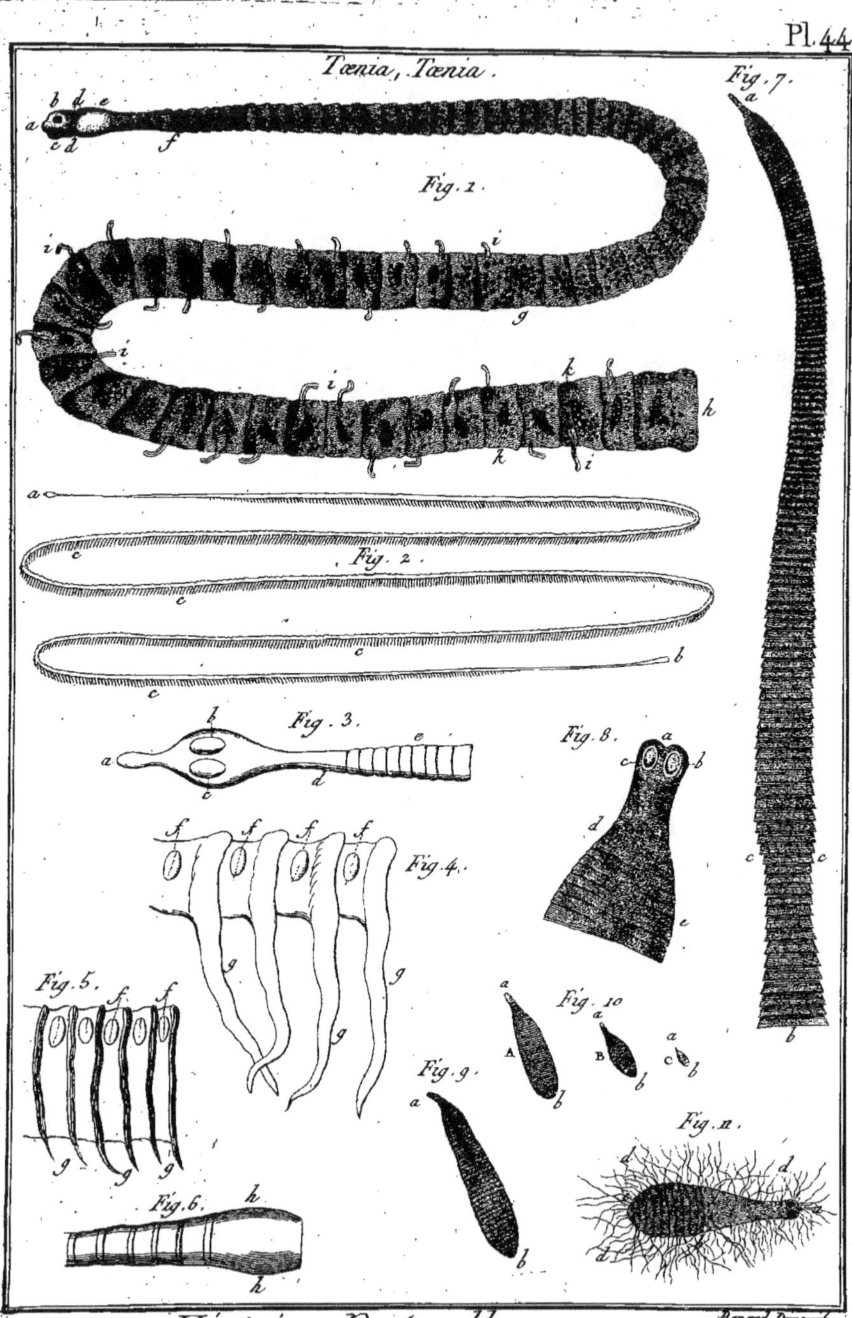

Histoire Naturelle, Vers intestins.

Benard Direxit.

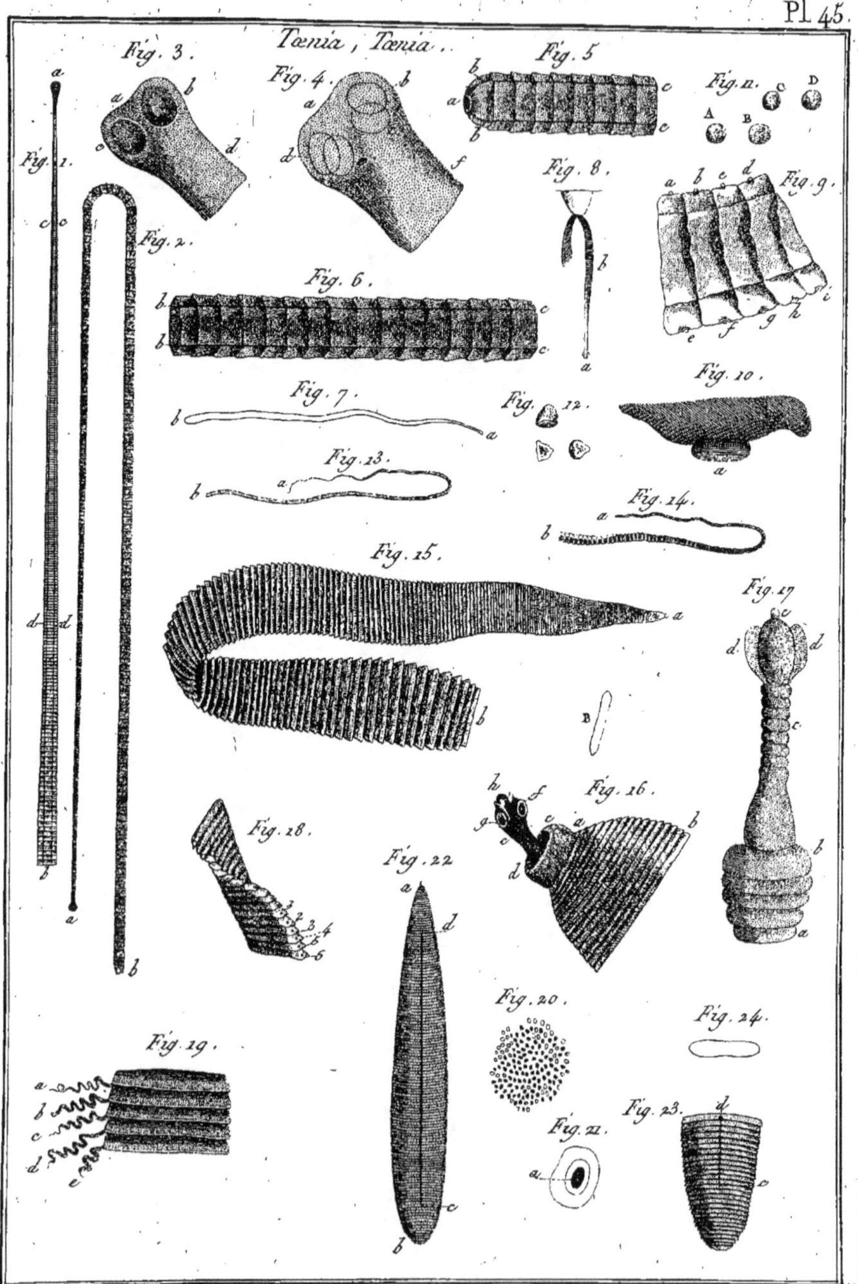

Histoire Naturelle, *Vers intestins.*

22.

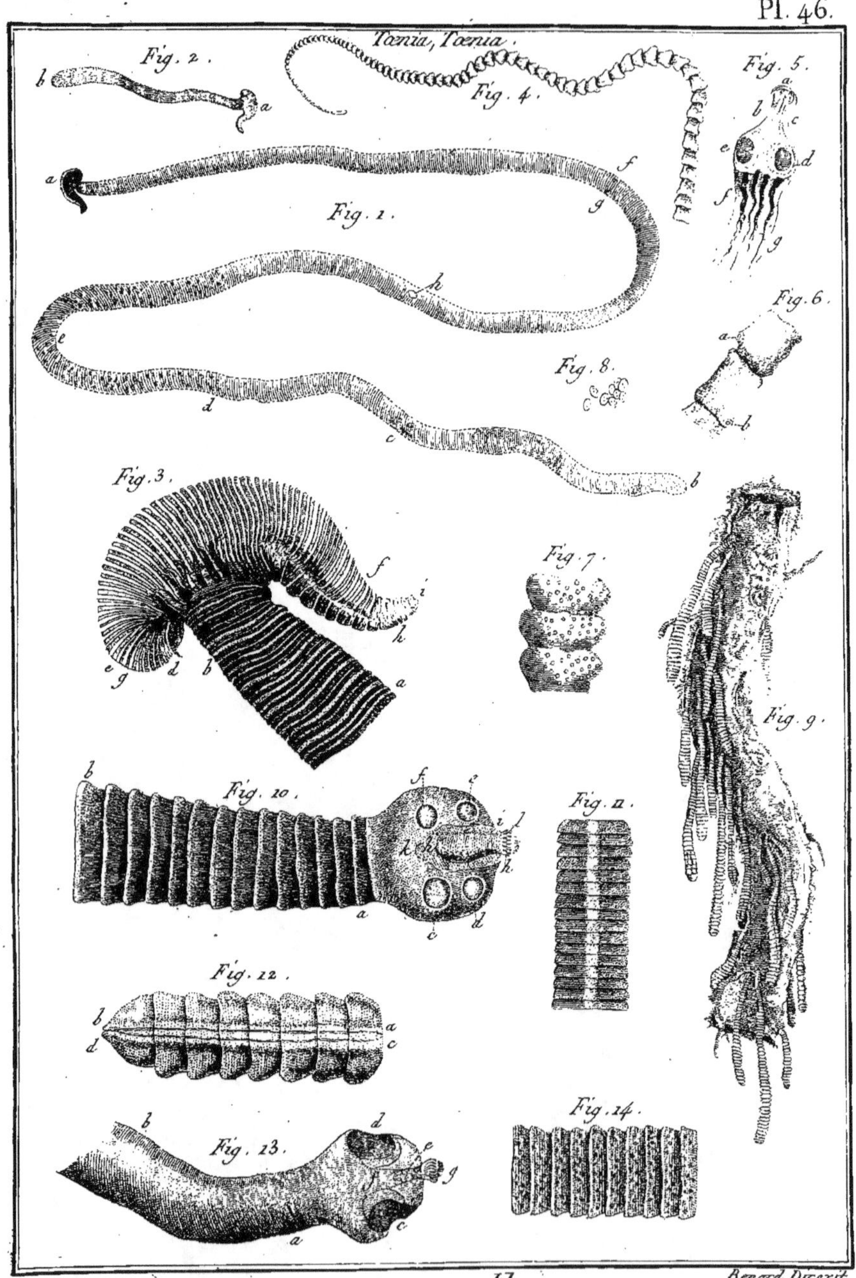

Histoire Naturelle, Vers intestins.

Tænia, Tænia.

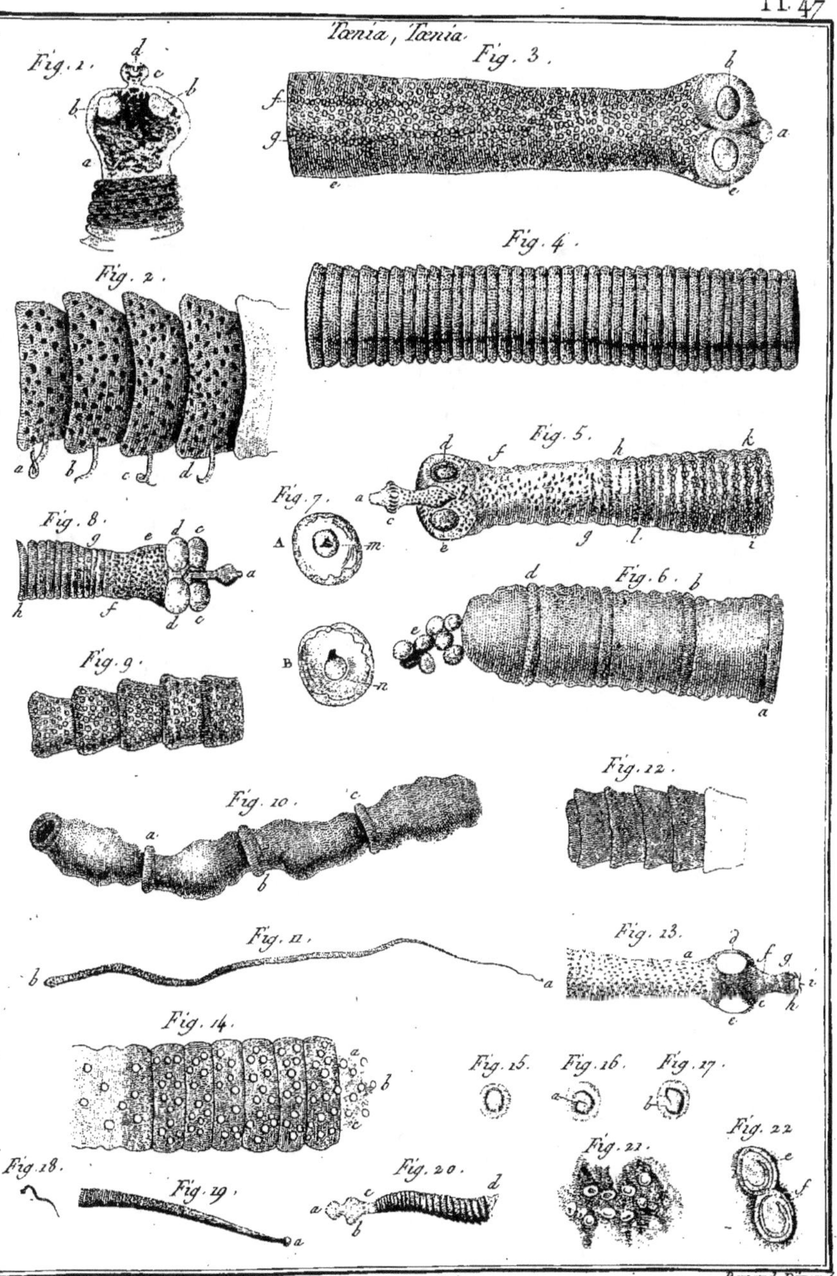

Histoire Naturelle, *Vers intestins*

Benard Direxit.

23.

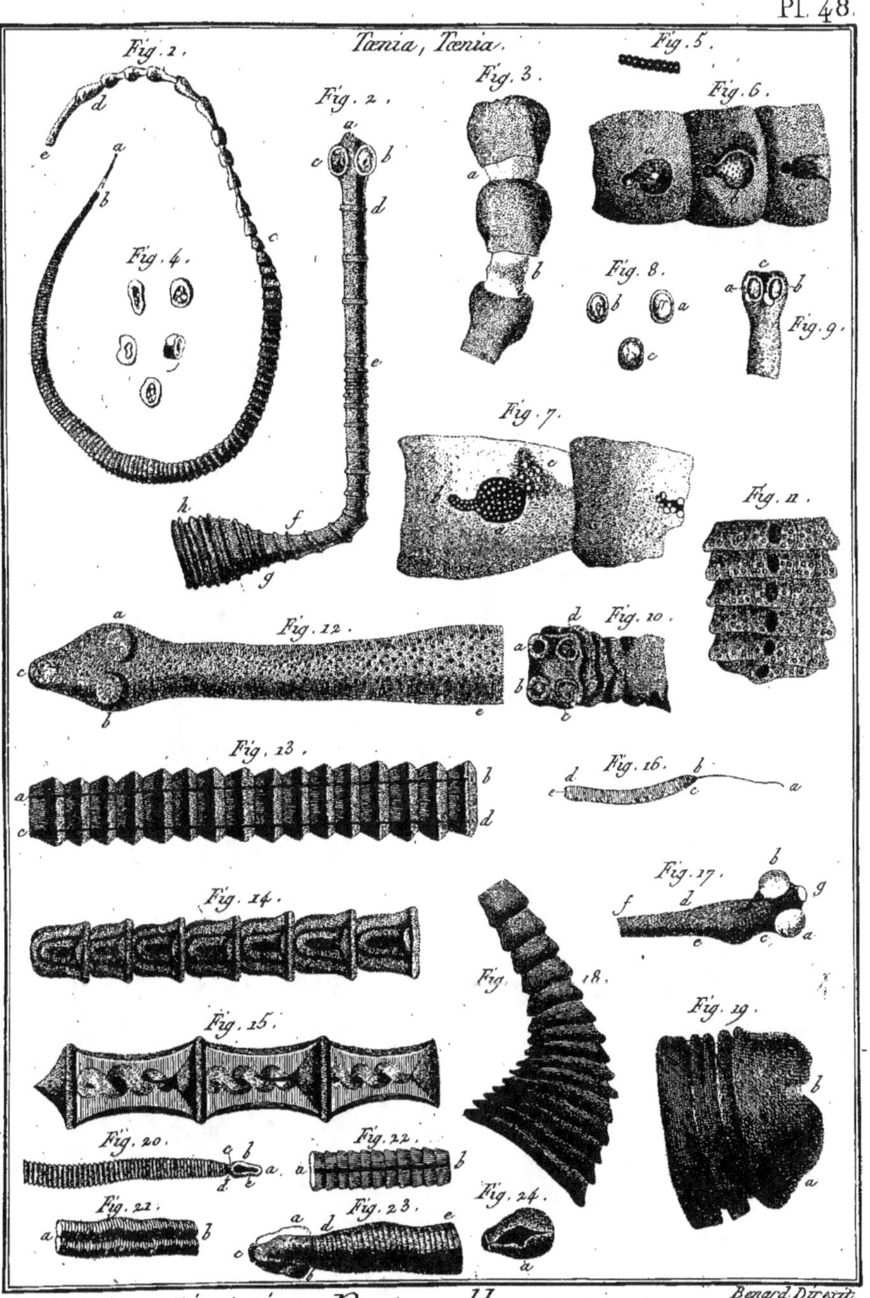

Histoire Naturelle, Vers intestins.

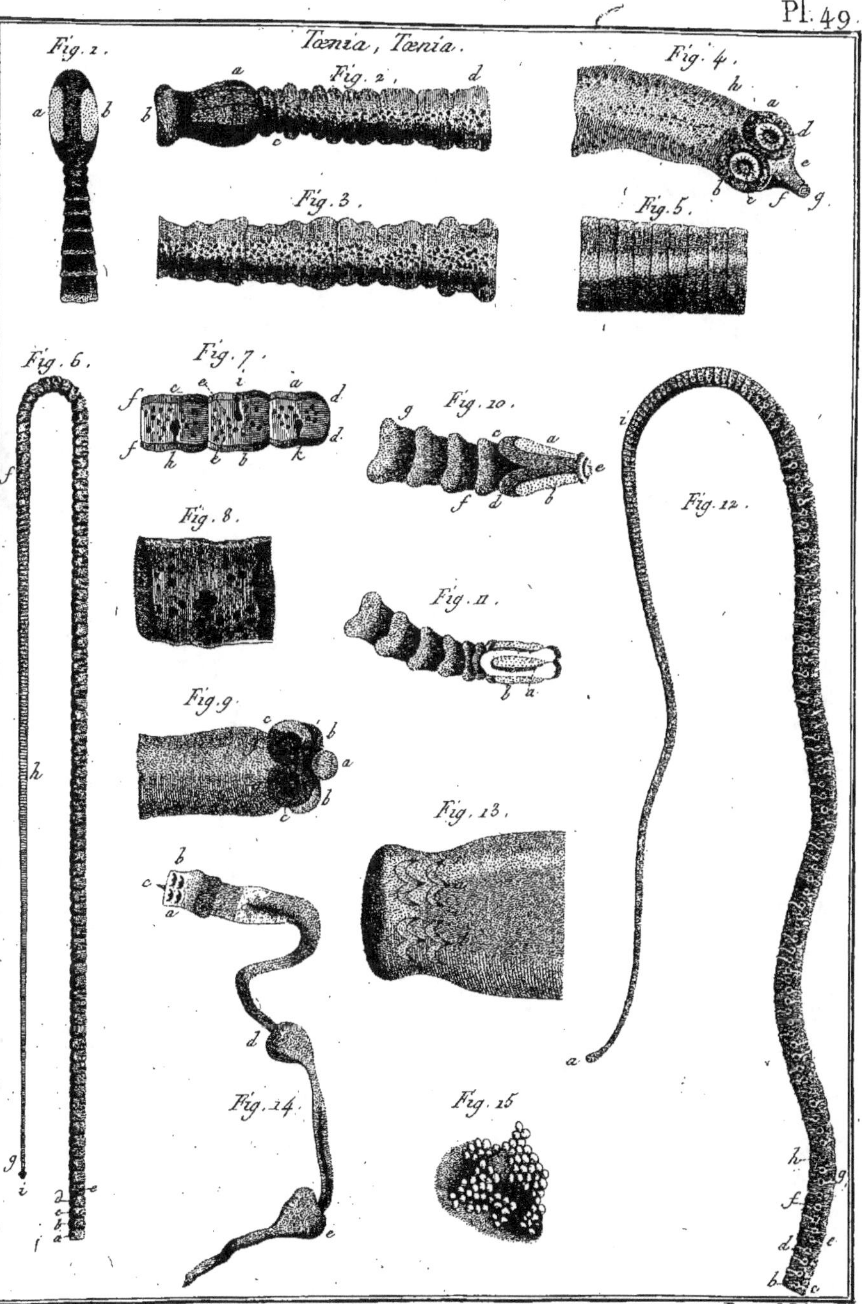

Histoire Naturelle, Vers intestins.

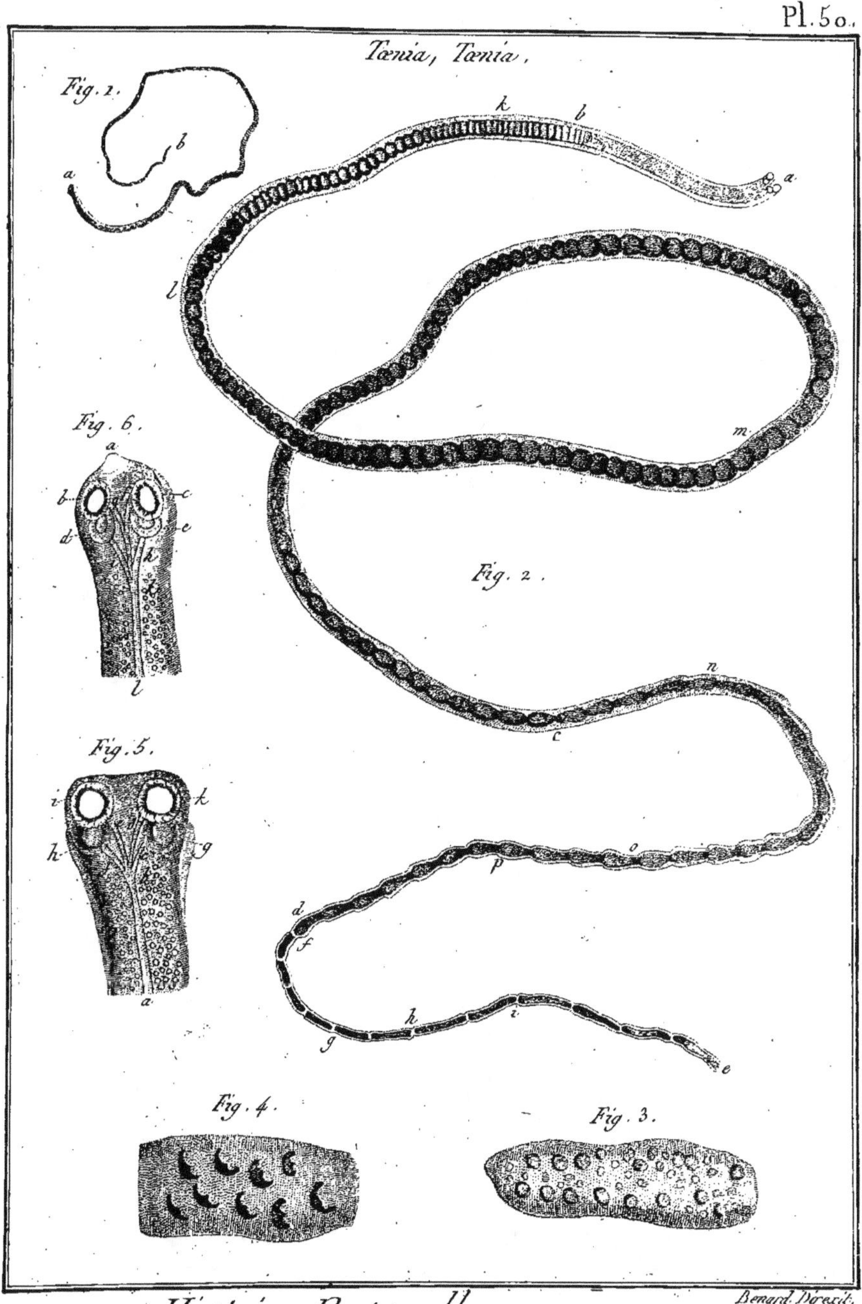

Histoire Naturelle, Vers intestins.

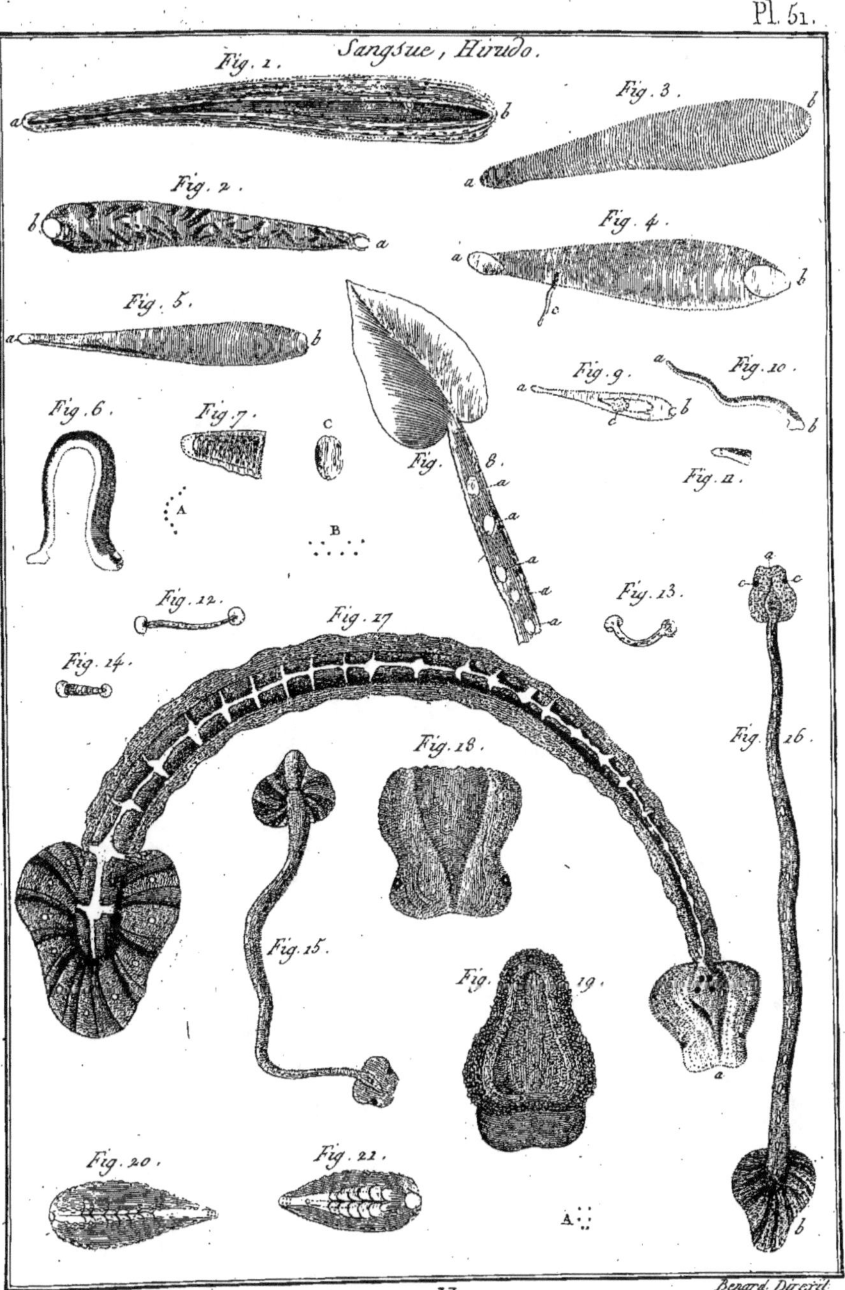

Histoire Naturelle, Vers intestins.

Sangsue, Hirudo.

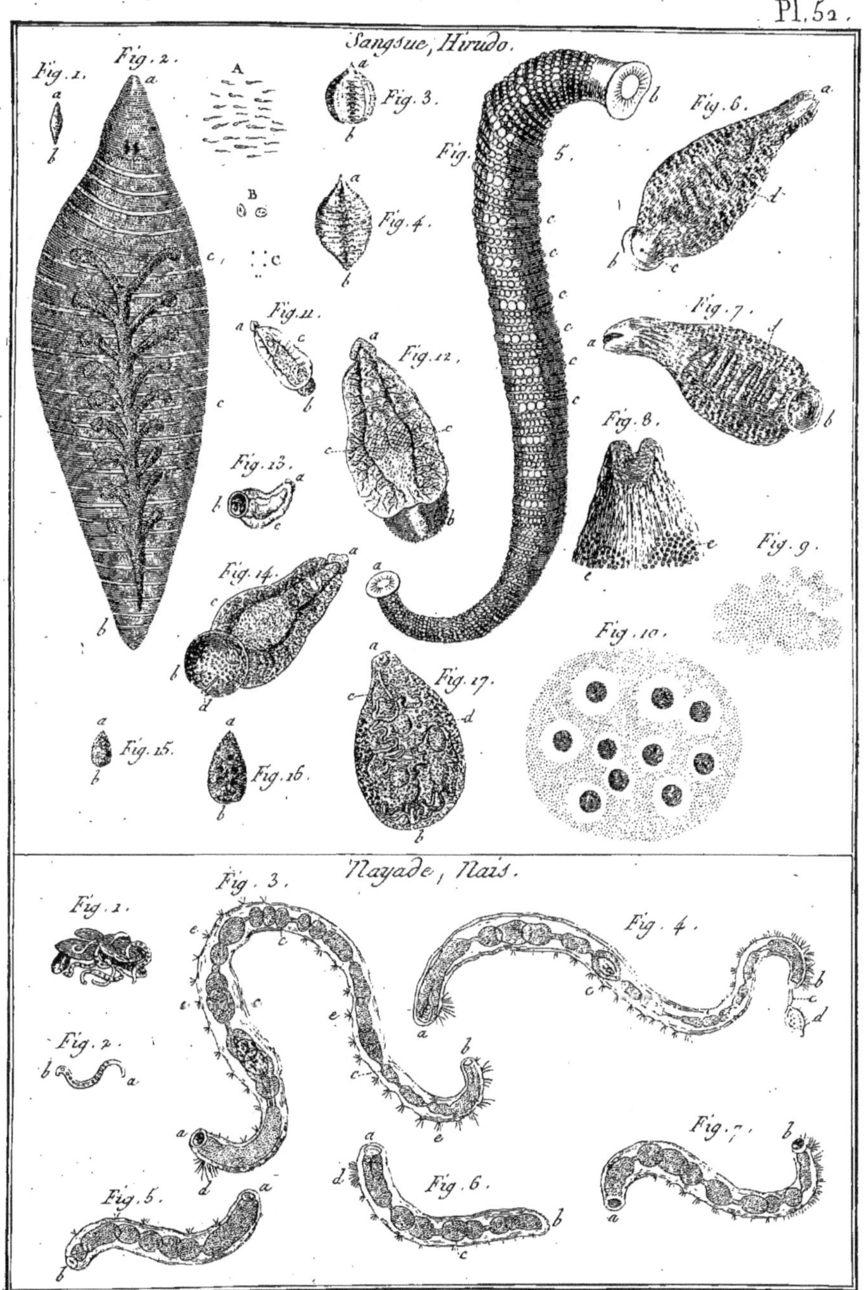

Nayade, Nais.

Histoire Naturelle, Vers intestins.

Benard Direxit.

Nayade, Nais.

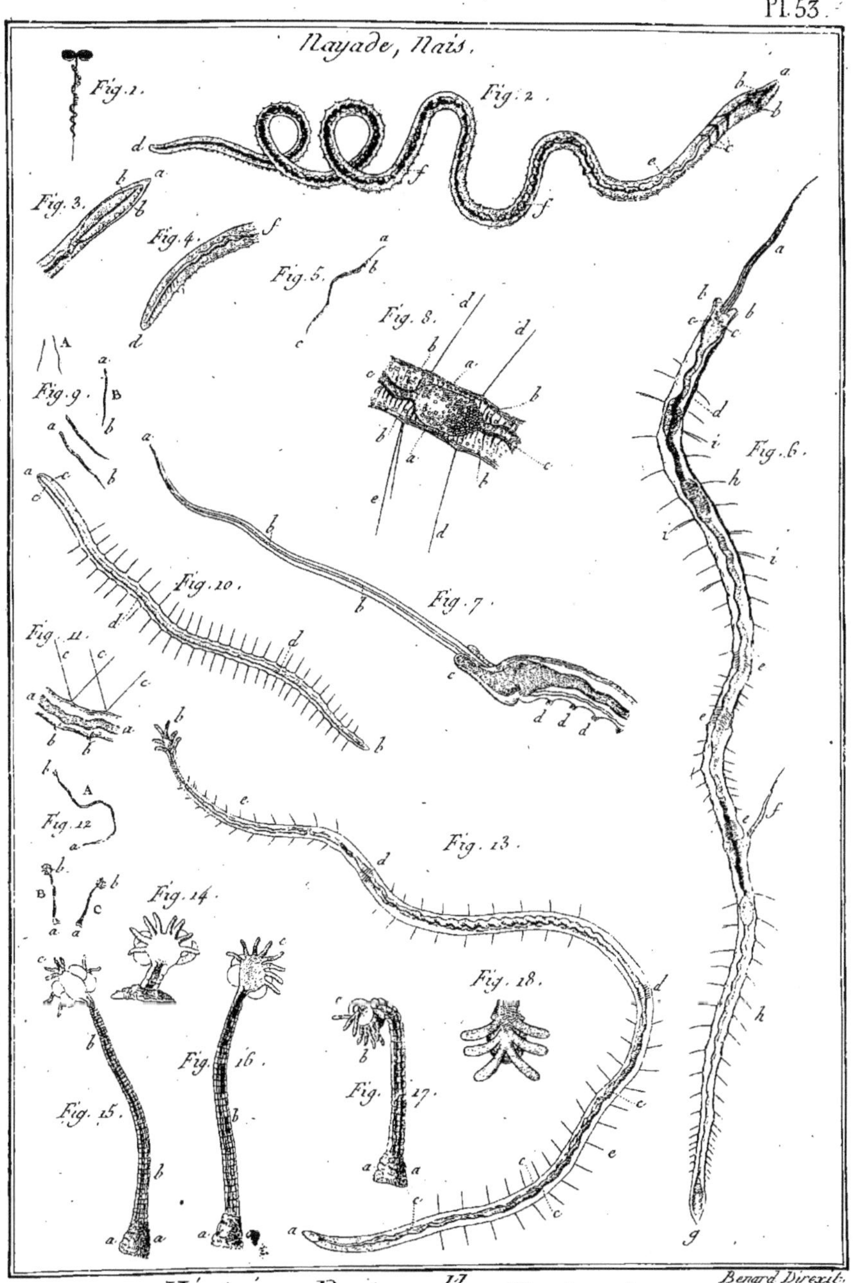

Histoire Naturelle, Vers intestins.

Benard Direxit.

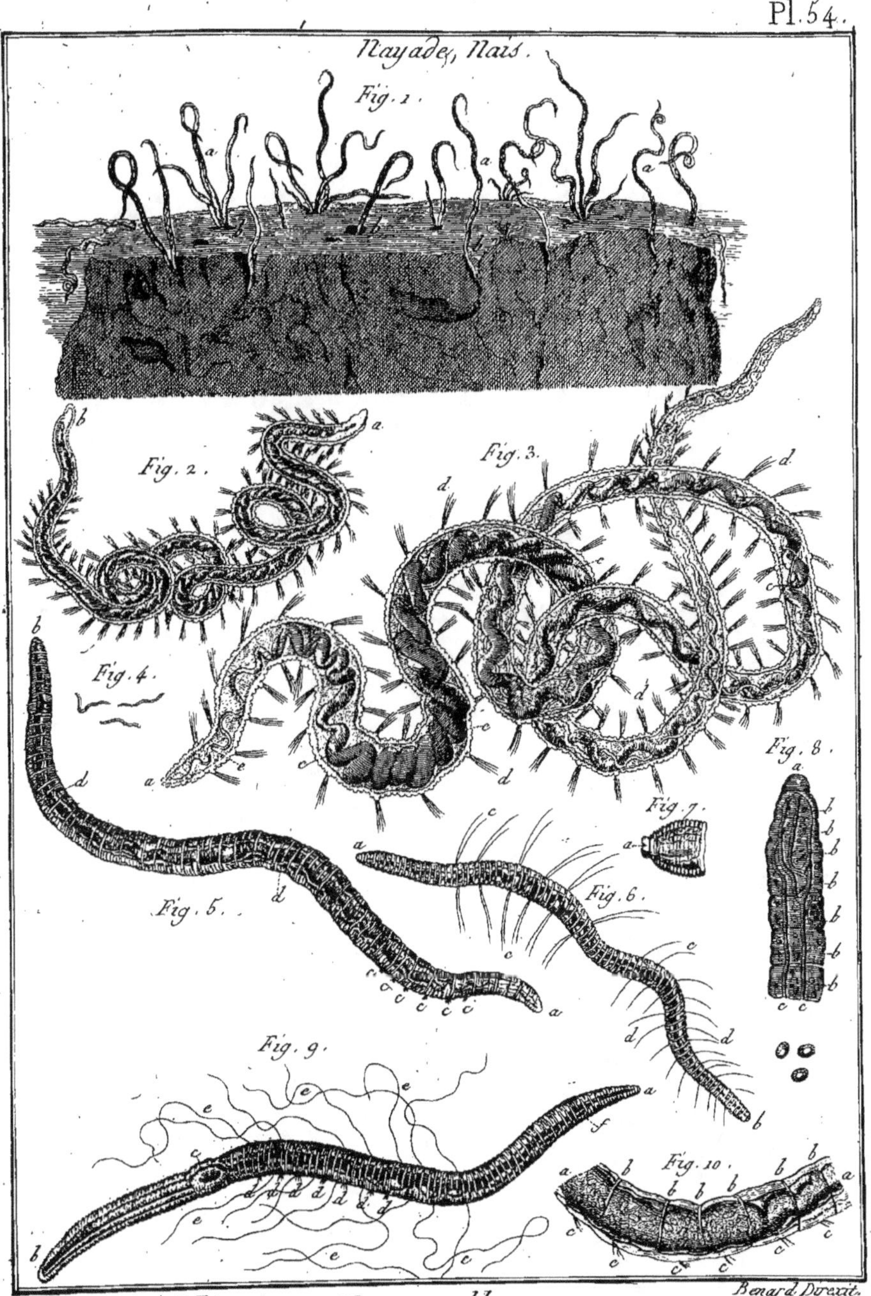

Benard Direxit.

Histoire Naturelle, Vers intestins.

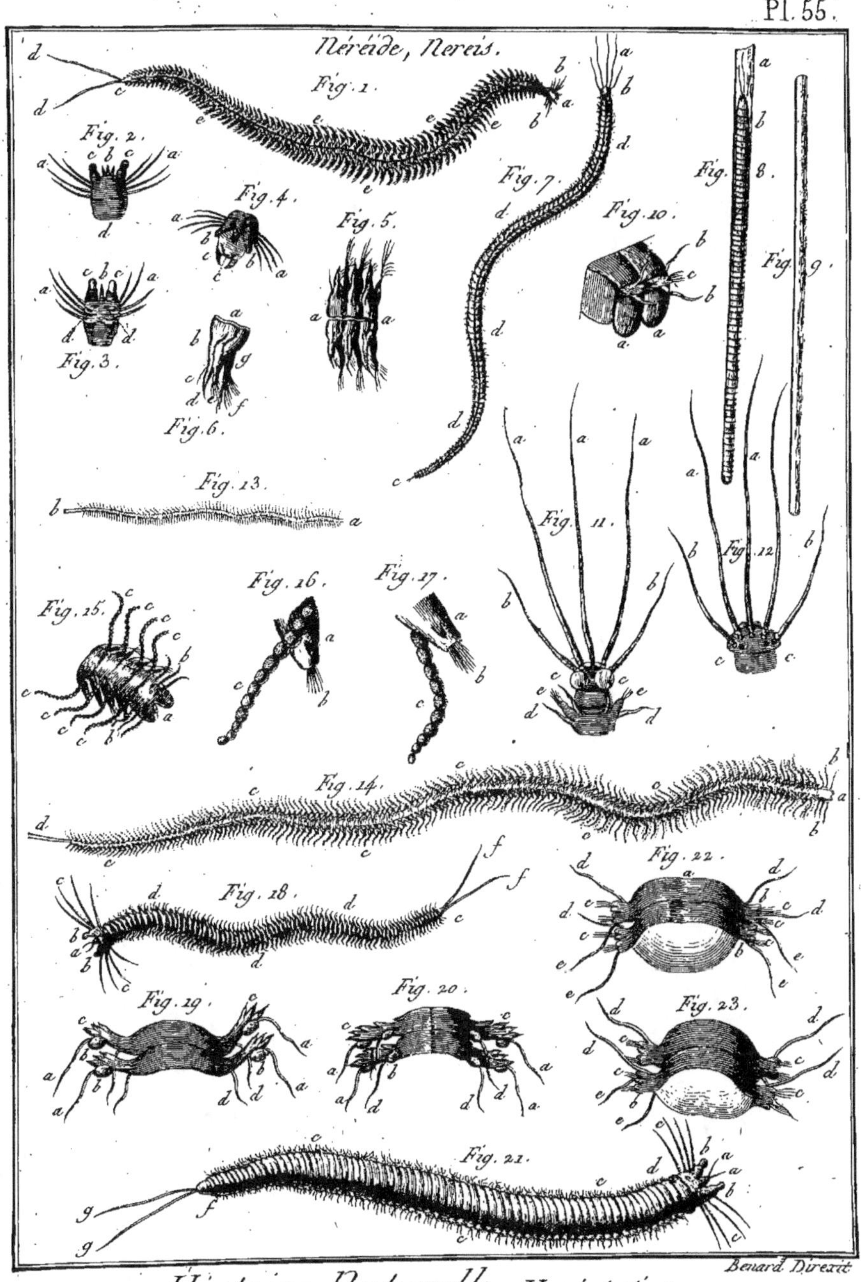

Histoire Naturelle, Vers intestins.

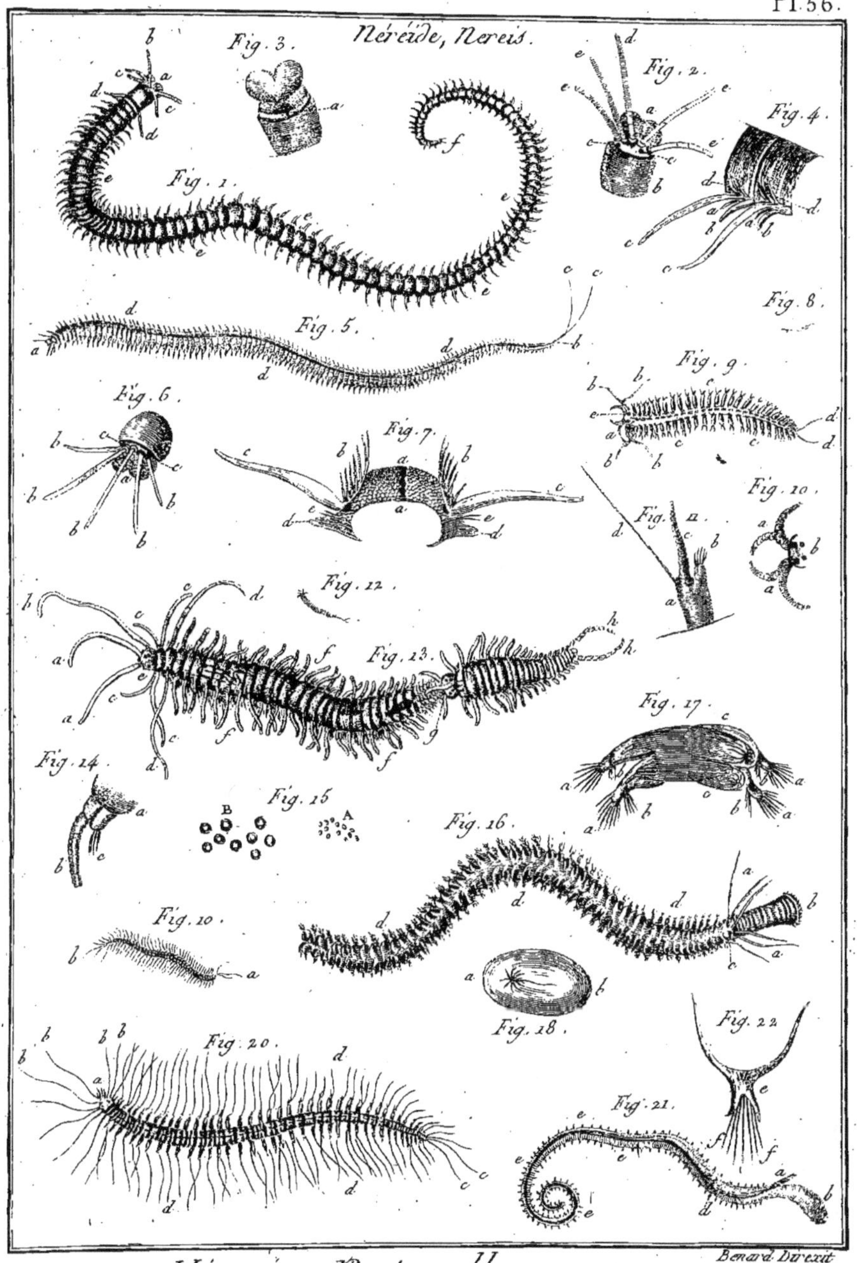

Histoire Naturelle, Vers intestins.

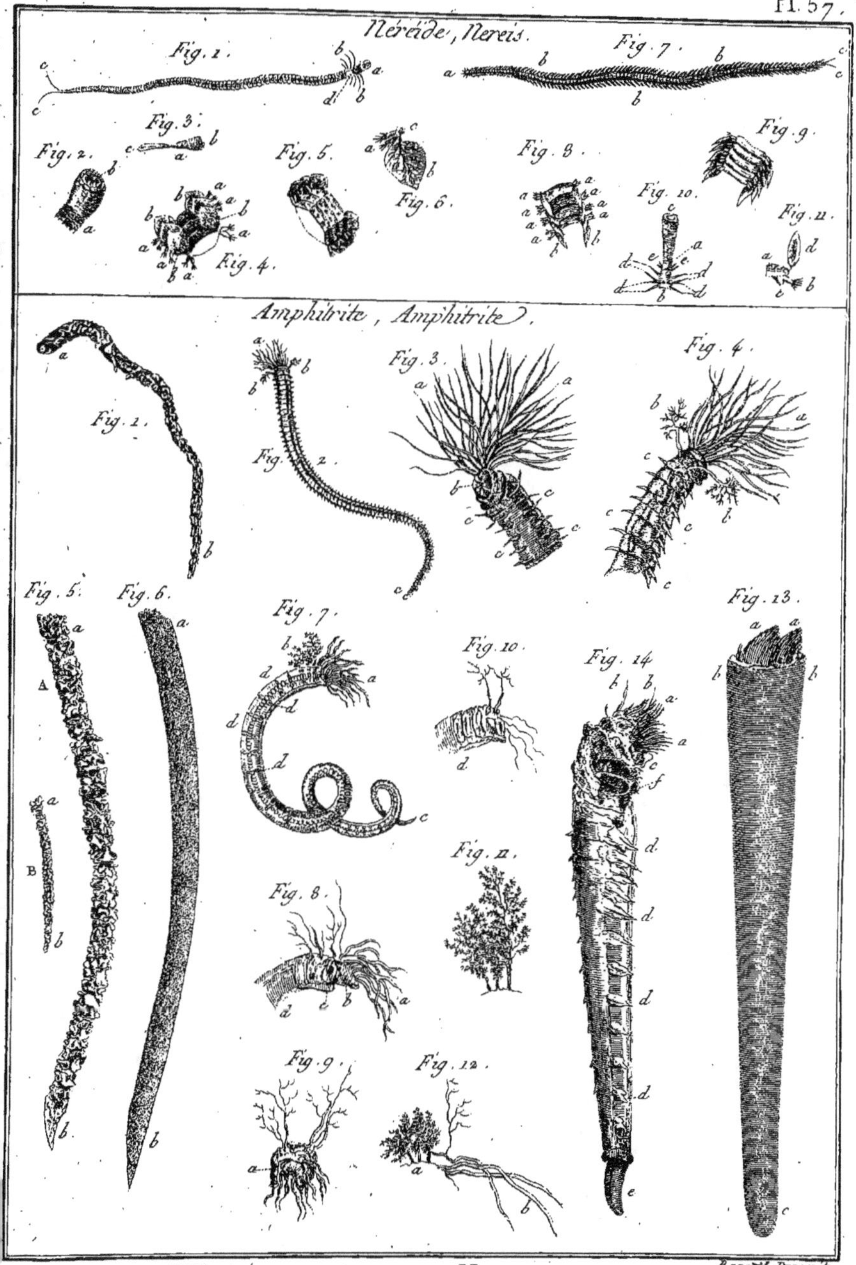

Néréide, Nereis.

Fig. 1. Fig. 7.

Fig. 2. Fig. 3. Fig. 5. Fig. 8. Fig. 9.

Fig. 6. Fig. 10. Fig. 11.

Fig. 4.

Amphitrite, Amphitrite.

Fig. 1. Fig. 2. Fig. 3. Fig. 4.

Fig. 5. Fig. 6. Fig. 7. Fig. 10. Fig. 14. Fig. 13.

Fig. 11.

Fig. 8.

Fig. 9. Fig. 12.

Benard Direxit.

Histoire Naturelle, Vers intestins.

28.

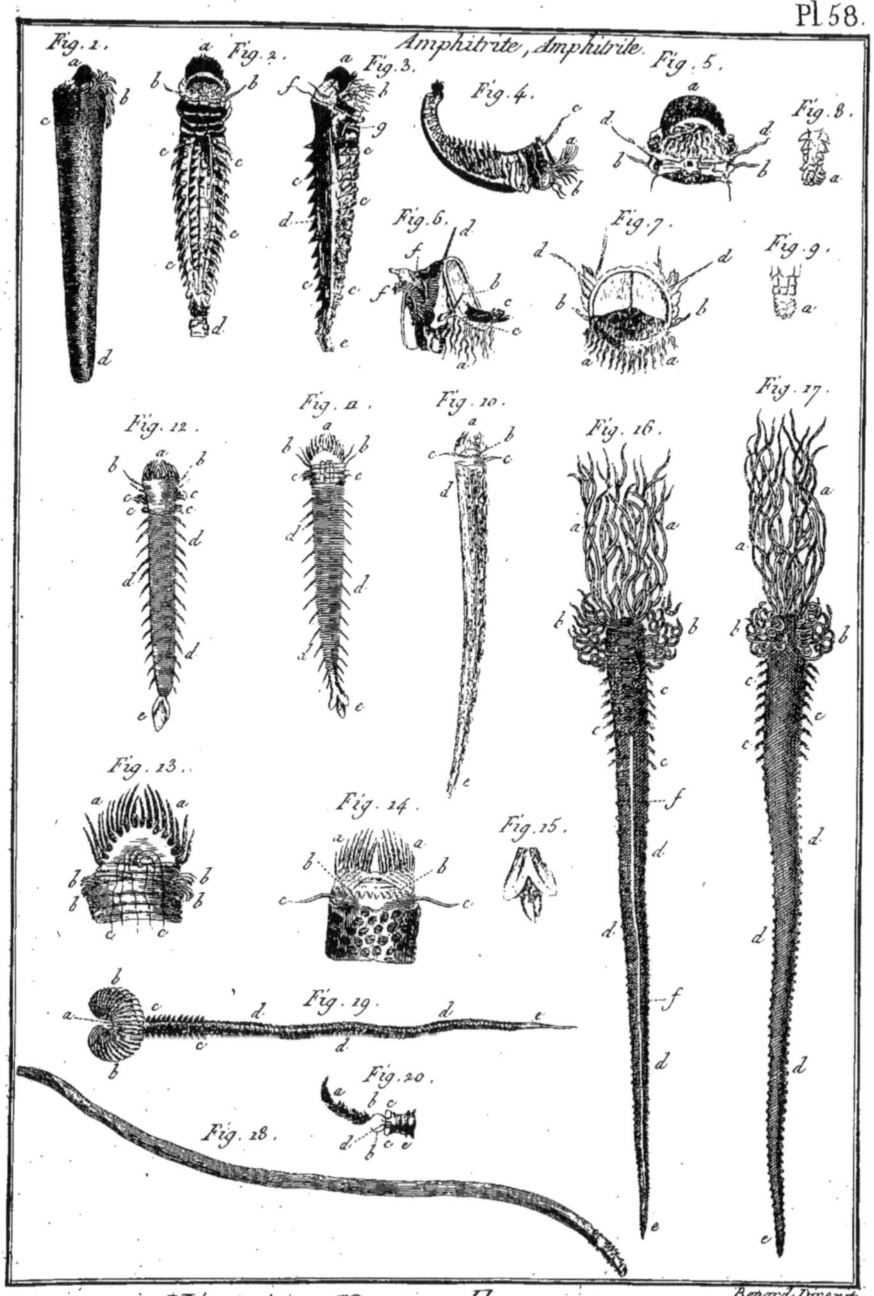

Histoire Naturelle, Vers intestins

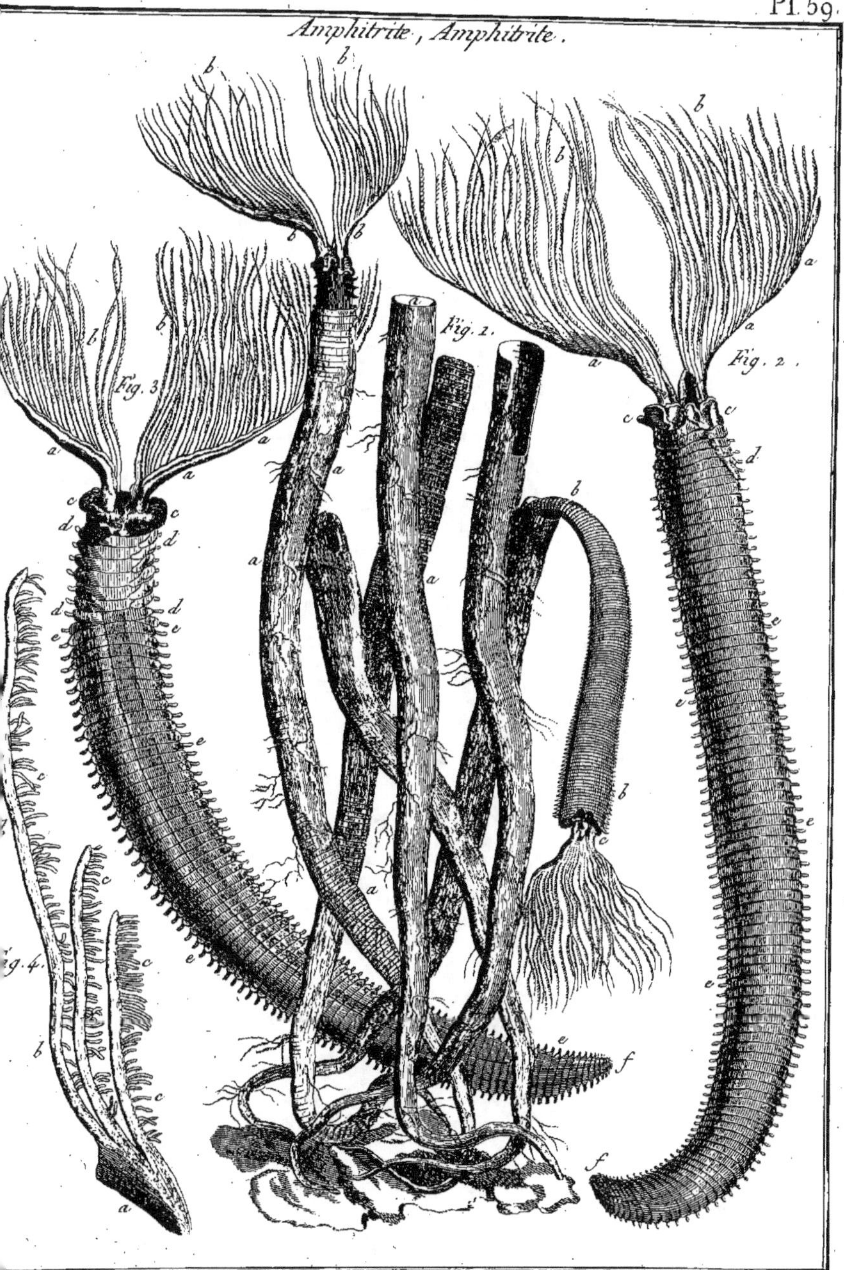

Histoire Naturelle, Vers intestins.

Benard Direxit.

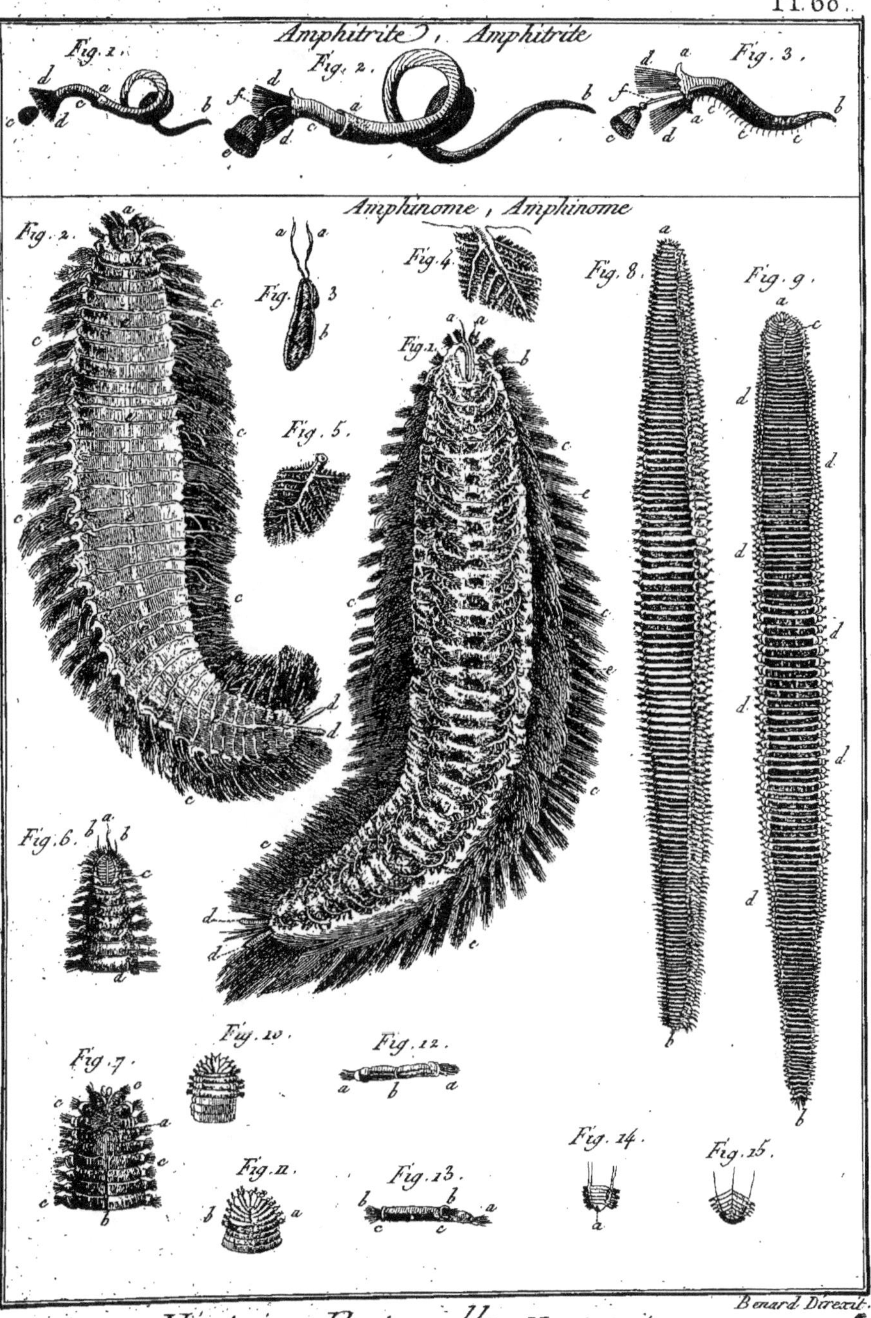

Histoire Naturelle, Vers intestins.

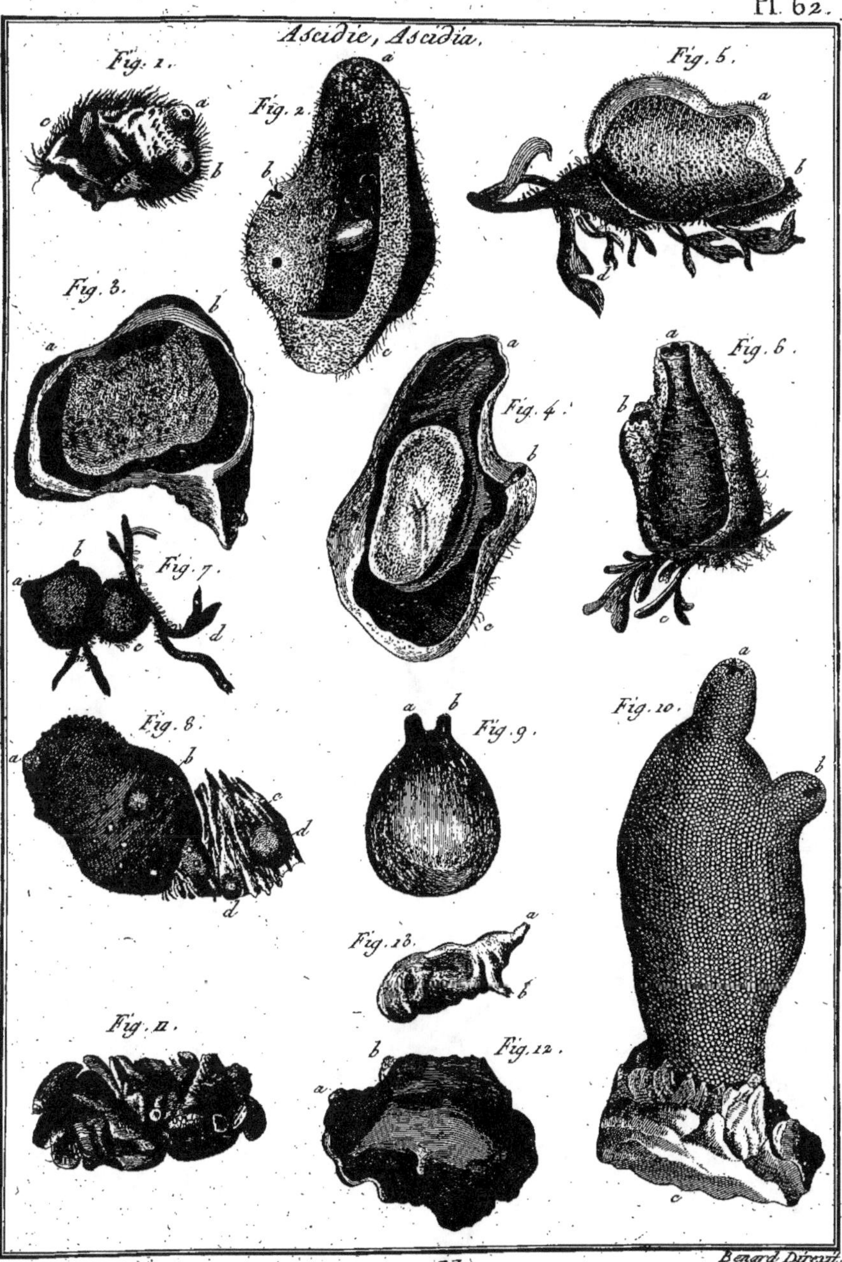

Histoire Naturelle, Vers Mollusques

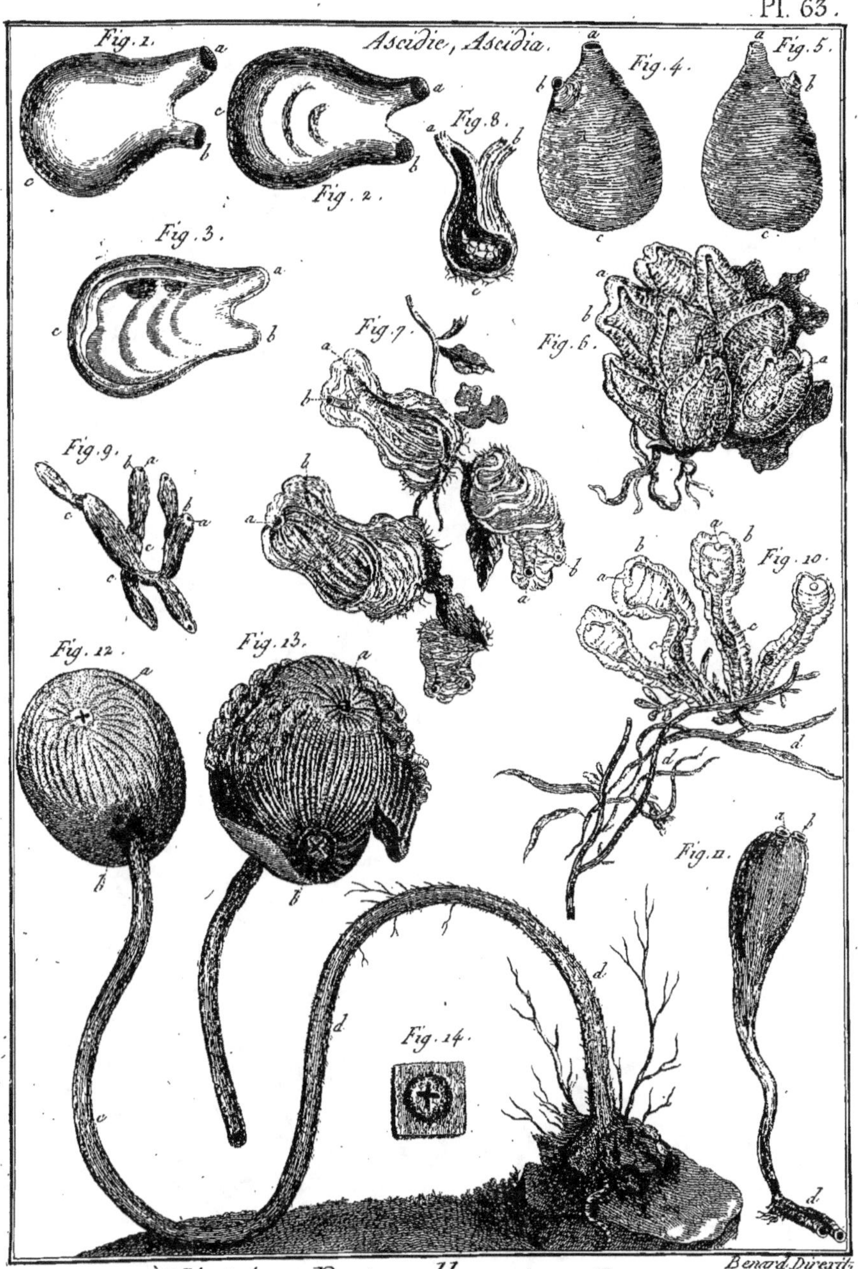

Histoire Naturelle, Vers Mollusques.

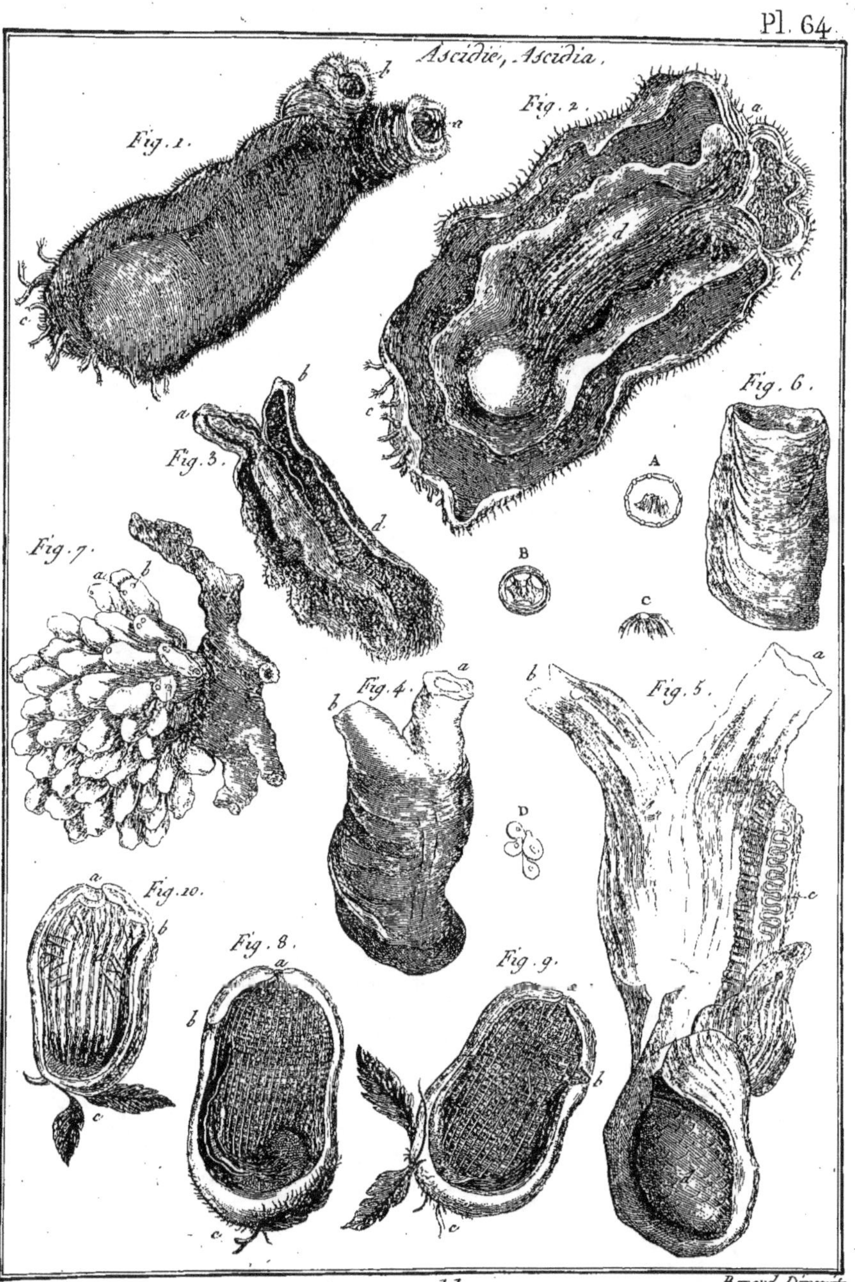

Histoire Naturelle, Vers Mollusques.

Benard. Direxit.

32.

Ascidie, Ascidia.

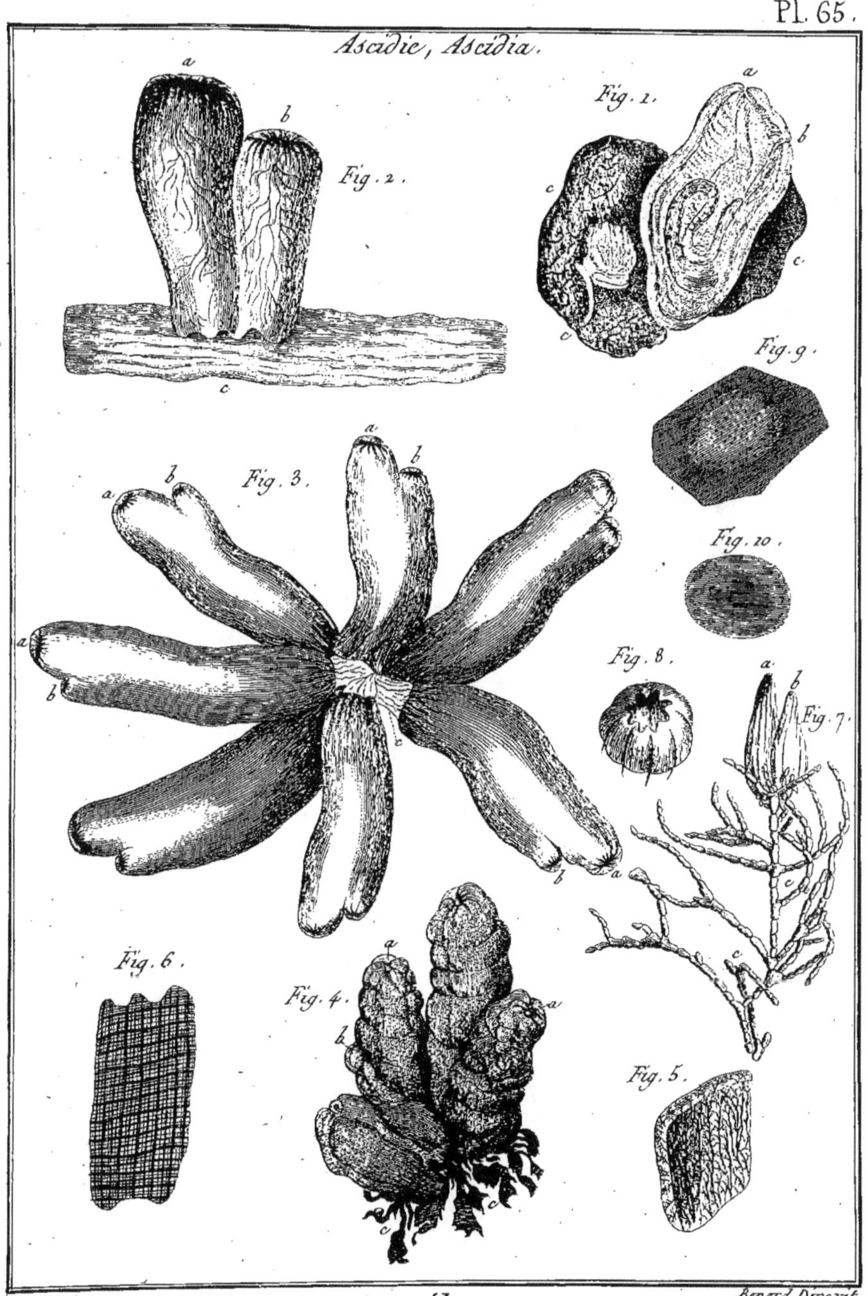

Benard Direxit.

Histoire Naturelle, Vers Mollusques.

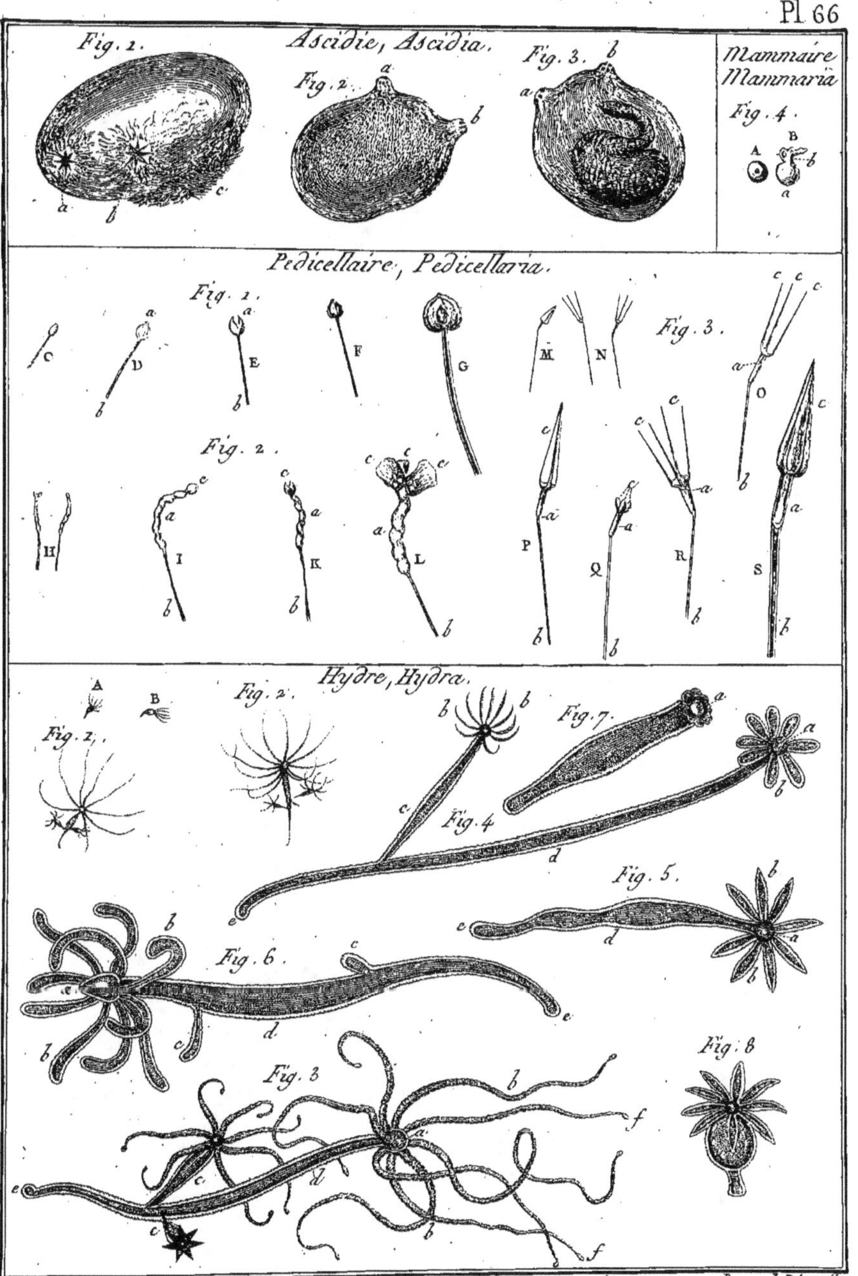

Histoire Naturelle, Vers Mollusques.

Benard Direxit.

Histoire Naturelle, Vers Mollusques.

Benard Direxit.

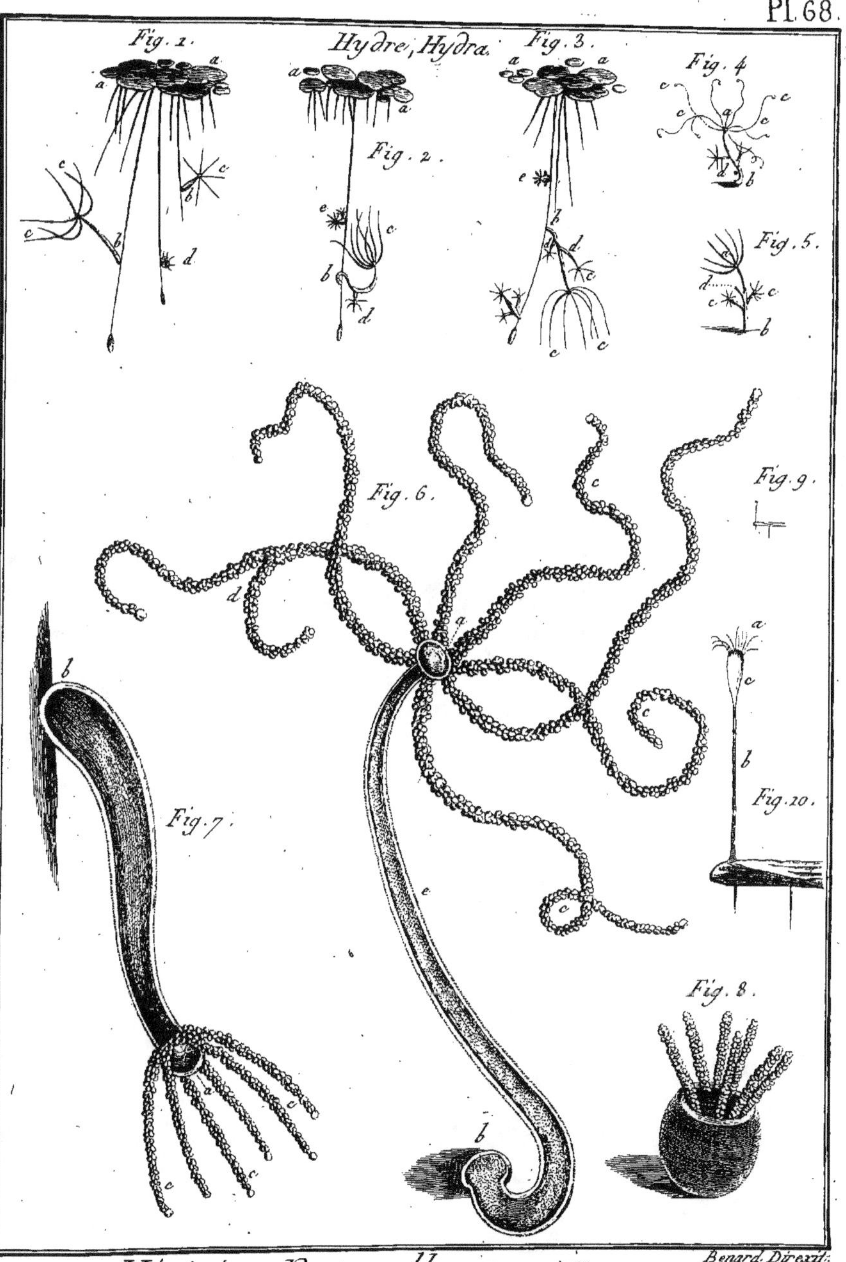

Benard Direxit.

Histoire Naturelle, Vers Mollusques.

34.

Histoire Naturelle, Vers Mollusques.

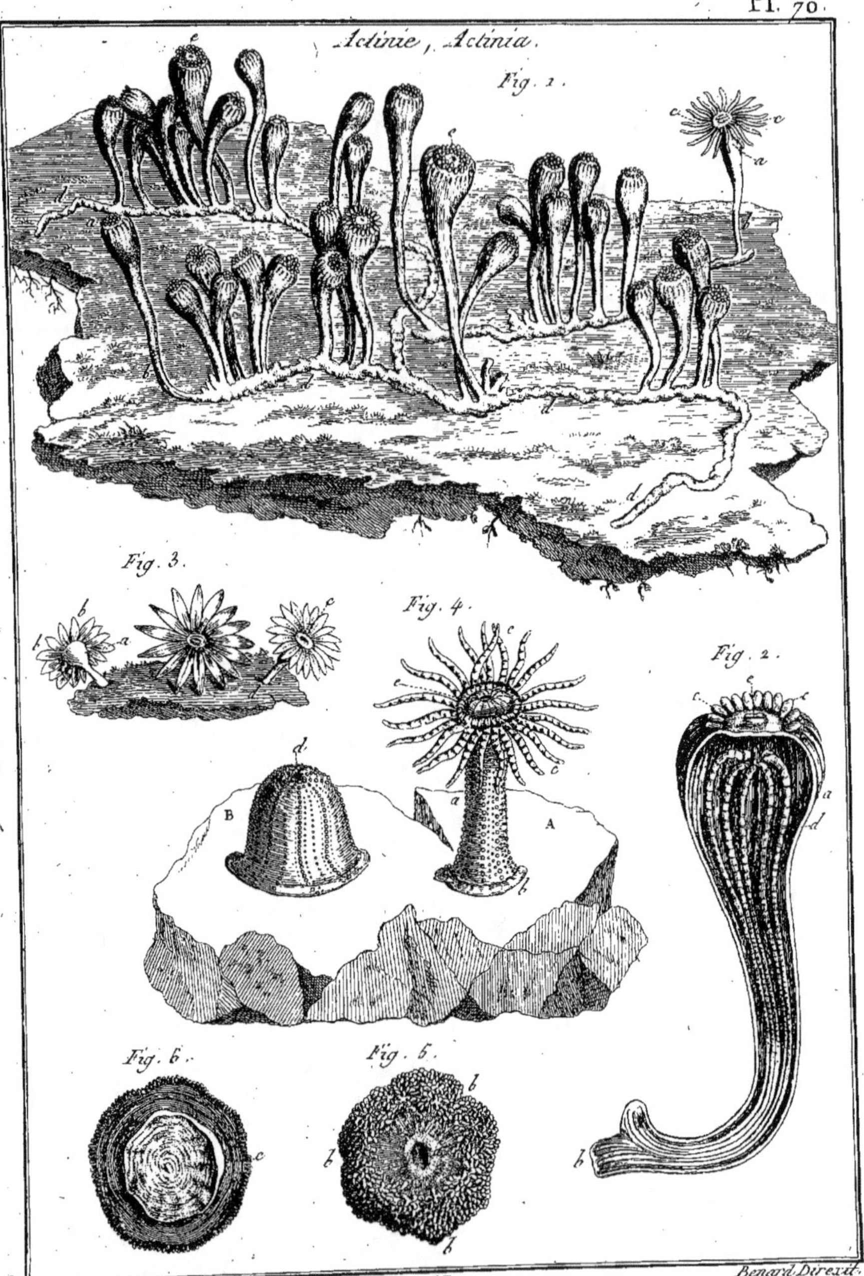

Histoire Naturelle, Vers Mollusques.

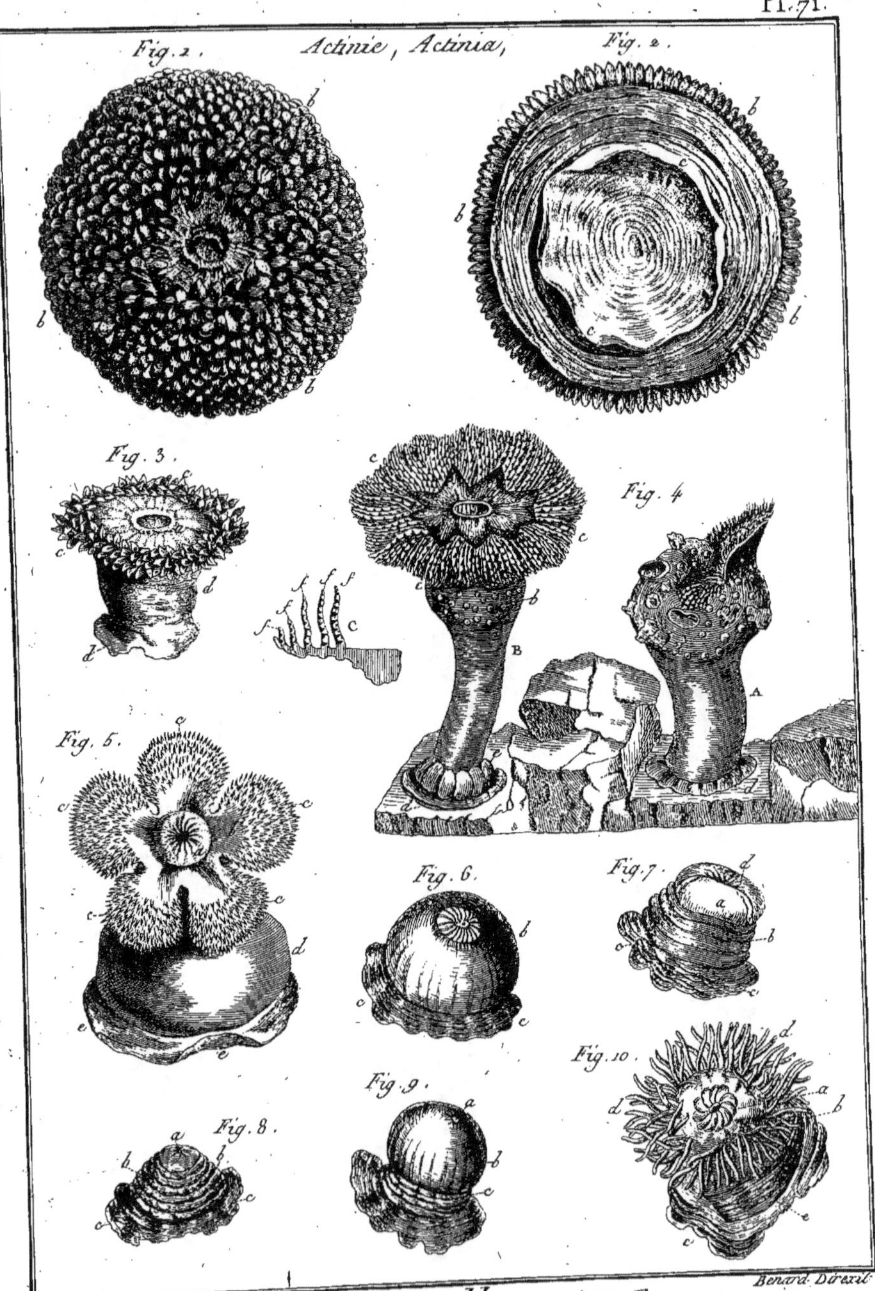

Histoire Naturelle, Vers Mollusques.

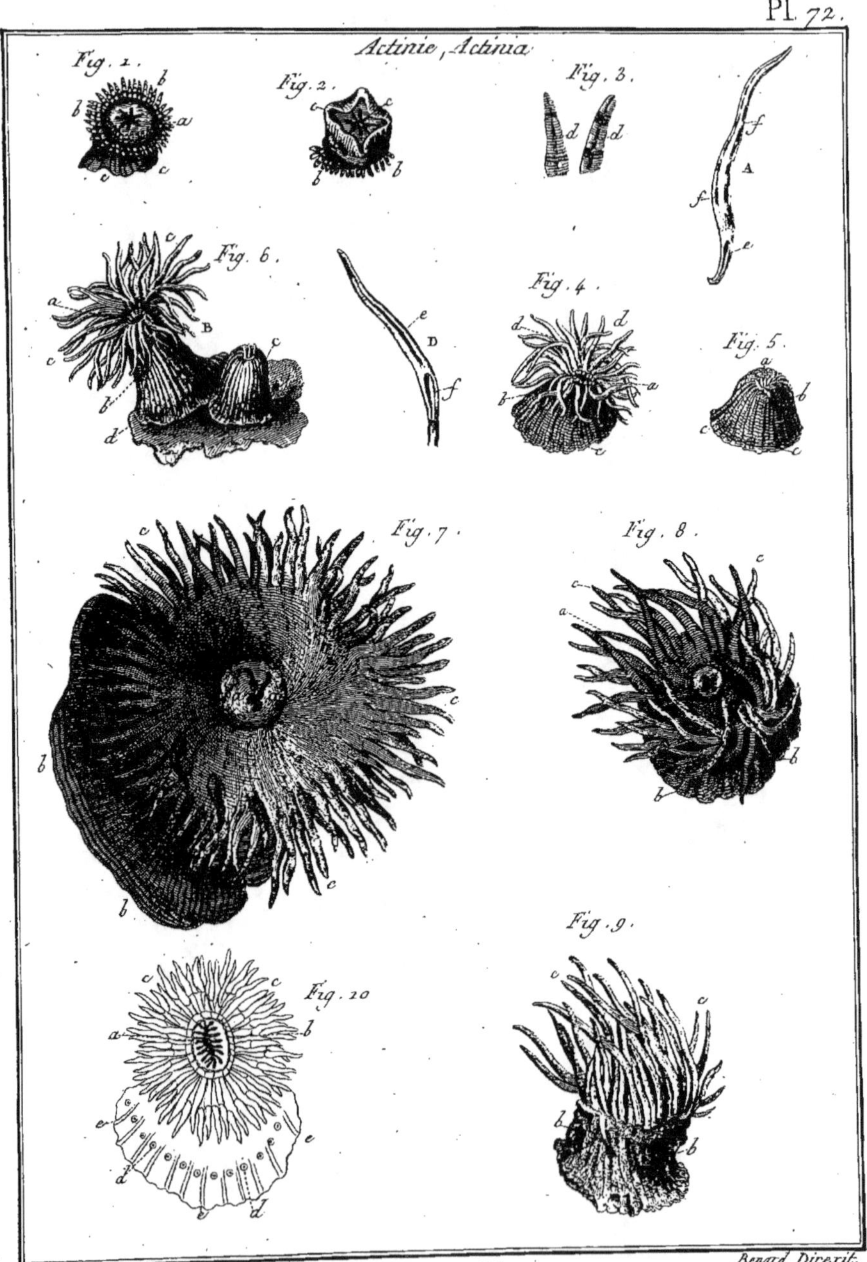

Histoire Naturelle, Vers Mollusques.

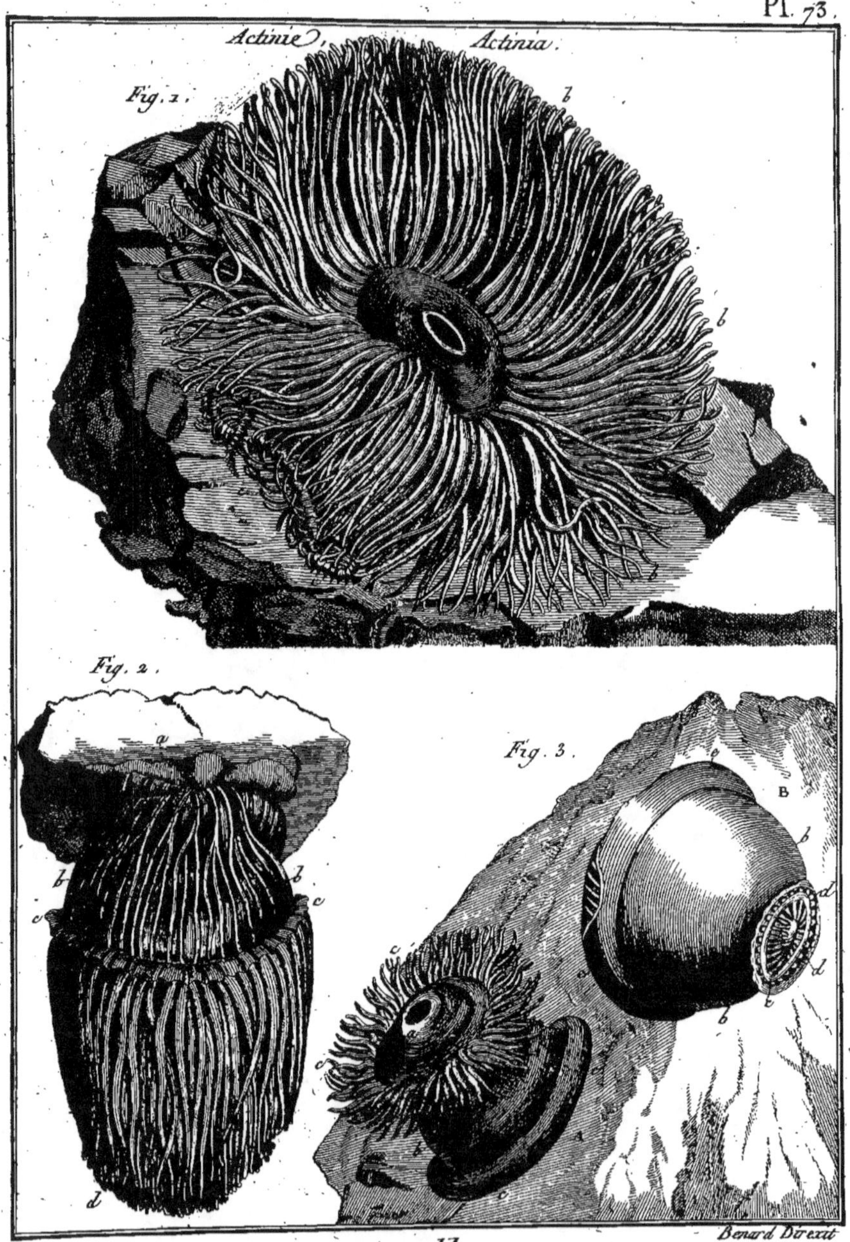

Histoire Naturelle, Vers Mollusques.

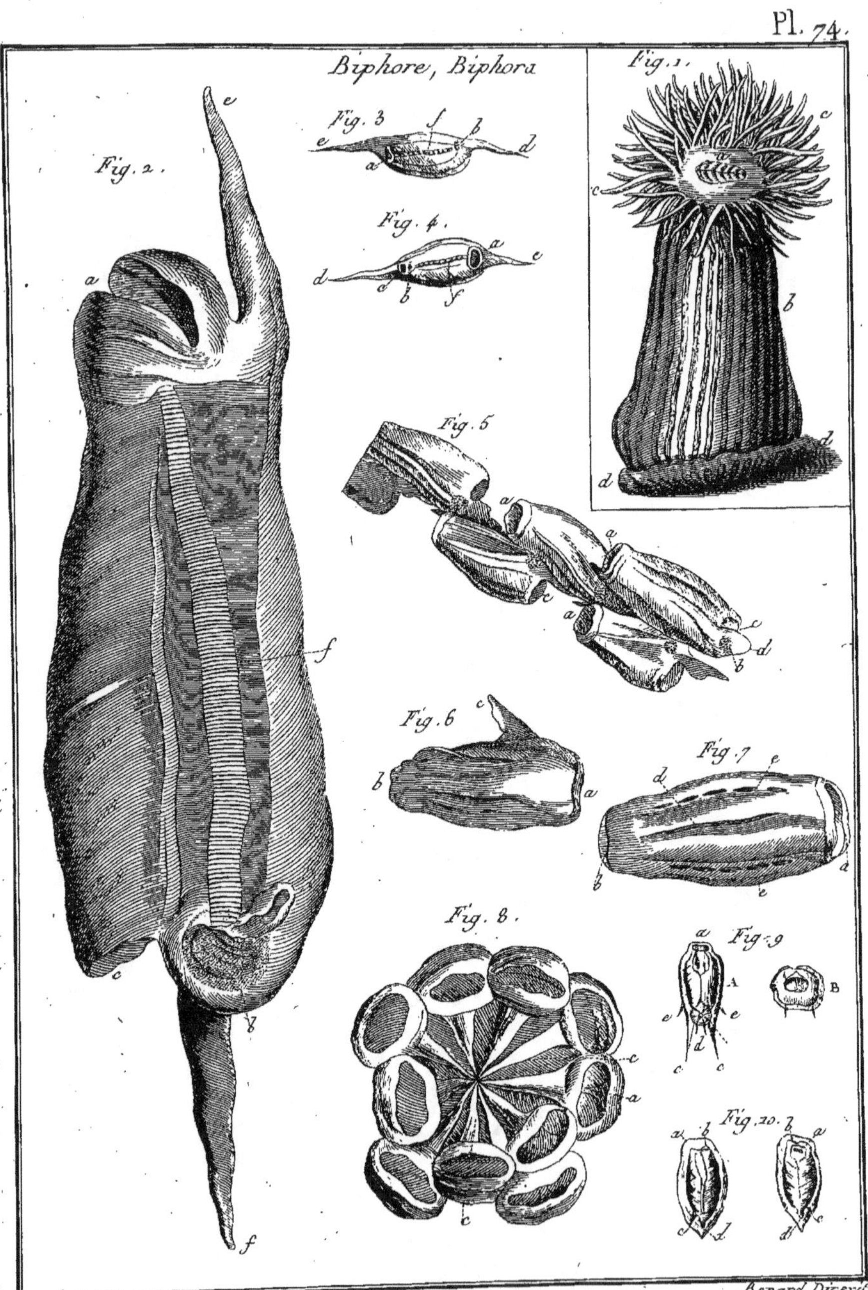

Histoire Naturelle, Vers Mollusques.

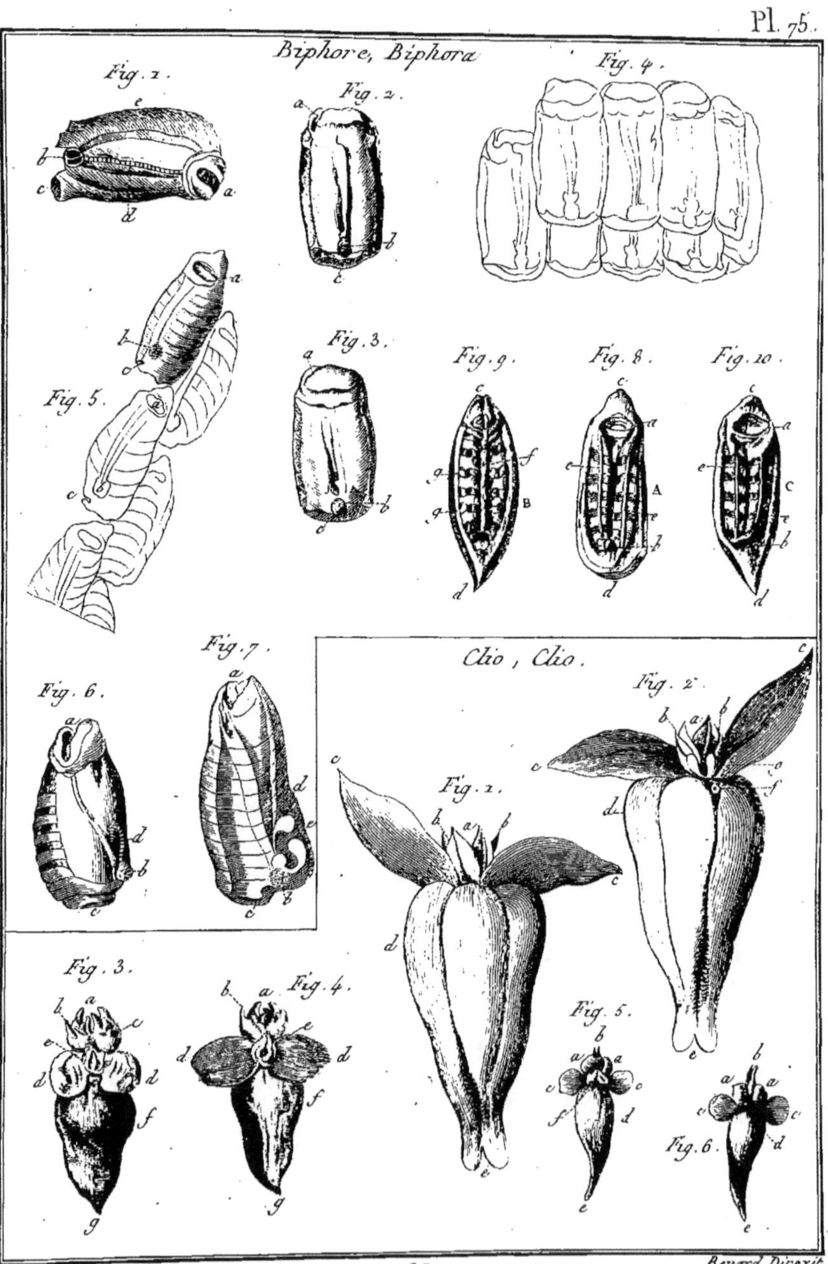

Histoire Naturelle, Vers Mollusques.

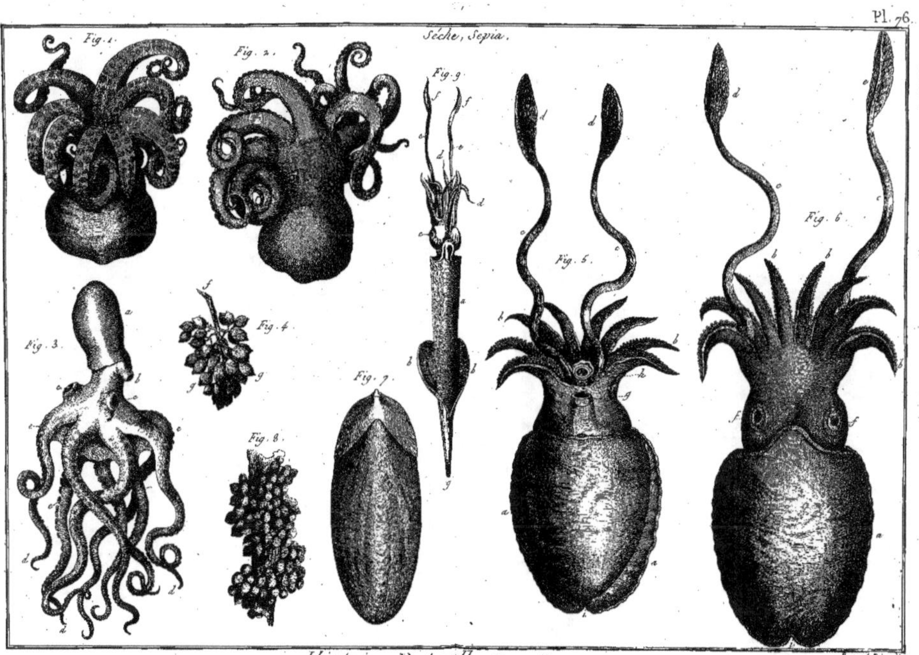

Histoire Naturelle, Vers Mollusques.

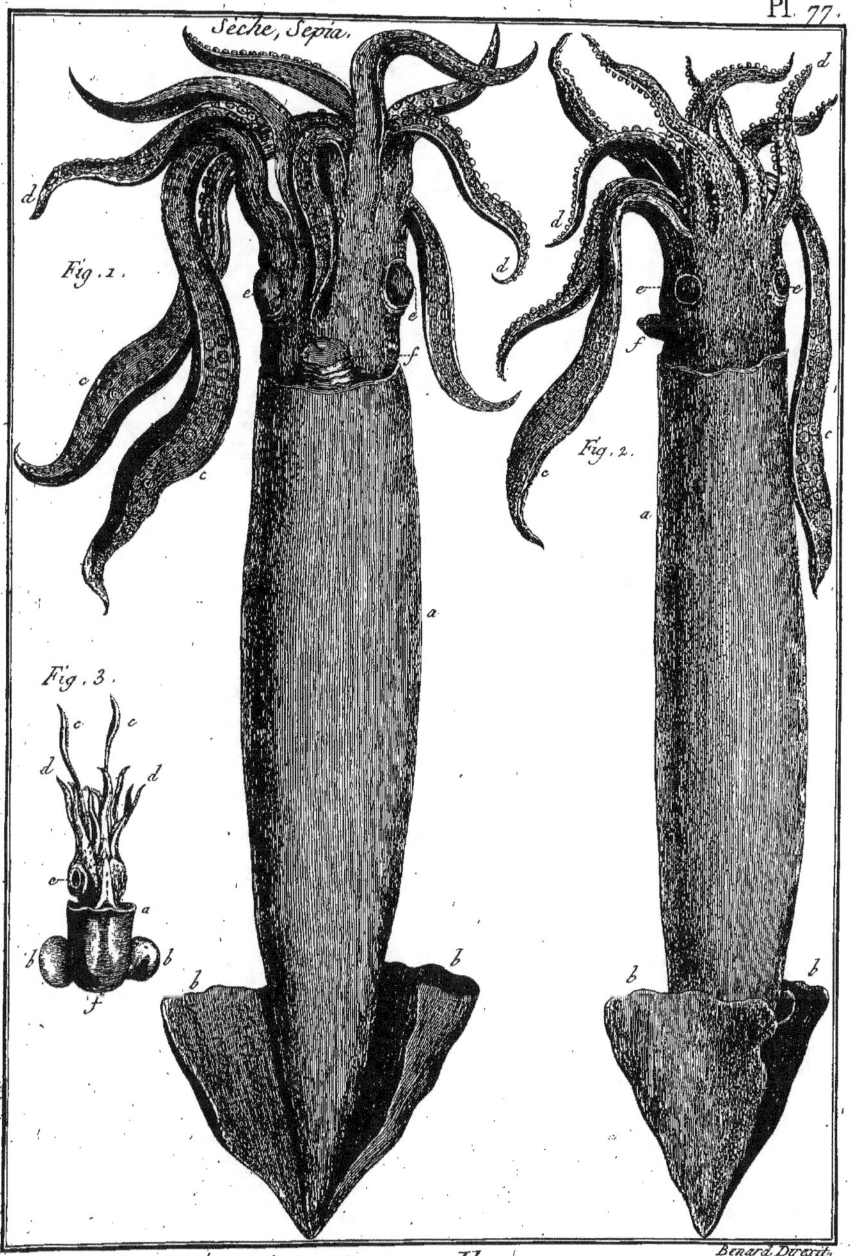

Histoire Naturelle, Vers Mollusques.

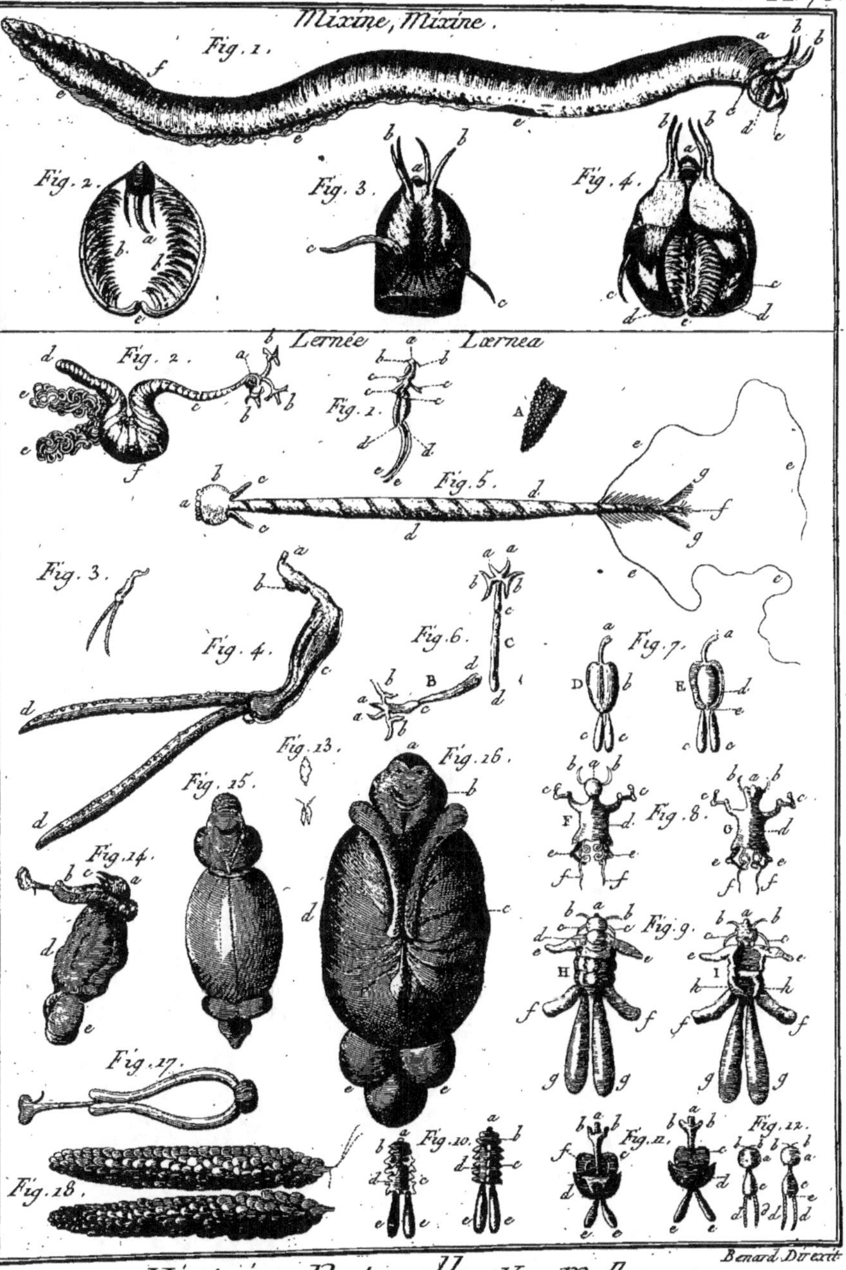

Mixine, Mixine.
Fig. 1.
Fig. 2.
Fig. 3.
Fig. 4.
Lernée Lærnea
Fig. 2.
Fig. 1.
A
Fig. 5.
Fig. 3.
Fig. 4.
Fig. 6.
Fig. 7.
C
B
D
E
Fig. 13.
Fig. 26.
F
Fig. 8.
O
Fig. 15.
Fig. 14.
Fig. 9.
H
I
Fig. 17.
Fig. 10.
Fig. 11.
Fig. 12.
Fig. 18.
Benard Direxit

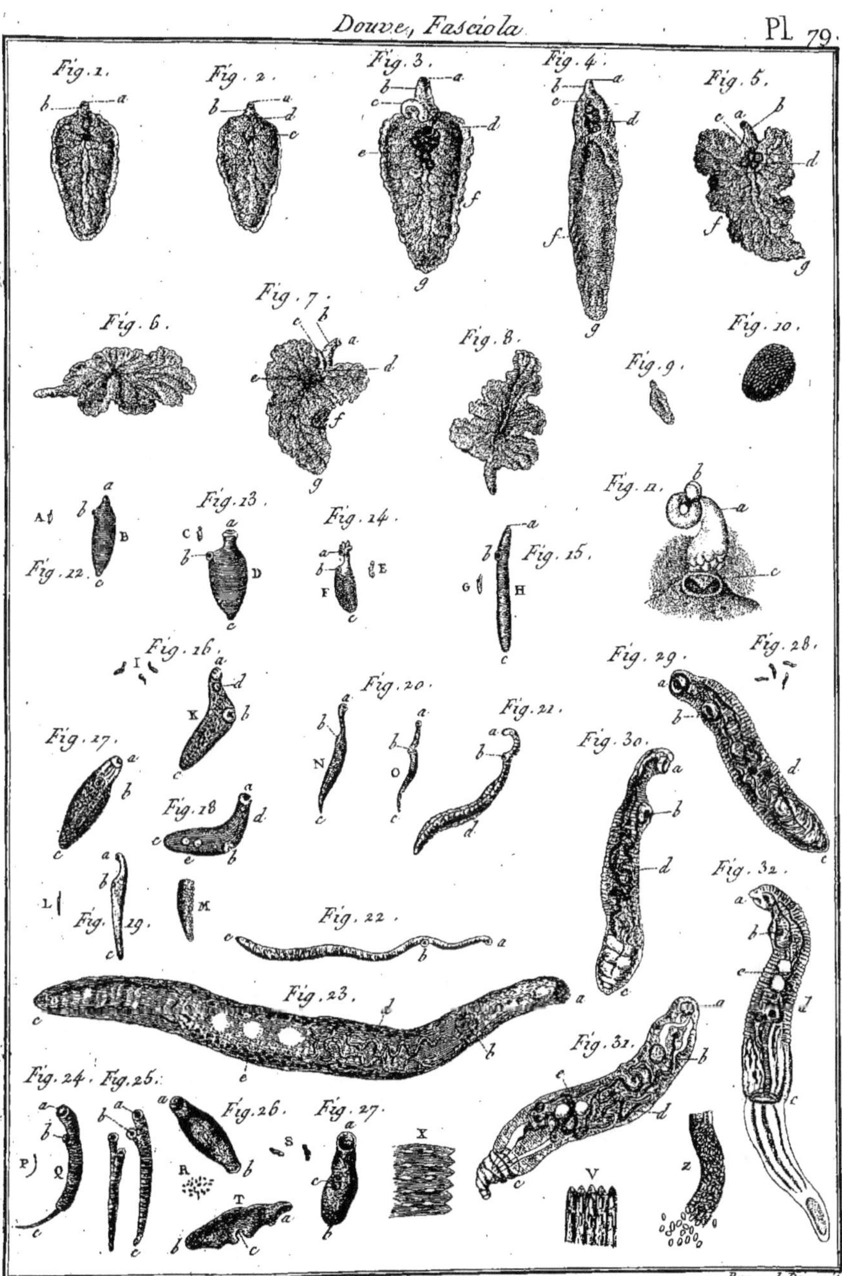

Benard Direxit.

Histoire Naturelle, Vers Mollusques.

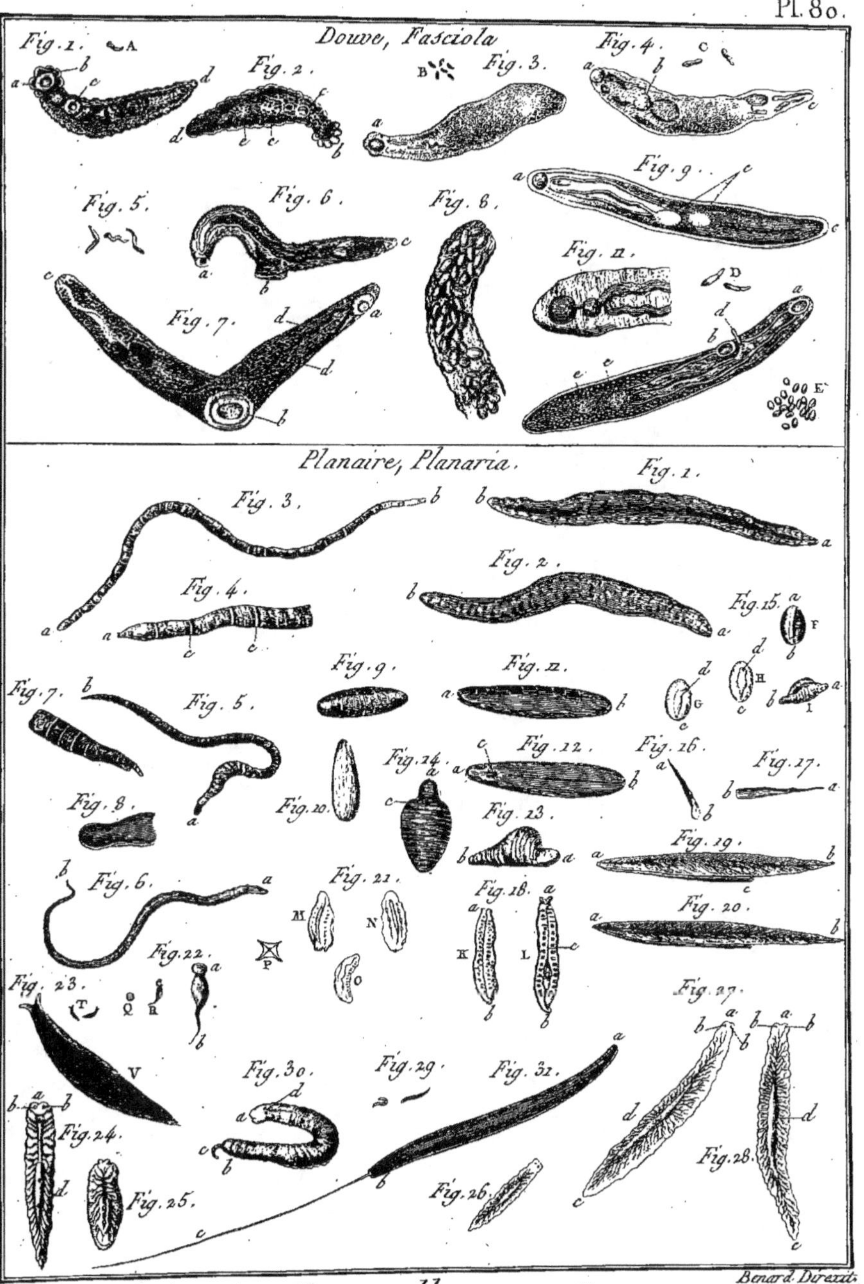

Benard Direxit.

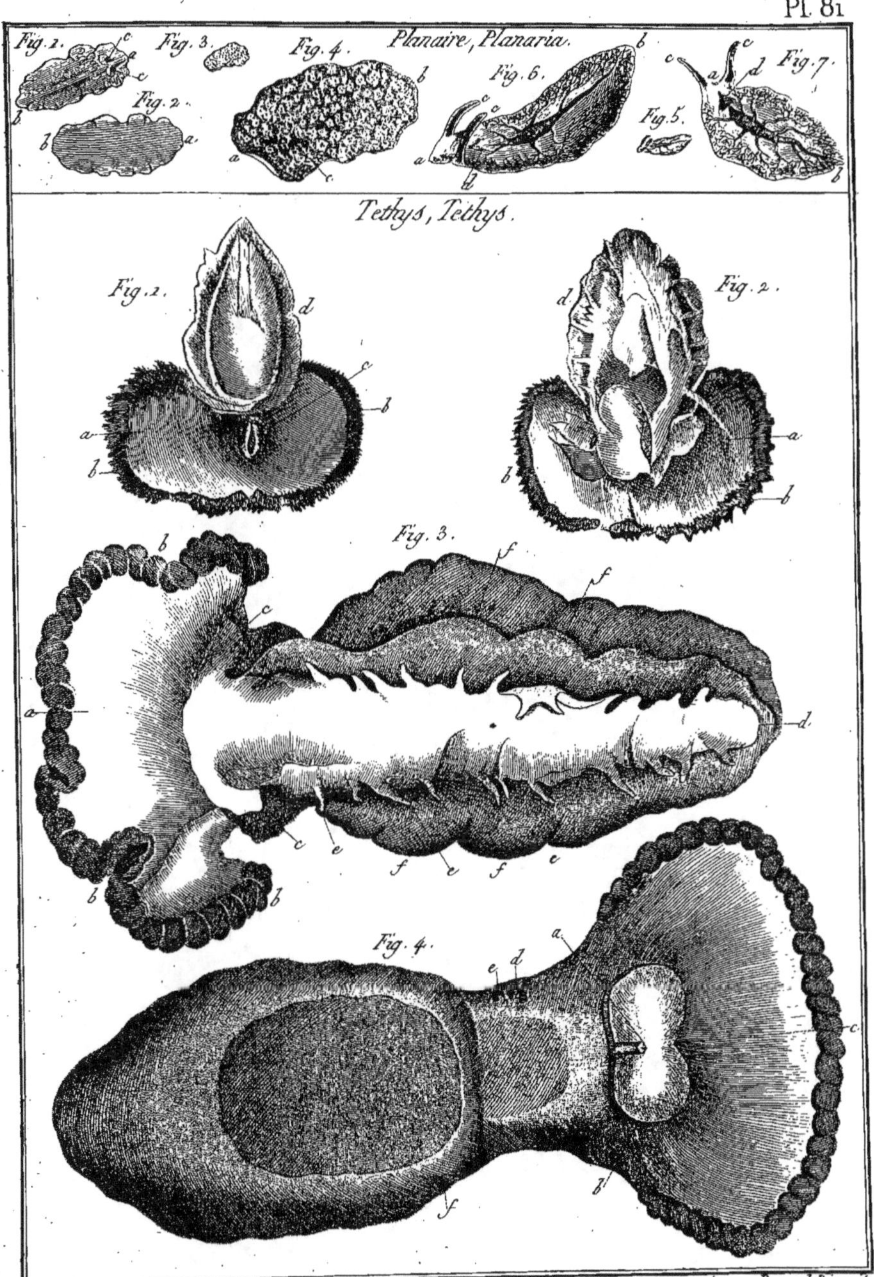

Histoire Naturelle, Vers Mollusques.

Doris, Doris.

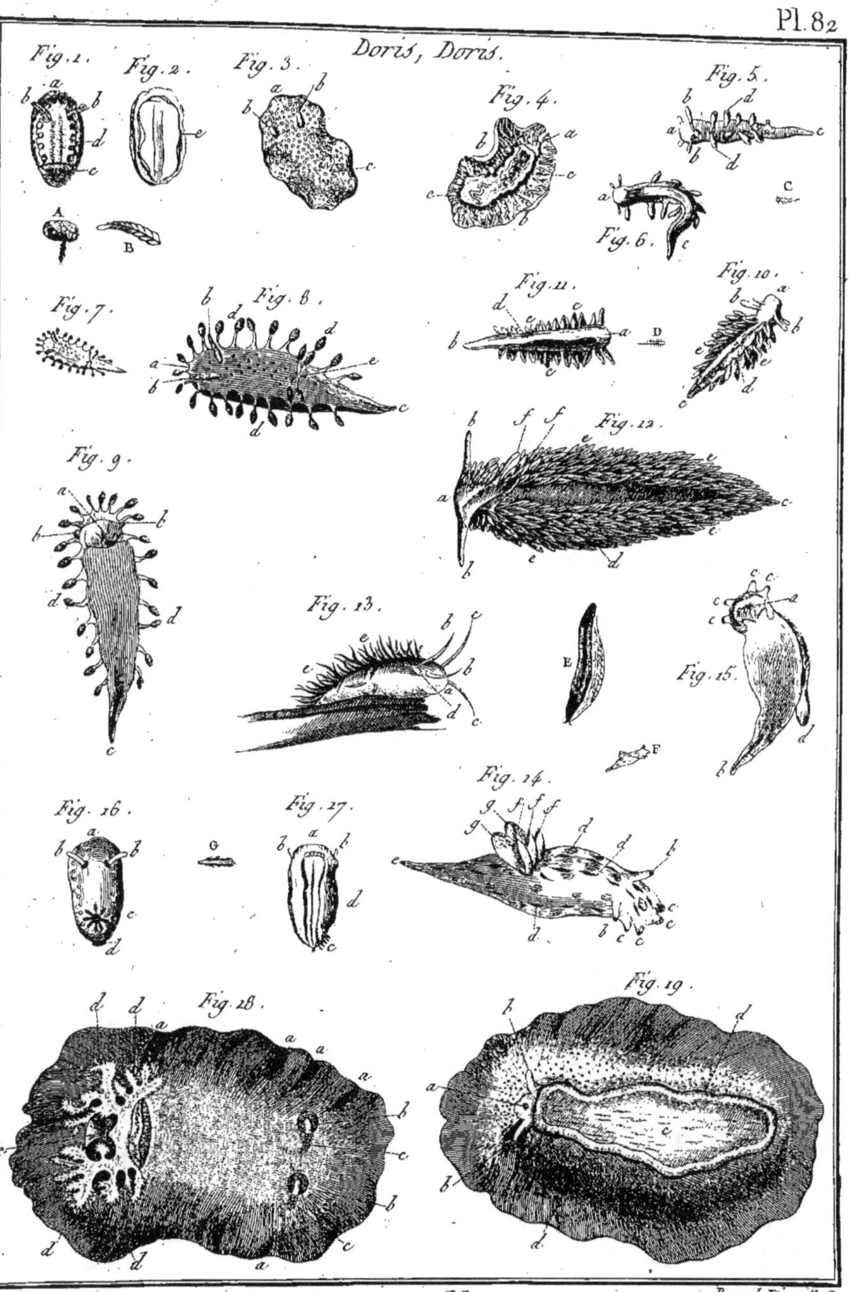

Histoire Naturelle, Vers Mollusques.

42.

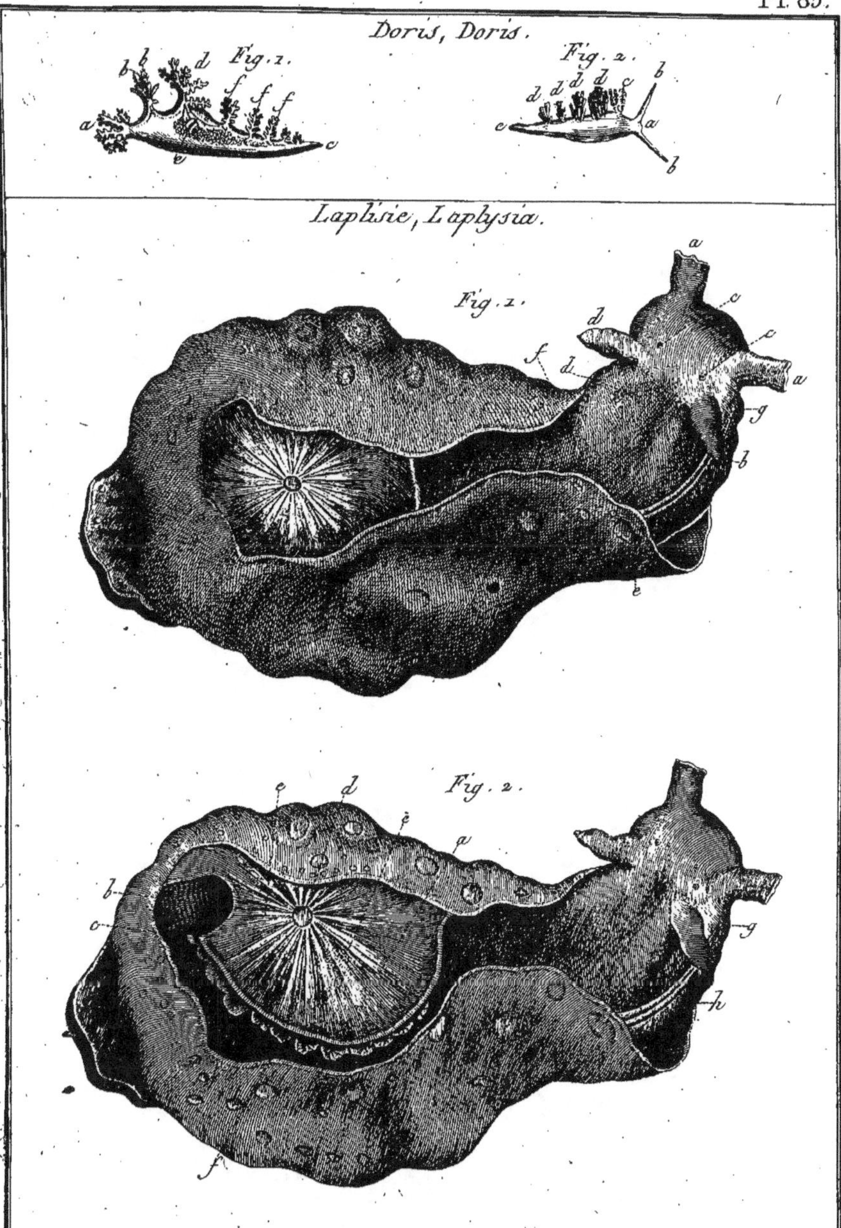

Histoire Naturelle, Vers Mollusques.

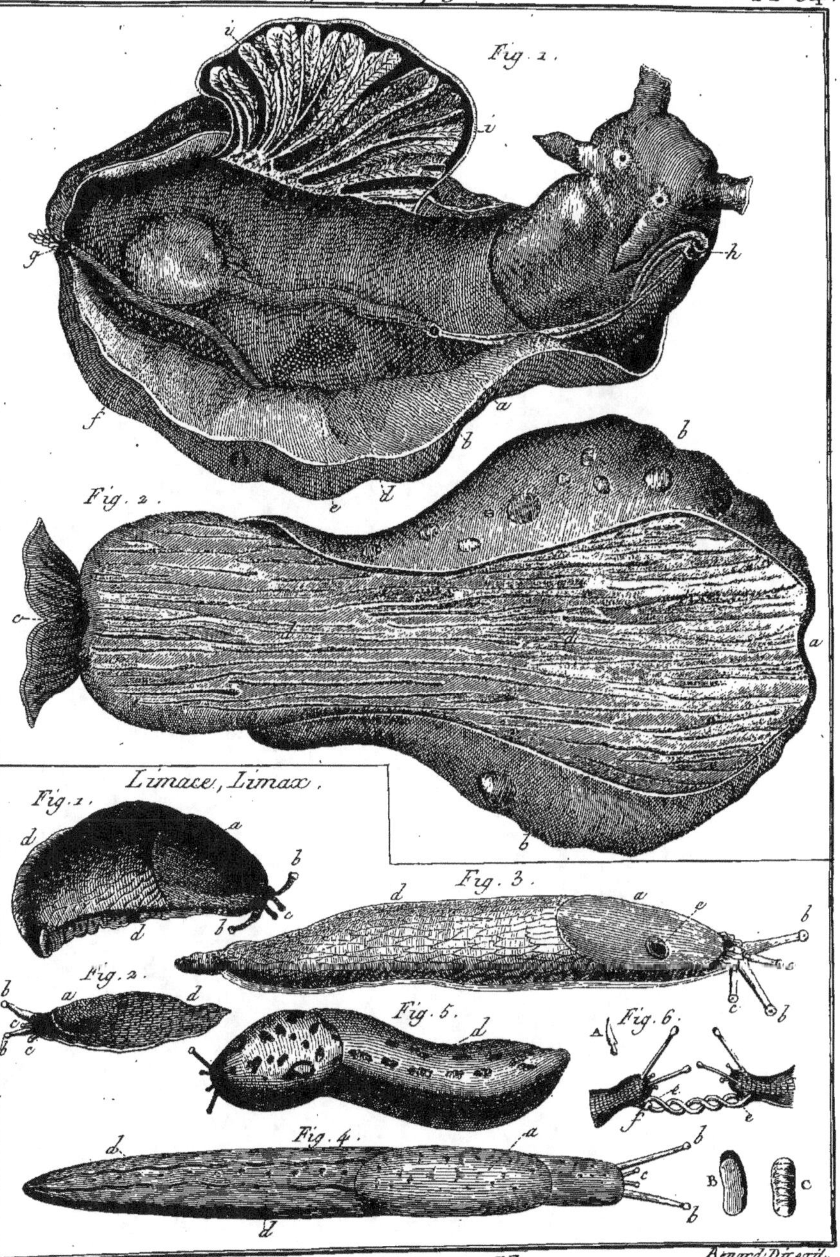

Fig. 1.
Fig. 2.
Limace, Limax.
Fig. 1.
Fig. 2.
Fig. 3.
Fig. 5.
Fig. 6.
Fig. 4.
Benard Direxit.

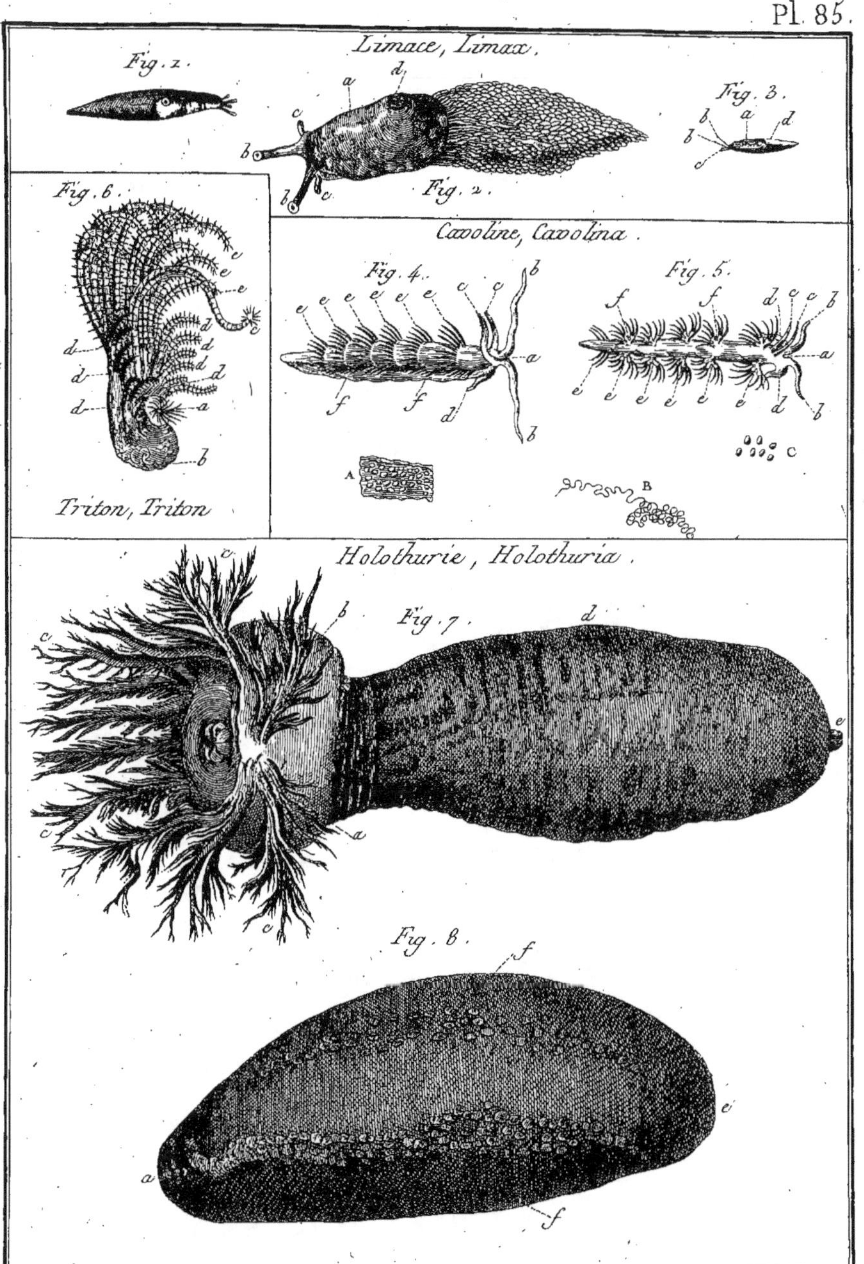

Histoire Naturelle, Vers Mollusques.

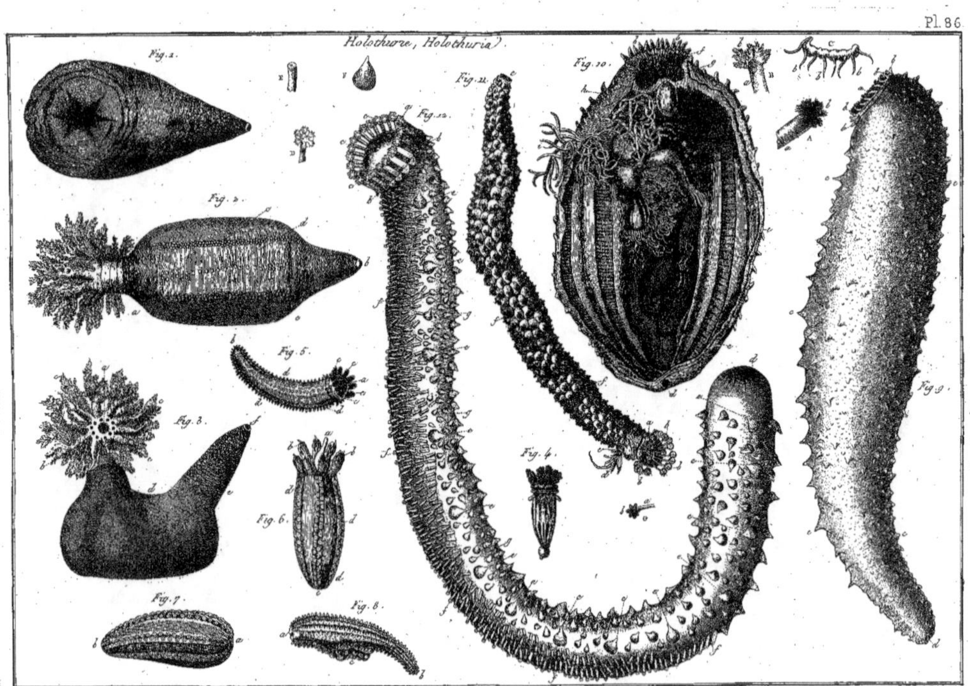

Histoire Naturelle, Vers Mollusques.

Benard Direxit.

45.

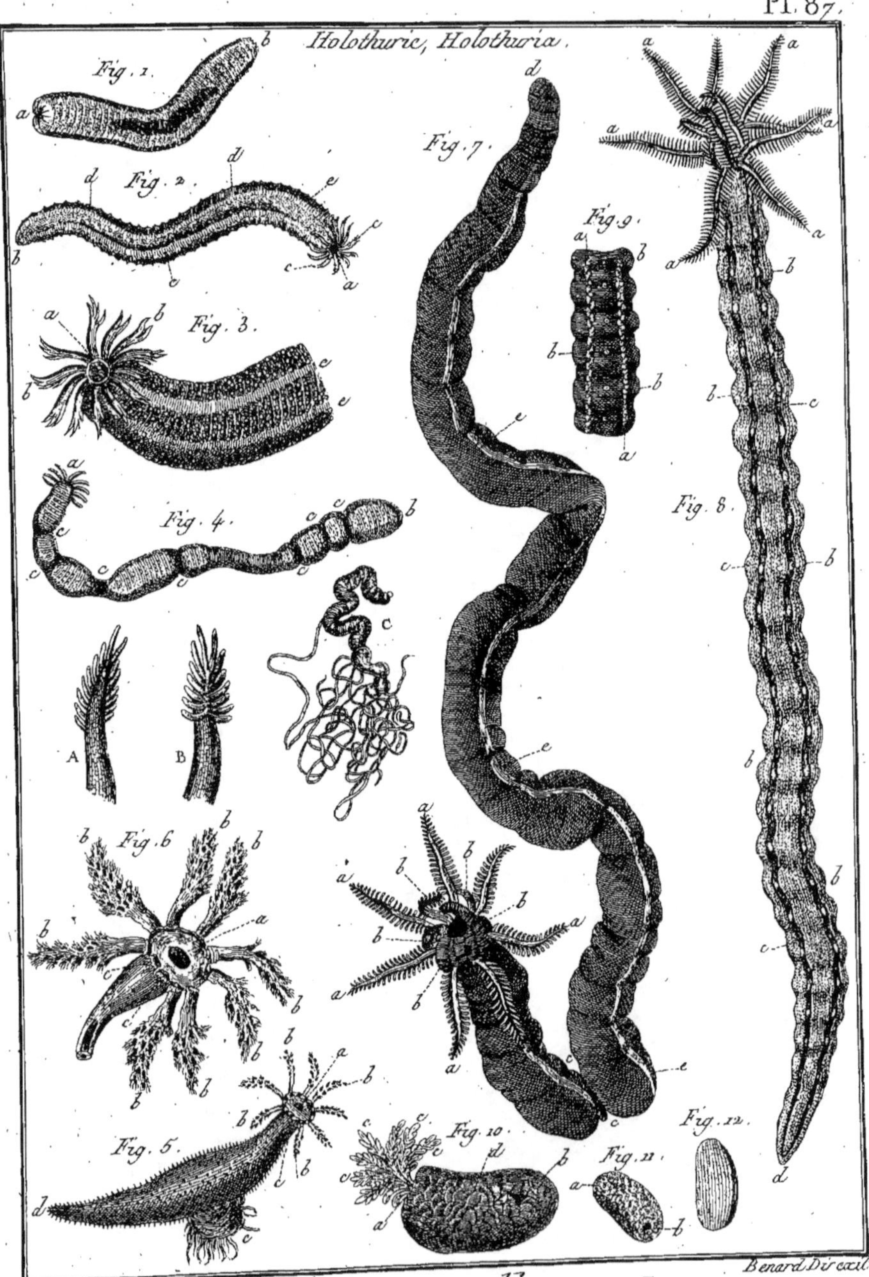

Histoire Naturelle, Vers Mollusques.

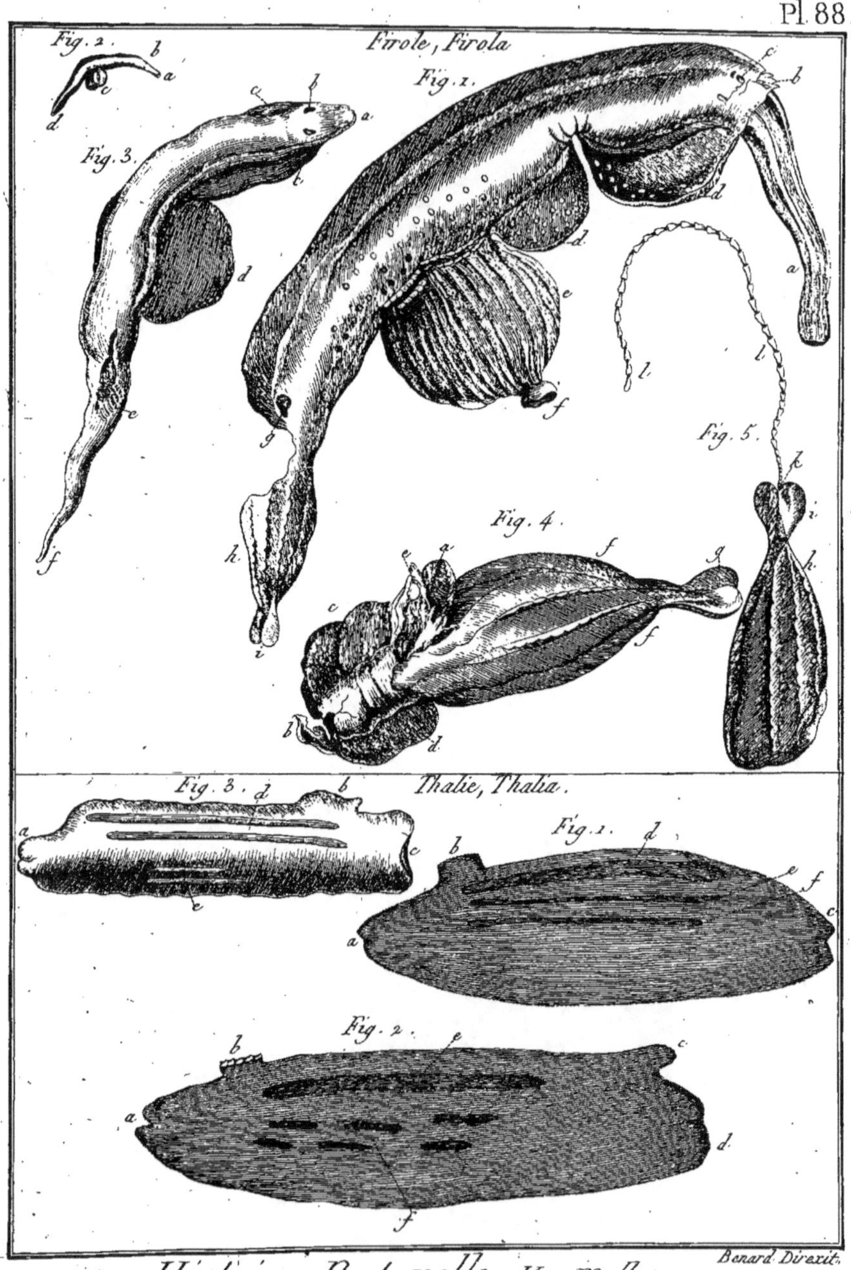

Histoire Naturelle, Vers Mollusques.

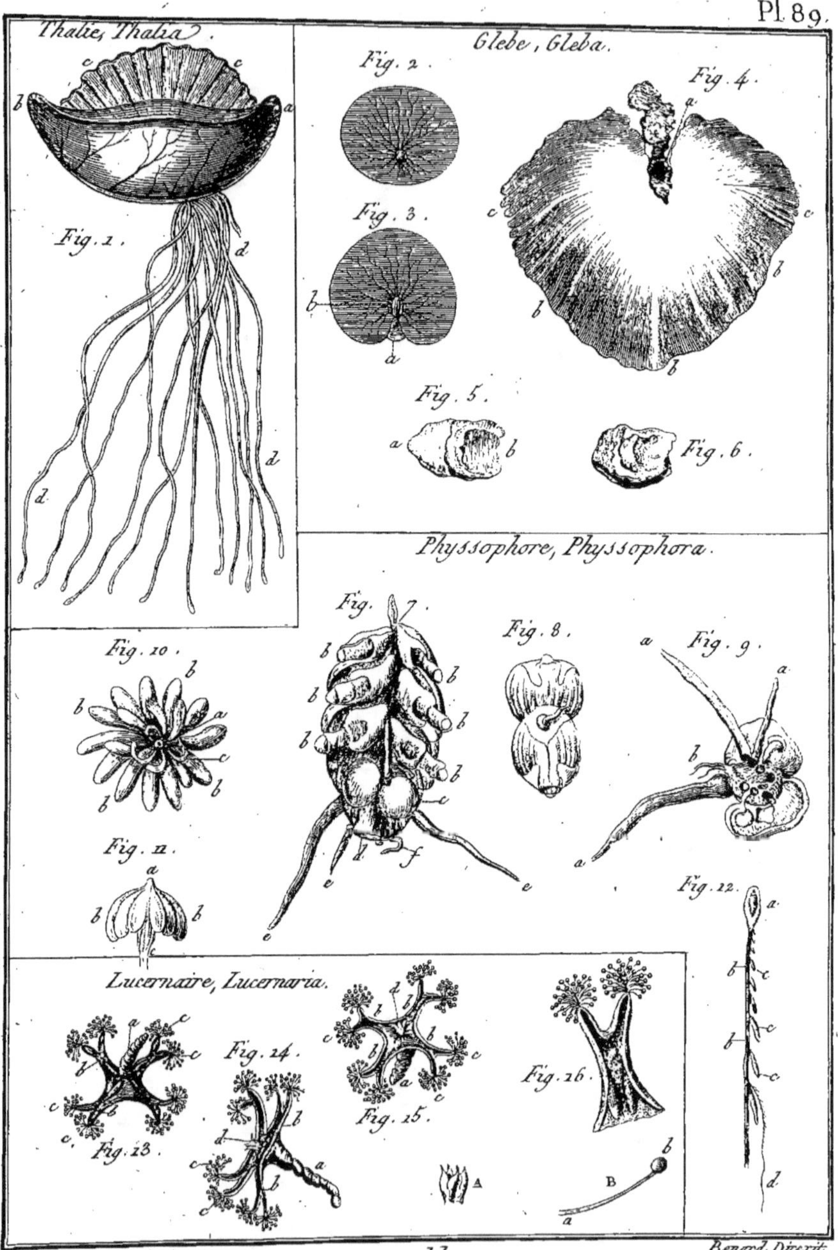

Histoire Naturelle, Vers Mollusques.

46.

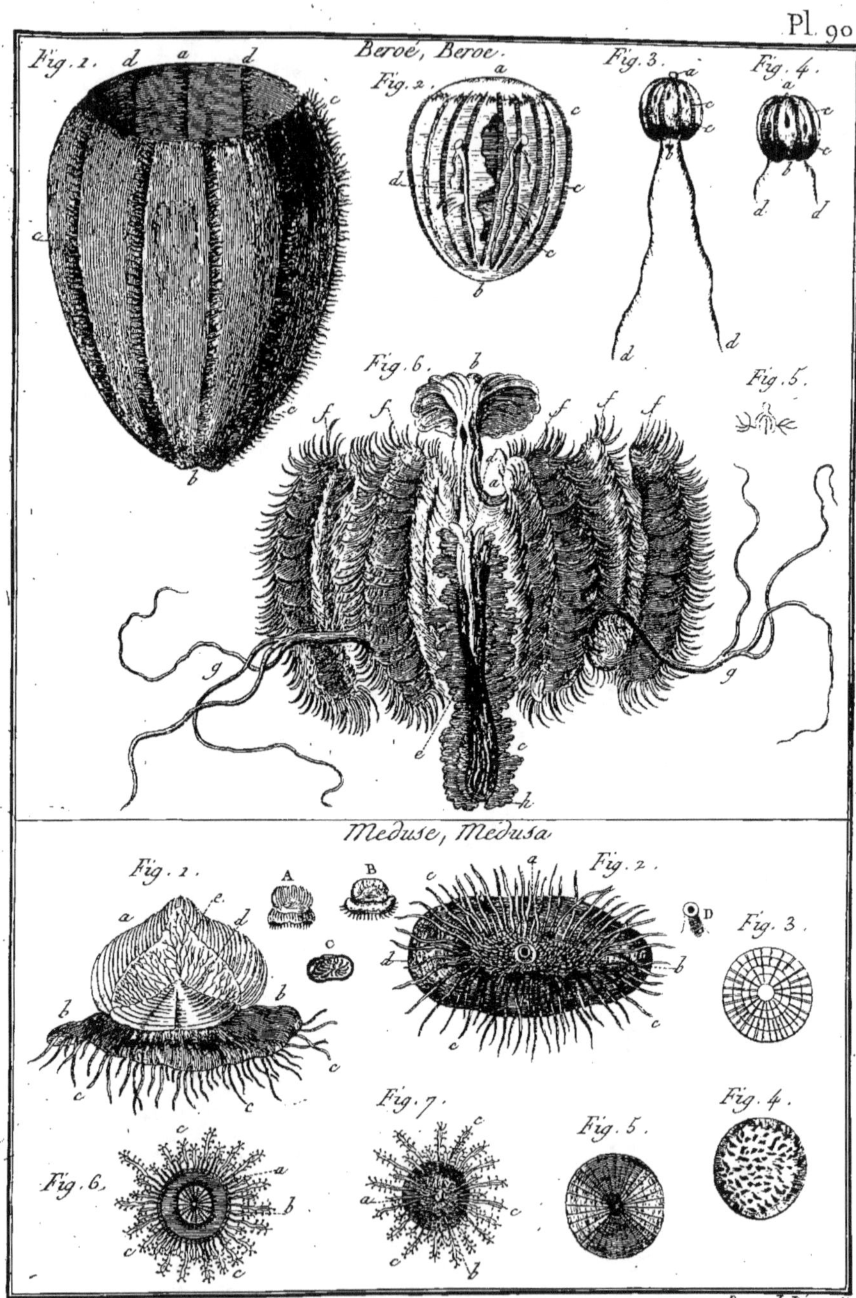

Benard Direxit.

Histoire Naturelle, Vers Mollusques.

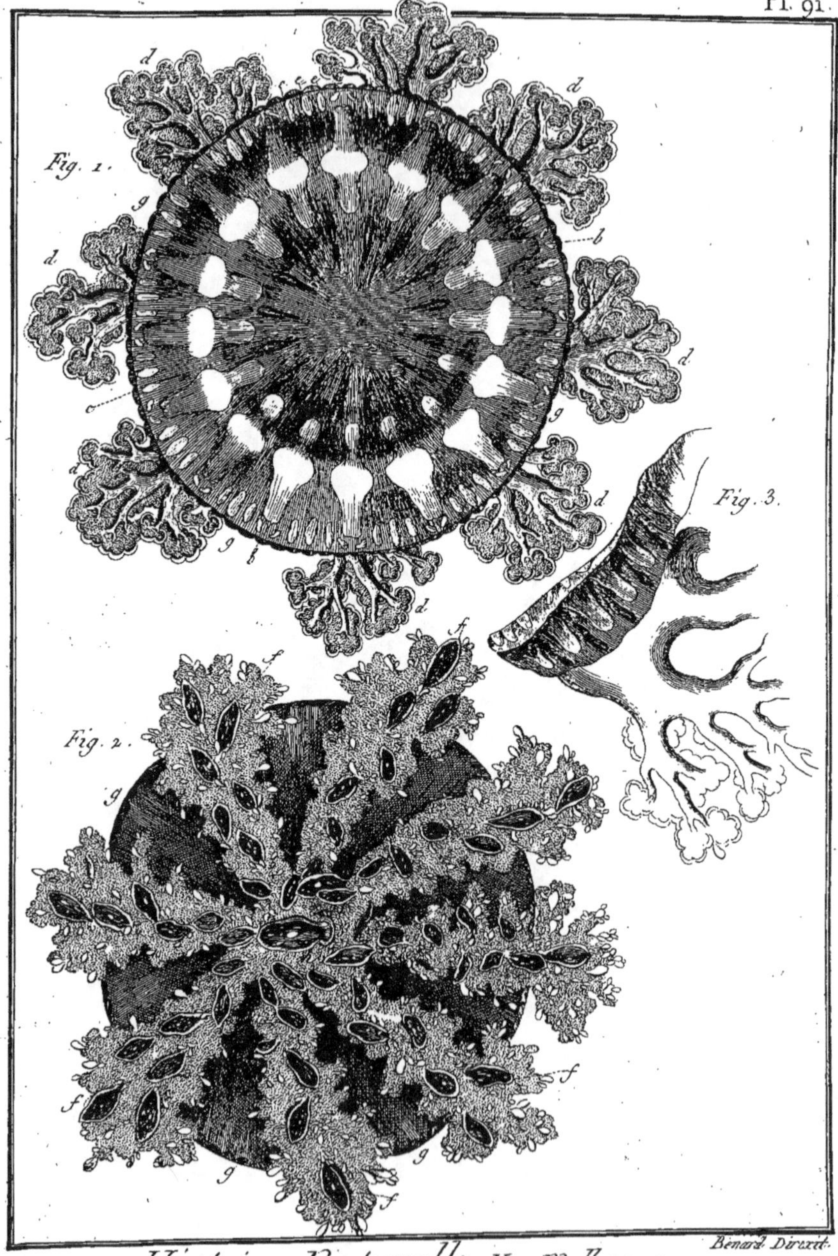

Histoire Naturelle, Vers Mollusques.

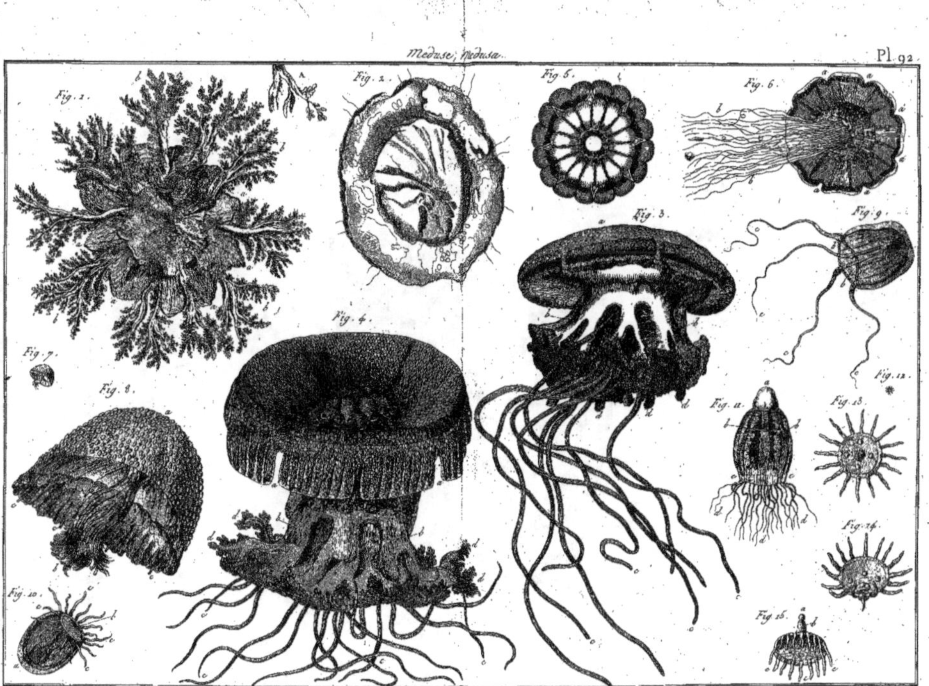

Histoire Naturelle, Vers Mollusques.

48.

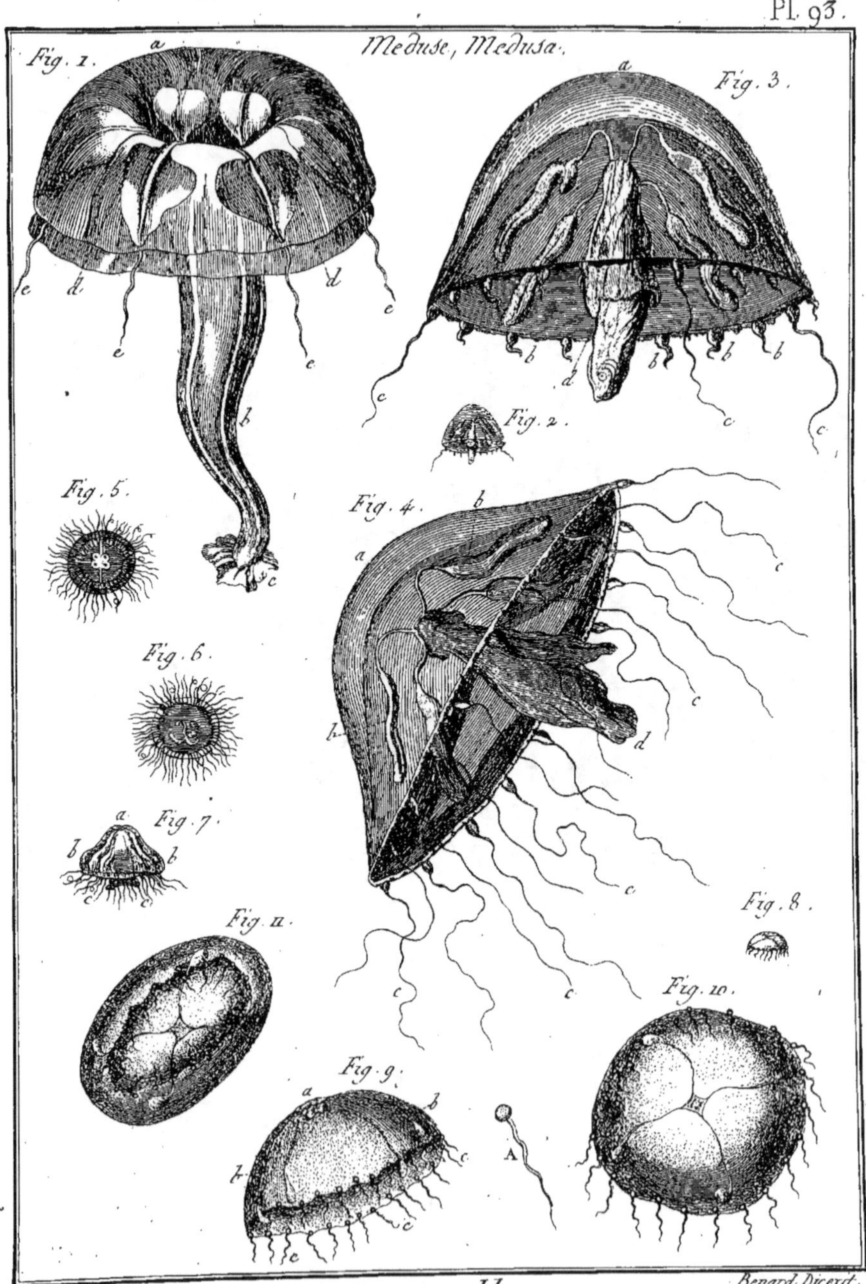

Histoire Naturelle, Vers Mollusques.

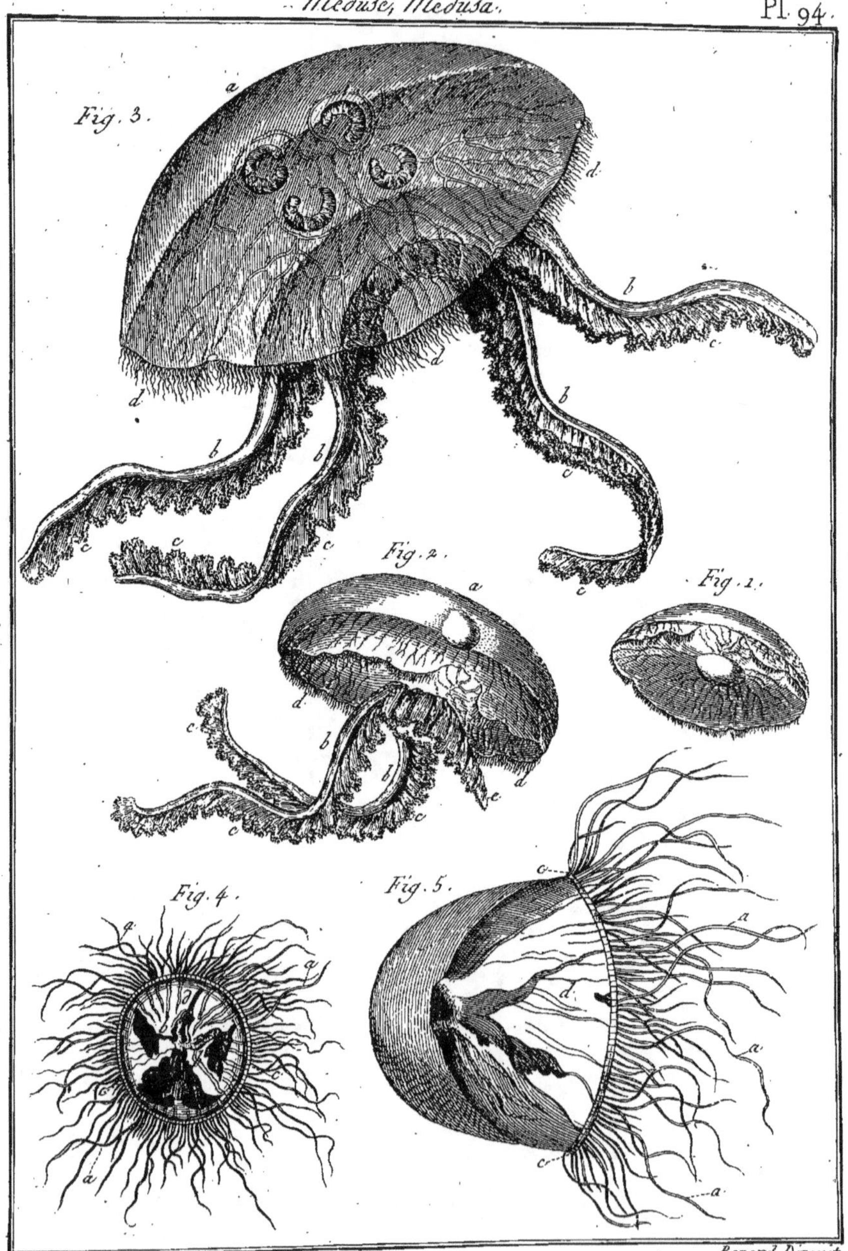

Histoire Naturelle, Vers Mollusques.

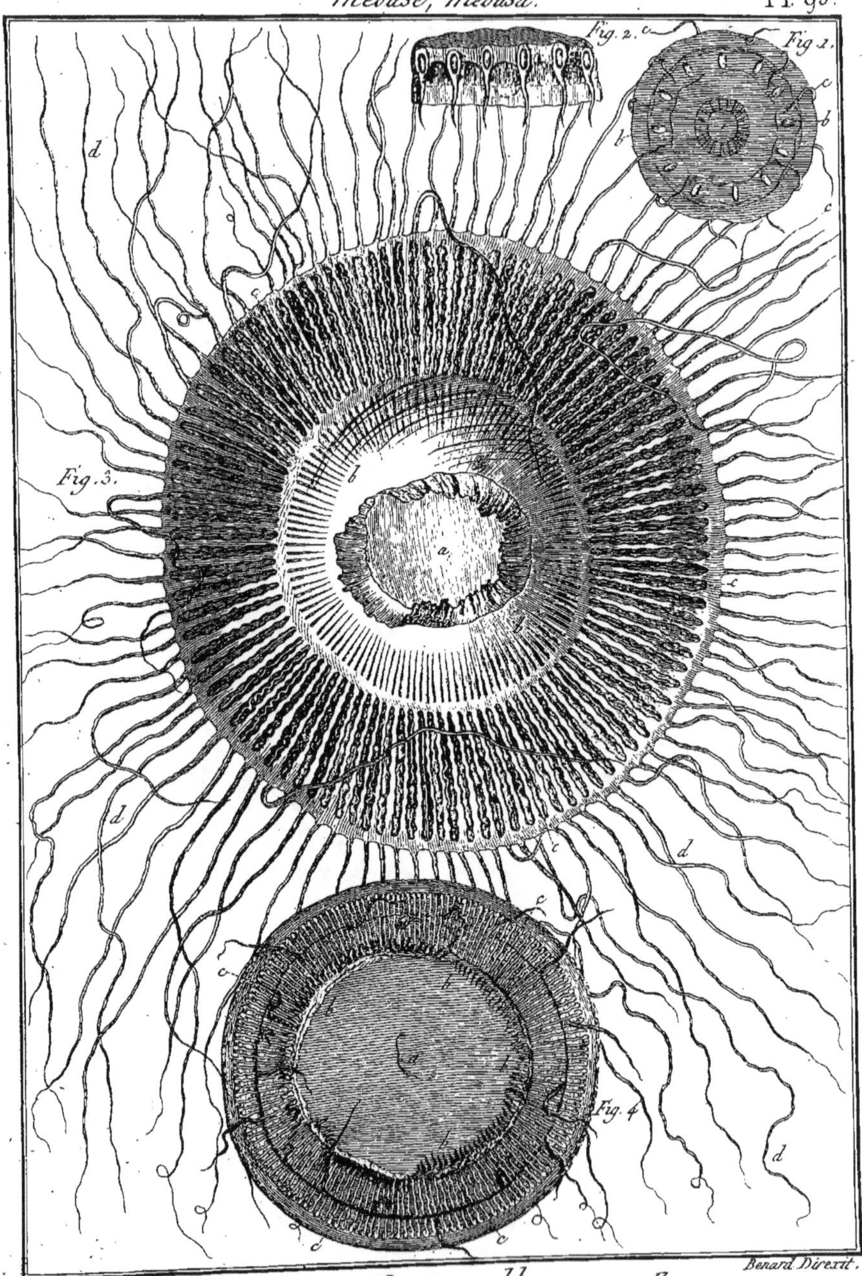

Histoire Naturelle, Vers Mollusques.

www.ingramcontent.com/pod-product-compliance
Lightning Source LLC
LaVergne TN
LVHW050405060726
842524LV00002B/478